U0087648

中國學術思想史論叢（四）

錢穆作品精華

錢穆

三民書局

序

本冊乃《中國學術思想史論叢》中編之下，為第四冊。專關隋唐五代部分。共收文十六篇。前四篇王通《文中子》及論韓柳古文運動，餘皆論唐代之禪宗。乃占全冊篇幅四之三。猶憶民國三十二年春，臥病成都華西壩，累月不能下樓。一日，閒臥樓廊，忽思讀書消遣，乃取《朱子語類》有關討論宋代者七卷，逐條閱之。初謂一時覺倦，即可閉目小憩，無傷精力。不意七卷完，精力愈來，遂順序讀至終編。又逆而上溯，約可兩月餘而全書竟，病亦良痊。是夏，避暑灌縣靈巖山，借得山僧《指月錄》，循誦畢而返。是冬又病，偶憶胡適之《神會和尚集》，借來枕上繙閱。翌春，寫〈神會與壇經〉及〈禪宗與理學〉兩篇。是為余撰述唐代禪宗問題之第一期。此後即放棄不理。五十二年在九龍沙田和風台，又閒繙佛書，續成〈讀六祖壇經〉等數篇，是為余撰述唐代禪宗問題之第二期。惟此期所成迄未發表。五十九年之冬，又在臺北善導寺偶講〈六祖壇經大義〉，信胡氏之說者紛起討論，余所答辨，此皆不存。後又續成〈讀宗密原人論〉及〈評胡適與鈴木大拙討論禪〉諸篇，是為余撰述唐代禪宗問題之第三期。茲所薈萃，前後亦越三十有餘年矣。所知猶昔，而歲月已逝。回念前塵，豈勝惋悵。

中華民國六十六年端午節後兩日錢穆自識於臺北外雙溪之素書樓，時年八十有三

中國學術思想史論叢（四）

目次

序 ·001
讀王通《中說》 ·020
雜論唐代古文運動 ·085
讀《柳宗元集》 ·099
讀姚鉉《唐文粹》 ·108
神會與《壇經》 ·152
讀《六祖壇經》

《六祖壇經》大義 ·166
記《壇經》與《大涅槃經》之定慧等學 ·177
讀《少室逸書》 ·181
讀寶誌〈十四科頌〉 ·194
讀寒山詩 ·198
讀宗密《原人論》 ·222
評胡適與鈴木大拙討論禪 ·240
禪宗與理學 ·252
再論禪宗與理學 ·270
三論禪宗與理學 ·290

讀王通《中說》

文中子王通，乃隋代大儒，後人以與董仲舒揚雄韓愈並尊。然其人《隋書》無傳，其所為《中說》，又多偽羼。其人其書，遂多疑辨，若淪為可有可無之列。惟余讀其書，確有反映出王通當時之特徵，絕非後人所能偽撰。既有其書，則絕有其人。其人雖不能詳考，其書雖不能詳定，大體而論，猶多可信。茲分述之如次。

先述王通其人。《全唐文・一三一》王績〈與陳叔達重借隋紀書〉有曰：

> 僕亡兄芮城，嘗典著局。大業之末，欲撰《隋書》，俄逢喪亂，未及終畢。

《全唐文・一三三》陳叔達〈答王績書〉有云：

不知賢兄芮城有《隋書》之作。

又云：

賢兄文中子，知其若此也。恐後之筆削陷於繁碎，宏綱正典，暗而不宣。乃興《元經》，以定真統。蓋獲麟之事，夫何足以知之。叔達亡國之餘，幸賴前烈，有隋之末，濫尸貴郡，因霑善誘，頗議大方。

又云：

薛記室及賢兄芮城，常悲魏周之史，各著《春秋》，近更研覽，真良史焉。

此證王績有兄王通，並為《元經》之書也。

又《全唐文・一三一》王績〈答程道士書〉云：

昔者吾家三兄命世特起，先宅一德，續明六經。吾嘗好其遺文，以為匡扶之要略盡矣。然嶧陽之桐，以俟伯牙。烏號之子，必資由基。苟非其人，道不虛行。吾自揆審矣，必不能自致臺輔，恭宣大道。

是通於《元經》外，又有其他《續經》之作也。

又《全唐文‧一三三》薛收〈隋故徵君文中子碣銘〉有云：

> 天下聞其風采。先君內史，屈父黨之尊。楊公僕射，忘大臣之貴。收學不至穀，行無異能，奉高跡於絕塵，期深契於終古。義極師友，恩尊親故。

是通之交游中又確有薛收其人也。

又王績〈答馮子華處士書〉有云：

> 吾往見薛收〈白牛溪賦〉，邈乎揚班之儔。高人姚義嘗語吾，薛生此文，不可多得。又知房李諸賢，肆力廊廟。吾家魏學士，亦申其才。所恨姚義不存，薛生已歿。使雲羅天網有所不該，以為嘆恨耳。

是薛收又確乎曾至通之家鄉白牛溪也。貞觀四年三月，杜如晦卒，八月，以李靖為右僕射。八年七月，右僕射靖遜位。此文云房李諸賢致力廊廟，正在貞觀四年至八年間。書中僅致恨於姚薛之早歿，未見朝廷大臣，皆出文中子門下，亦未見姚薛之皆為文中子高第弟子也。

凡上引數文，雖甚簡略，亦可窺王通之生平志業，與其師友風聲之大概。乃王福時〈錄東皋子答陳尚書書〉，（以下引福時諸文皆見《中說》附錄。）略謂貞觀初，仲父太原府君為監察御史，彈侯君集，事連長孫太尉，由是獲罪。時杜淹為御史大夫，密奏仲父直言非辜，於是太尉與杜公有隙，而王氏兄弟皆抑不用，季父與陳尚書叔達相善，陳公方撰《隋史》，季父持〈文中子世家〉與陳公編之。陳公亦避太尉之權，藏而未出。重重作書遺季父，深言懃懇。季父答書，亡兄昔與諸公遊，其言皇王之道至矣。僕與仲兄侍側，頗聞大義。又〈王氏家書雜錄〉，謂貞觀初，君子道亨，我先君門人，布在廊廟，將播厥師訓，施於王道，遂求其書於仲父。仲父以編未就，不之出。故六經之義，代莫得聞。竊謂其說頗可疑。長孫無忌為太尉，在貞觀二十三年，太宗已崩。杜淹卒於貞觀二年，若福時追記，故曰長孫太尉，然王氏兄弟抑不用，其事應距杜淹之卒前後不久。又陳叔達藏〈文中子世家〉不敢出，豈有所謂先君門人布在廊廟，來求遺書之事。兩相牴牾，一實必一虛。又福時〈錄唐太宗與房魏論禮樂事〉，魏公曰，大業之際，徵嘗與諸賢侍文中子云云，此當在貞觀四年杜如晦卒後，王氏兄弟既抑，魏徵何復特稱於通。較之王績深惜姚薛不存，則福時此文之偽，確然可知。

又福時〈王氏家書雜錄〉云：《中說》一百餘紙，大底雜記，不著篇目。首卷及序，則蠹絕磨滅，未能詮次。貞觀十九年，仲父起為洺州錄事，以《中說》授余，余再拜曰：務約至深，言寡理大，其比方《論語》之記乎。因而辨類分宗，編為十編，勒成十卷。則《中說》一書之成編，乃出福畤之手，福畤亦自明言之矣。

又《全唐文・一八〇》王勃〈續書序〉有曰：

先君文中子，續《詩》為三百六十篇，續《書》為百二十篇。當時門人百千數，董薛之徒各受其義。遭代喪亂，未行於時，歷年永久，稍見殘缺。貞觀中，太原府君考諸六經之目，則亡其小序。其有錄而無篇者又十六焉。家君欽若丕烈，圖終休緒。迺例六經，次禮樂，敘《中說》，明《易贊》，勃兄弟講聞伏漸之日久矣，間者承命為百二十篇作序，而兼當補修其闕，始自總章，洎乎咸亨五年，刊寫文就，完成百二十篇。

則《中說》一書出福畤編集，其子勃又明言之。是其書之多偽竄，乃出福畤，宜無足怪。

又《全唐文・一九一》楊炯〈王勃集序〉有曰：

祖父通，隋秀才高弟。大業末，講藝於龍門。其卒也，門人謚之曰文中子。

又曰：

文中子之居龍門也。睹隋室之將衰，知吾道之未行。裁成大典，以贊孔門。討論漢魏，迄於晉代，刪其詔命，為百篇以續書。甄正樂府，取其雅奧，為三百篇以續詩。又自晉太始元年，至隋開皇九年平陳之歲，褒貶行事，述《元經》以法《春秋》。門人薛收竊慕，同為《元經》之傳，未就而歿。君續薛氏之遺傳，制詩書之眾序，《詩》、《書》之序並冠於篇，《元經》之傳，未終其業。

據陳叔達所云，及薛收之自謂，收非通之傳業門人。各著《春秋》，亦非為《元經》作傳。此皆勃承其父為妄說也。然《續書》、《續詩》與《元經》之各有其書，則信而有徵矣。

又《全唐文．六〇九》劉禹錫〈唐故宣歙池等州都團練觀察處置使王公神道碑〉有曰：

王仲淹能明王道，隱居白牛谿。游其門，皆天下雋傑。著書行於世。

又曰：

始文中先生有重名於隋末，其弟勣亦以有道顯於國初。

又曰：

文中紹敭微言，當時偉人，咸出其門。

殆其時福時所敘《中說》已行世。禹錫見之，不深考，遂為所誤。通之弟及其子孫，皆盛稱通之《元經》、《續書》、《續詩》及《易贊》，偶及其《中說》，一因《玄經》諸書續經當重，《中說》模倣《論語》當輕。二因諸書卷帙巨，《中說》卷帙小。然卷帙小者易傳，卷帙巨者易失。又世運既變，觀念趨新，南統日盛，北統日衰，即使《玄經》復存，中唐以後人見之亦增反感，不之重矣。今知《玄經》非偽，則《中說》亦非偽，特多福時之妄竄耳。

宋濂《諸子辨》引皮日休著〈文中子碑〉，謂通生陳隋之世，以亂世不仕，退於汾晉，序述六經，敷為《中說》，以行教於門人。因謂皮唐人，距隋為近，其言若此，可證通之必有其人矣。

今再讀《中說》，知王通亦出北方大門第。其先祖虯自宋北遷，仕於魏。見〈文中子世家〉。《中說》中引述其祖先北遷後六代之著作，有〈時變論〉、〈五經決錄〉、〈政大論〉、〈政小論〉、〈皇極讜議〉、〈興衰要論〉等。以儒學傳統而不忘當世政教大綱盛衰要端，乃確乎北方門第之學統。通之自為《禮論》、《樂論》、《續書》、《續詩》、《元經》、《易贊》，皆承其門風也。惟既注重歷史觀點與文化傳統，通乃以政教為先而種姓次之，公然承認北方為正統。其述北魏皇始而歎曰：戎狄之德，黎民懷之。又曰：亂離斯瘼，吾誰適歸。天地有奉，生民有庇，即吾君也。故《元經》帝元魏。其於苻秦王猛及魏孝文皆頗推譽。有曰，苻秦舉大號而中原靜，惟王猛知之。又曰：中國之道不墜，孝文之力也。中國士民東西南北，自遠而至，猛之力也。《元經》其正名乎。皇始之帝，徵天以授之也。晉宋之王，近於正體，於是乎未忘中國。齊梁陳之德，斥之於四夷也。以明中國之有代，太和之力也。又曰：太和之政近雅。江東，中國之舊也。衣冠禮樂之所就也。永嘉之後，江東貴焉，而卒不貴，無人也。又曰：其未亡，則君子奪其國焉。曰：中國之禮樂安在？其已亡，則君子與其國焉。曰：猶我中國之遺也。是通在種姓觀念上，固同情南朝，而在政教文化觀念上，則轉向北朝。故曰：《春秋》，一國之書也。《元經》，天下之書也，以其無定國而帝位不明。又曰：《春秋》抗王而尊魯，《元經》抗帝而尊中國。又曰：尊中國而正皇始。又曰：《元經》興而帝制亡。蓋以種姓而尊中國，亦僅能尊其文化，不復能尊其王統，此《元經》之志也。即此一點，亦可證《中說》之書，絕非唐室已統一後人所偽造。其書之原本，則尚成於隋初也。

據《中說》所附〈文中子世家〉，通生於隋開皇之四年。開皇九年，江東平，通十歲。此有小誤。又曰：仁壽三年，文中子冠。西遊長安，奏〈太平十二策〉。《中說》：仁壽大業之際，其事忍容言耶？又曰：子在蒲，聞遼東之敗。又曰：江都有變，子有疾，謂薛收曰：道廢久矣。如有王者出，三十年而後禮樂可稱也。〈世家〉又云：江都難作，子有疾，寢疾七日而終。是通卒當在唐武德之三年，其壽四十左右耳。而著述斐然，誠一代之才人矣。

同時稍前，有北齊顏之推之《家訓》，可與《中說》之書略相比較。之推生世先於通，其家北遷則後於王家。之推乃南士翹楚，淪陷北朝，看不慣當時北方一種胡漢混合之局面。乃曰：齊朝有一士大夫嘗謂吾曰，我有一兒，年已十七，頗曉書疏。教其鮮卑語及彈琵琶，稍欲通解，以此伏事公卿，無不寵愛，亦要事也。吾時俛而不答。異哉，此人之教子也。若由此業自致卿相，亦不願汝曹為之。此乃憑於門第教育以求保存完整種族傳統文化之深心，此乃南方人觀念，然亦只限於一門一族之內，為教子教孫之語。至於《中說》，則著眼到全國全群之治亂興衰，上下古今政教文化之大關節，大脈絡。而治統非所重，此乃北方人觀念。當時南北雙方，同有門第，而由於處境不同，觀念相異。故南方較盛小家庭制，而宗族觀念轉重。北方較盛大家庭制，而種姓觀念轉輕。此即顏王兩書，亦可以覘當時南北學術風尚之大體矣。故王肅不如李安世，王肅只練習掌故儀文，而李安世則能創建制度，福國利民。徐陵庾信亦不如蘇綽盧辯，徐庾只求文章綺麗，蘇盧則務經術通明，期一世於治平。《中說》顯屬北方學統，乃遞禪積累之久，而有此境，固非其或前或後人之所能偽造也。

今再就佛法信仰言之。顏書極信仰佛法，有曰：求道者身計，惜費者國謀，不可兩遂。儒有不屈王侯，高尚其事。隱有讓王辭相，避世山林。安可計其職役，以為罪人。此乃解釋僧尼減耗課役為損國而發。當時南方士大夫，在漢族治統下，個人主義轉形濃重，而國家觀念轉滋淡薄。北方門第則處異族政權統治下，轉重社會大群勝於私人。因此南方士人之皈依佛法，若全屬私人事，即梁武帝信佛，亦全出私人，若忘其身之為帝王之尊，負國家之重任者。而北方兩次法難，則全從國家大群政教理論上出發。儒釋對立，乃爭世道。私人信仰則並不重視。而王通之對佛法，則又別有見地。

《中說》有云：

《詩》、《書》盛而秦世滅，非仲尼之罪。虛玄長而晉室亂，非老莊之罪。齋戒修而梁國亡，非釋迦之罪。《易》不云乎，苟非其人，道不虛行。

此謂信仰者與所信仰者當分別而論。如梁武信佛，豈得謂梁武所行即佛道乎。其說極深允。《中說》又曰：

或問佛，曰：聖人也。曰：其教如何，曰：西方之教也。中國則泥。

信西方之教以行之於中國則泥，此仍本大群政教立論。至於佛法當否，以及私人信仰，在此可有所不問。《中說》又曰：

程元曰：三教如何？子曰：政惡多門久矣。曰：廢之何如？子曰：非爾所及也。真君建德之事，適足推波助瀾，縱風止燎爾。子讀《洪範讜議》曰：三教於是乎可一矣。程元魏徵進曰：何謂也？曰：使民不倦。

此仍專重治道政術，非斤斤於私人信仰之異同。若為政而同尊三教，是政出多門也。若奉其一而廢其一，而強民之從，則抑之正所以張之，縱風推波，亦非治術所宜取。惟求建皇極，使民群趨之而不倦，則三教可一，此猶歐陽修之有〈本論〉，在上政治得道，則在下之宗教信仰自可消滅，此則王通之意。《中說》又曰：史談善談九流，知其不可廢，而知其各有弊也。又曰：通其變，天下無弊法。執其方，天下無善教。故曰存乎其人。斯誠可謂圓機之識矣。若唐代為治者有此識，則不復有韓愈之崛起矣。

故王通《中說》，乃粹然儒者言，與顏之推之歸心佛法自不同，而其對崔浩蘇綽亦致不滿。《中說》有曰：

崔浩，迫人也。執小道，亂大經。

又曰：

蘇綽，俊人也。行於戰國，可以強。行於太平，則亂。

其所上下於崔浩蘇綽兩人者，亦一本治道政術言，非就於崔浩蘇綽兩人之一信佛，一不信，而分上下也。蘇綽有《佛性論》行世，其人亦信佛，而能為北周創制立法，厥後隋唐規模多基於此。然周武之法難，亦不可謂非綽有以啟之。綽之肇後禍，故曰：行於太平則亂也。故王通之意，乃以蘇綽為撥亂世之人物，而自居則欲為升平太平世人物，固不僅世運變，而學者之意想亦隨而變，通之識趣，較之蘇綽，亦可謂更臻於明通矣。

綜合上述，可知通之儒業，乃承兩漢之風，通經致用，以關心於政道治術者為主。至如心性修養日常人生取與釋老爭短長者，在通書中，殆少厝意。故其論儒業，亦特以史為主。其言曰：

> 昔聖人述史三焉。其述《書》也，帝王之制備。其述《詩》也，興衰之由顯。其述《春秋》也，邪正之跡明。此三者同出於史，而不可雜也，故聖人分焉。

此謂儒學即史學，而可三分之。一政事，有關制度者。一文學，有關民情者。一節行，有關人事者。《書》、《詩》、《春秋》各當其一。通之《續書》、《續詩》與《元經》，即繼此而作也。

通又極推周公，其言曰：

> 有周公而經制大備，有仲尼而述作大明。千載而下，有申周公之事者，吾不得而見也。有

紹宣尼之業者，吾不得而讓也。

是通之為學，雖重政道治術，以不得位，不能效周公之興禮樂，立制度，遂效孔子之述作。而曰：

二帝三王吾不得而見也，捨兩漢將安之乎！

是通在政道治術上，亦不高慕唐虞三代，而惟寄情於兩漢。通有〈治平十二策〉，然其告人曰：

時異事變，不足習也。

又曰：

非君子不可與語變。

可見通之言治道，非泥古為高論，而乃深通於時變者。《中說》又云：

子在長安，與楊素蘇夔李德林言，歸而有憂色。門人問子曰：素與吾言終日，言政而不及化，夔與吾言終日，言聲而不及雅，德林與吾言終日，言文而不及理。言政而不及化，是天下無禮也。言聲而不及雅，是天下無樂也。言文而不及理，是天下無文也。王道何從而興乎？是吾所以憂也。

通固與楊素蘇夔李德林言之乎，此可不論。要之通之言，乃其學養之所至，志業之所寄矣。非如其子福時之徒之所能偽為也。惜乎，興唐之運，通已不及見。通所理想之禮樂文章，唐初諸人，似亦少能理會。而《中說》誠不失為一醇儒之書，確然乃南北朝末運一大著作，洵是北方儒統僅有之結晶。洎乎唐初，其道竟已消沈，亦少影響可見。蓋南統已勝於北統，是誠大可惜之事矣。

《中說》後有附錄一篇，乃福時所為〈錄唐太宗與房魏論禮樂事〉，大意記太宗貞觀時，曾屢語房杜諸臣，欲興禮樂，講太平。房杜謙遜，群推魏徵，進說周道。太宗因之讀《周禮》，欲行封建井田。諸臣會議數日，卒不能定。太宗敦促，因對群臣無素業，何愧如之。徐思其宜，教化之行，何慮晚也。太宗曰：時難得而易失，朕所以遑遑。卿等退，無有後言。徵與房杜皆慚慄再拜而出。因相歎曰：若文中子門人董常薛收在，適不至此。此自係福時或王勃輩所文飾，然太宗欲行封建，而長孫無忌諸臣謝不敢當，明載於《唐史》，無可疑者。《周禮》一書，乃北朝學者所重。北周如蘇綽盧辯，北齊如熊安生，即王通《中說》，亦盛推之。然通明言，二帝三王不得見捨兩漢將安之。而唐太宗浮慕三代，欲本《周禮》復行封建，事可有之，惜其距通之所見，則大有間矣。昔秦廷博士儒生，創議復封建，始皇帝拒其請，乃至下令焚書。今唐太宗為群臣謀，欲加封建之賞，而群臣辭謝不敢承，此乃中國歷史上所當大書特書之一項盛德嘉話也，而秦始皇時君拒臣請，唐太宗時臣拒君請，一正一反，後先輝映。就通之言歷史時變其中有曲折大義可資發揮。而惜乎如通之識，已不復有，然通若至唐初尚在，亦必不贊同太宗之議復封建可知。而房杜王魏諸公，於當時創制垂統之積極方面，實無大貢獻。租庸調制本之北魏，府兵制本之北周，進士科舉制本之隋，其他殆並無大建立。苟論百代規模，一王大法，則以興唐上較秦皇漢武，皆有愧色。為大群全體政教本原創制立法，開召太平，此本儒家大理想，大抱負，而自東漢以下，小己私人主義，門第家世傳襲，老莊玄學，佛釋出世，群湊當路，儒業已成一伏流。淪泯之餘，幸在北方漸有復蘇。經苻秦北魏周隋數百年間，絡續有進展，通之《中說》，即其一僅存之碩果也。然而培育未成熟，生長不充實。遽逢天日清夷，太宗雖好名浮慕，不失為可與為善一英主，而房杜王魏諸賢，卻於政教大本原處少所開陳。北方儒統所僅僅凝聚的一些珠光寶氣，卻為統一盛運之大潮流所沖淡。文章則轉尚齊梁輕薄豔麗，經術則僅止於劉炫孔穎達之類，亦已為王通所貶斥。若論節行，經不起盛世之熱流薰蒸，不到一兩傳，氣骨俱靡。通所言之三史，即《書》、《詩》、《春秋》三經之精義，俱不能有所樹立。王通若遇興唐，果否能有所建白，事未可定。但其所抱負之理想，則顯然不為時賢所重。故其人其書，在初盛唐時，竟少知者。《隋史》亦不為立傳。即王家子孫，亦未免受時代感染於先人志業未有深知。如其記唐太宗與房魏論禮樂事，雖致慨於其時君臣之未能興文治化，然亦泛言之而已。而竟妄攀房魏諸賢都做了文中子門徒。其輕薄浮誇不足責，而使後人並王通其人與其書而疑之，則真十足表現出時代淒涼之一個黑影。讀史者亦僅知有興唐統一威運之蒞臨而已，而於自魏晉以下，南北分裂，迄至於茲，其學術之歧異，人文之興衰，與其一時大賢之理想抱負之湮晦，而不能一抒其鬱積，一放其光明者，亦既漠不之知，則豈僅一人一書之隱顯窮達而已，此誠足以使人掩卷三歎而不置也。

關於文中子之評騭，惟朱子最為嚴正而得當，《文集》有〈王氏續經說〉一篇，茲摘要附錄如次。朱子曰：

王仲淹生乎百世之下，讀古聖賢之書，而粗識其用。然未嘗深探其本。顧乃挾其窺覘想像之髣髴，而謂聖之所以聖，賢之所以賢，與其所以修身治人，而及夫天下國家者，舉皆不越乎此。是以一見隋文而陳〈十二策〉，不待其招而往，不待其問而告，輕其道以求售。及其不遇而歸，其年亦未為晚也。若能於此反之於身以益求所未至，則異時得君行道，安知其卒不逮於古人。不幸終無所遇，而筆之於書，亦必有以發經言之餘蘊，而開後學於無窮，乃不知出此，而不勝其好名欲速之心，汲汲乎日以著書立言為己任，則其用心為已外矣。摭拾兩漢以來文字語言之陋，功名事業之卑，依倣六經，次第采輯，今其遺編雖不可見，然考之《中說》而得其規模之大略。至於宋魏以來，一南一北，校功度德，蓋未有以相君臣也，則其天命人心之向背，統緒繼承之偏正，亦何足論，而欲奪彼予此，以自列於孔子之《春秋》哉。至於強引唐初文武名臣以為弟子，是乃福郊福時之所為。而非仲淹之雅意，然乃其平日好高自大之心有以啟之。或曰：然則仲淹之學，其視荀揚韓氏，亦可得而優劣耶？曰：荀卿之學雜於申商，子雲之學本於黃老，非如仲淹之學，頗近於正，而粗有可用之實也。至於退之，〈原道〉諸篇，於道之大原，若有非荀揚仲淹之所及者。然考其生平意嚮之所在，終不免於文士浮華放浪之習，時俗富貴利達之求，而其覽觀古今之變，將以曆諸事業者，恐亦未若仲淹之致懇惻而有條理也。是以予於仲淹獨深惜之。

是朱子於文中子，固極指摘其失，然推挹亦備至矣。《語類》亦云：

問荀揚王韓，曰：王通於世務變故人情物態施為作用處，極見得分曉，只是於這作用曉得處卻有病。

又曰：

這人於作用處曉得，急欲見之於用，故便要做周公底事業，便去上書要興太平。乃知時勢之不可為，則急退而續《詩》、《書》，續《元經》，又要做孔子底事業。如《中說》一書，都是要學孔子《論語》。然王通比荀揚又夐別，王通極開爽，說得廣闊，只可惜不曾向上透一著，於大體處有所欠闕，所以如此。他死時只得三十餘歲，他做許多書時，方只二十餘歲。又問仲舒文中子，曰：仲舒本領純正，王通見識高明。論治體處高似仲舒，而本領不及。爽似仲舒，而純不及。

又曰：

文中子根腳淺，然卻是以天下為心，分明是要見諸事業。天下事，他都一齊入思慮來。問：房杜輩相業，還亦有得於王氏之道否？曰：房杜之規模事業，無文中子髣髴。某常說房杜只是箇村宰相，文中子他那制度規模，誠有非後人之所及者。問文中子僭擬古人，曰：這也是他志大，要學古人。

是朱子於荀董揚王韓五人，謂惟董堪與王相上下，此其尊文中子者亦至矣。惟文中子以僅過二十三十之年，即欲在事業上模擬周公孔子，故謂其未能透上一著，又謂其本領不及，根腳淺。謂其於作用上曉得，於本體上有欠闕也。自非朱子，亦難批評到此。陳龍川於文中子，則僅知佩仰而已，是亦急於求用，未能於本領上深植根腳也。

此文共分三段。第一段論王通其人，時為民國三十年，在成都賴家園齊魯大學研究所，為讀史隨劄一節。第二段論《文中子》其書，時為民國三十五年，在昆明翠湖公園五華學院。第三段朱子評王通語，為民國六十六年著手編此書時補入。前後歷三十五年矣。

雜論唐代古文運動

一

唐代之古文運動，當追溯於唐代之古詩運動。唐人鄙薄魏晉以下，刻意復古，而適以成其開新，唐人初不自知也。

古詩運動，當溯自陳子昂。昌黎詩：「國朝盛文章，子昂始高蹈」，是也。《子昂集・修竹篇》序文謂：

> 文章道敝，五百年矣。漢魏風骨，晉宋莫傳。嘗暇時觀齊梁間詩，彩麗競繁，而興寄都絕，每以永歎。

其友人盧藏用序其集，亦謂道喪五百歲而得陳君。後人謂韓公文起八代之衰，此等語亦始自子昂也。《舊唐書》記王適見子昂〈感遇詩〉，許以為天下文宗。其後杜工部亦亟稱之，謂千古立忠義，〈感遇〉有遺篇。詩之可貴，在乎其有興寄。興寄之可貴，在乎其原本於忠義。是文章本於道，文道相一貫之見解，子昂之言興寄，即涵此旨，而工部乃為明白點出也。李華序《蕭穎士集》，謂近時陳拾遺子昂，文體最正。謂其體正，即指其有寄興。昌黎復謂：唐之有天下，陳子昂蘇源明元結李白杜甫李觀，皆以其所能鳴。柳子厚〈楊評事文集後序〉謂：文有二道，著述比興。唐興以來，稱是選而不作者，梓潼陳拾遺。白居易〈與元九書〉謂：唐興二百年，詩人不可勝數，所可舉者，首推陳子昂。此下乃及李杜。元微之〈敘詩寄樂天〉，亦謂始得陳子昂〈感遇詩〉啟示，此下遂敘及工部。是唐代文運開新，應溯源子昂，實乃唐人之公言也。而子昂之所以為唐代文運開新，乃在其詩之內容，不指其麗采與技巧，亦斷可見矣。

李白繼起，乃曰：

> 大雅久不作，吾衰竟誰陳。廢興雖萬變，憲章亦已淪。自從建安來，綺麗不足珍。聖代復

元古，垂衣貴清真。我志在刪述，垂暉映千春。

此與子昂文章道敝五百歲之說相似，而言之尤激烈。自建安以下，皆所不許。即騷人揚馬，幾乎亦屬頹波。然太白雖高自位置，而聖代之復古，其風已不自白本人始，此雖白亦不得不自承。是太白心中，亦有一陳子昂可知。

其〈為宋中丞自薦表〉又曰：

懷經濟之才，抗巢由之節，文可以變風俗，學可以究天人。

惟有學究天人，乃始可文變風俗。而白之所謂究天人者，則自指其懷經濟之才，抗巢由之節言。懷經濟之才，是下通人事。抗巢由之節，乃上通天道。白之學養，由老莊來，故其言如此。

而李陽冰序其集乃曰：

不讀非聖之書，恥為鄭衛之作。凡所著述，言多諷興。盧黃門云：陳拾遺橫制頹波，天下質文，翕然一變。至公大變，掃地并盡。今古文集，遏而不行。

此謂文變之風，其功竟於太白，而其原仍始子昂也。抑太白雖主變文風，復元古，而心不喜儒術，故有我本楚狂人，鳳兮笑孔丘之句，又有嘲魯儒之詠。則陽冰推為不讀非聖之書者，亦聊為頌揚之辭而已。杜工部年輩與太白相肩行，雖亟稱於白，而學術與白異趨。故曰：江漢思歸客，乾坤一腐儒。又曰：法自儒家有，心從弱歲疲。其為學立身，始確尊儒術。其論詩復亦與白異，故曰：不薄今人愛古人。又曰：轉益多師是吾師。又曰：異代各清規。王楊盧駱當時體，不廢江河萬古流。此與太白專作掃蕩廓清之說者異矣。故言唐代之古詩運動，亦必至於工部，而始臻於大成也。

然工部擅於詩，而不擅文，則所以承襲六經，發揚儒道者，惟在《詩三百》。就儒術言，終不能無憾。且工部之於儒術，亦僅偏重政治。故曰：許身一何愚，竊比稷與契。又曰：致君堯舜上，再使風俗湻。故太白僅屬一種文學之復古，工部始站在儒家地位而為復古，其意較深。然亦僅偏於政治。必待昌黎韓公出，始原本六經，承李杜古詩運動之後，又重倡古文運動。其言曰：好古之文，乃好古之道也。於是始正式提出一道字，為其詩文作骨幹。又首唱堯舜禹湯文武周公孔孟歷古相傳之道統。是至昌黎，乃始為站在純儒家之地位而提倡復古者。故論唐人文學復古之大潮流，亦必達於昌黎，乃始有窮源竟委之觀，兼包并蓄之勢。太白所謂文可以變風俗，學可以究天人，亦必至於昌黎，乃庶乎更臻於圓滿成熟之境界也。

昌黎於古文，於唐人少所推許。獨於詩，於李杜讚不絕口。曰：李杜文章在，光芒萬丈長。又曰：昔年因讀李白杜甫詩，長恨二人不相從。又曰：高揖群公謝名譽，遠追甫白感至誠。其於李杜，贊仰備至。故推論昌黎之古文運動，絕不當忽略其對於李杜古詩運動之欣賞與推崇。詩文本一脈，若必分疆割席論之，則恐無當於古人之真際爾。越後宋穆修〈唐柳先生集後序〉亦曰：

唐之文章，初未去周隋五代之氣，中間稱得李杜，而號專雄歌詩，至韓柳氏起，然後大吐古人之文。此乃自李杜直敘至韓柳，可謂得唐代運動之真源。

二

《舊唐書・韓愈傳》謂：

大曆貞元間，文士多尚古學，而獨孤及梁肅最稱淵奧。愈從其徒游，銳意鑽仰，欲自振於一代。

然予考韓公家世，其為古文，蓋亦得自家傳。《李太白集・卷三十》，〈武昌宰韓君去思頌碑并序〉謂：

君名仲卿。考睿素，四子，君其元。少卿當塗縣丞，雲卿文章冠世，紳卿才名振耀，幼負美譽。

仲卿，韓公父。是太白與韓家，夙有一段關係也。《李文公集・卷十五》，為其妻母韓書記夫人墓誌，亦謂：

禮部君文章出於時。

習之妻，雲卿孫女，雲卿官至禮部郎中。《韓集・卷十三・科斗書後記》亦謂：

愈叔父當大歷世，文辭獨行中朝，天下之欲銘述其先人功行，取信來世者，咸歸韓氏。

姚鉉《唐文粹》載雲卿碑文兩篇是其證。〈科斗書後記〉又曰：

元和來，愈亟不獲讓，嗣為銘文，薦道功德。

是韓公自謂其文辭行世，乃嗣其家業也。

又考王銍〈韓會傳〉，謂：

會與其叔雲卿，俱為蕭穎士愛獎。其黨李紓柳識崔祐皇甫冉謝良弼朱巨川并游，會慨然獨鄙其文格綺豔，無道德之實，首與梁肅變體為古文章，為〈文衡〉一篇。弟愈，三歲而孤，養於會，學於會。觀〈文衡〉之作，益知愈本六經，尊皇極，斥異端，彙百家之美，而自為時法，立道雄剛，事君孤峭，甚矣其似會也。

據是，韓公叔父雲卿，兄會，兩世擅能文名，而與蕭穎士梁肅皆有師友之誼。考《韓集．卷十》，有〈游西林寺題蕭二兄郎中舊堂〉詩云：

中郎有女能傳業，伯道無兒可保家。偶到匡山曾住處，幾行衰淚落烟霞。

方崧卿云：蕭，蕭存也。少與韓會梁肅友善。朱子曰：存，字伯誠，穎士之子，與公兄會厚善。公自少為存所知。及自袁州還，過存廬山故居，而存諸子前死，有一女為尼，公為經紀其家。西林即江州廬山寺也。朱子此條，本諸《因話錄》。是韓家與蕭家，已兩世深誼。

《柳宗元集．卷十二》，〈先侍御史府君神道表〉、〈石背先友記〉，有梁肅，有韓會。其稱肅，曰最能為文。稱會，曰：

善清言，有文章，名最高，然以故多謗。至起居郎，貶官卒。弟愈，文益奇。

子厚與韓公深交，同為古文，而韓公兄會及梁肅亦與子厚之父為故友，子厚連稱梁肅韓會之能文，而以韓公附筆焉，此會之以文名當時，而韓梁兩家之關係亦可見矣。

《韓集・卷二十四》，〈考功員外盧君墓銘〉亦曰：

> 愈之宗兄，故起居舍人君，以道德文學伏一世。其友四人，天下大夫士謂之四夔，其一范陽盧君東美。盧君始任戴冠，通《詩》、《書》，與其群日講說周公孔子以相磨礱浸灌。及歿，將葬，其子暢命其孫立曰：乃祖德烈靡不聞。然其詳而信者，宜莫若吾先人之友。先人之友無在者，起居丈有季曰愈，能為古文，業其家，是必能道吾父事業，汝其往請銘焉。

是時人謂韓公為文章，乃承其兄與其叔父，故曰業其家也。今試觀王銍之稱韓會，謂其鄙當時文格綺豔，無道德之實。而四夔之交，如盧東美，亦與其群日講說周公孔子以相磨礱浸灌，則韓公之原本六經，以儒術發為文章，得不謂其濡染於家業之有素乎？

又《韓集・卷一》，〈感二鳥賦并序〉，亦謂：

> 幸生天下無事時，承先人之遺業，不識干戈耒耜攻守耕穫之勤，讀書著文，自七歲至今，凡二十二年。

此亦自謂其讀書著文，乃承先人遺業也。其語可與〈科斗書記〉及〈盧君墓銘〉相闡證。是韓公之於古文，所以於當時名賢如獨孤及梁肅之徒少所稱引者，緣韓公自謂其為古文乃承家業，衡量雲卿與會兩人文章所詣，其所遜於獨孤及梁肅諸人，亦五十步與百步之比耳。韓公固不欲少其家丘，而輕於時賢多所揄揚也。

又《韓集·卷十六》，〈上宰相書〉，有曰：

今有人，生七年而學聖人之道，以修其身。

又〈卷十八〉，〈與鳳翔邢尚書書〉，有曰：

愈也布衣之士，生七歲而讀書，十三而能文，二十五而擢第於春官，以文名於四方。

韓公生大曆三年，《舊唐書》大曆十二年夏五月起居舍人韓會坐元載貶官。是年，韓公適十齡。是韓公七歲始讀書，其兄會尚在，必經其兄之親為指導可知。

《韓集·卷一·復志賦》謂：

當歲行之未復兮，從伯氏以南遷。至曲江而乃息兮，踰南紀之連山。

歲行十二年而復，此謂已生未及十二周年，乃隨兄南遷也。又〈卷二十三・祭鄭夫人文〉謂：

年方及紀，荐及凶屯。兄罹讒口，承命遠遷。窮荒海隅，夭閼百年。

今按：柳宗元以永貞元年乙酉貶永州，元和十年乙未有詔追赴都，詩云：十一年前南渡客，四千里外北歸人。又云：投荒垂一紀，新詔下荊扉。前後十一年，故云垂一紀。今韓公文云年方及紀，是知韓公年十二。是年乃其兄卒歲，即大曆十四年也。踰年，建中元年，韓公十三歲，始是歲行一復之年。韓公自稱十三歲始能文，然是年，其兄則已前卒矣。

《韓集・卷十六》，〈答李翊書〉有云：

愈之所為，學之二十餘年矣。

前人考公此書，當作於貞元之十七年，上推至建中元年，合二十二年。則韓公所謂學之二十餘年者，正從其十三歲始能文之年起算。

又按：《韓集・卷十七・答崔羣書》，謂：

僕自少至今，從事於往還朋友間，一十七年矣。

此書在貞元十二年。則韓公始能文之年，即其開始有交游之年。蓋其兄以前年卒，公乃始為一家門戶之主也。

又《韓集・卷一・復志賦》有云：

嗟日月其幾何兮，携孤嫠而北旋。值中原之有事兮，將就食於江之南。始專專於講習兮，非古訓為無所用其心。窺前靈之逸迹兮，超孤舉而幽尋。既識路又疾驅兮，孰知余力之不任。

朱子曰：「公之為學，正在就食江南時。」今考《韓集・卷二十二》，〈歐陽生哀辭〉，謂：

建中貞元間，余就食江南，未接人事。

又〈卷二十三〉，〈祭十二郎文〉：

吾年十九，始來京城。

是年為貞元之二年。故知公謂建中貞元間就食江南者，乃指自建中元年迄於貞元二年始去京城之前之幾年間，不當專指貞元元年謂是韓公就食江南之年也。

又考《韓集・卷二十二》，〈祭穆員外文〉，云：

於乎！建中之初，予居於嵩。擕扶北奔，避逃來攻。晨及洛師，相遇一時。顧我如故，眷然顧之。

是公之北返嵩山，固已在建中之初，而已不安其居矣。故知公亦可於建中元二年間即去江南。而公自稱始能文章之年，則或尚未來江南也。要之其治學孟晉，則以在就食江南後為主。此則朱子之言可信。又《韓集・卷十六》，〈答崔立之書〉有云：

僕年十六七時，未知人事，讀聖人之書。

此則正指其就食江南之一時間而言。

《韓集・遺詩》有〈贈族姪〉一首，云：

我年十八九，壯氣起胷中。作書獻雲闕，辭家逐秋蓬。

又《外集・卷二》，〈上賈滑州書〉云：

愈儒服者，不敢用他術進，又惟古執贄之禮，竊整頓舊所著文一十五章以為贄。

又曰：

愈年二十有三，讀書學文十五年，言行不敢戾於古人。徒以獻策闕下，方勤行役。

是年當為貞元六年，公已斐然有述作。翌年，公年二十四，有〈河中府連理木頌〉。再越年，及貞元八年，韓公年二十五，始擢進士第。

《唐科名記》云：

貞元八年，陸贄主司，試〈明水賦〉，〈御溝新柳詩〉，是年一榜，多天下孤雋偉傑之士，號龍虎榜。

《韓集．卷二十二．歐陽生哀辭》謂：

八年春，遂與詹文辭同考試登第。

是也。又《韓集．卷十七》，〈與祠部陸員外書〉，謂：

往者陸相公司貢士，考文章甚詳。愈時亦幸在得中，而未知陸之得人也。其後一二年，所與及第者，皆赫然有聲。原其所以，亦由梁補闕肅，王郎中礎佐之。梁舉八人，無有失者。

朱子《韓集考異》云：歐陽詹傳，詹與韓愈李觀李絳崔羣王涯馮宿庾承宣聯第，皆天下選。舉八人，疑此是也。今按：《舊書》謂公從獨孤及梁肅之徒游，銳意鑽仰，欲自振於一代者，殆即指此等七人皆為梁肅之徒而言也。《唐摭言》：貞元中，李元賓韓愈李絳崔羣同年進士。先是，四君子定交久矣。共遊梁補闕之門。居三載，肅未之面，而四賢造肅多矣，靡不偕行。肅異之，一日延接觀等，俱以文學為肅所稱，復獎以交游之道。今按：《韓集．贈李觀詩》云：我年二十五，求友昧其人。哀歌西京市，乃與夫子親。則韓李締交，即在登第之年。《摭言》之說，明不可信。又〈送侯參謀赴河中幕〉云：憶昔初及第，各以少年稱。爾時心氣壯，百事謂己能。又〈祭虞部張員外文〉云：往在貞元，俱從賓薦，各以文售，幸皆少年。群游旅宿，其歡甚焉。此皆一時以同榜而交歡之跡之散見於韓公詩文之可資證說者也。又是年，韓公成〈爭臣論〉，其學養蘊積，已卓然可見矣。

上文略述韓公家世，及其早年學成名立之經過，所以證韓公古文學之淵源也。

三

陳子昂李太白之於詩，其意欲復古，其實乃開新。然其事易知，故一時從之者亦翕然無異辭。至於韓柳之於文，其意亦主於復古，其實績所至，亦同為開新，而其理則頗難曉。在當時極多疑者。即在韓公之知好從游間，亦所不免。張籍〈遺韓公書〉，謂：

頃承論於執事，嘗以為世俗陵靡，不及古昔。蓋聖人之道廢弛之所為也。宣尼沒後，楊朱墨翟恢詭異說，干惑人聽，孟軻作書而正之。秦氏滅學，漢重以黃老之術教人，使人寖惑，揚雄作《法言》而辨之。及漢衰末，西域浮屠之法入於中國，中國之人世世譯而廣之。黃老之術相沿而熾。自揚子雲作《法言》，至今近千載，莫有言聖人之道者。言之者，惟執事焉耳。習俗者聞之，多怪而不信，徒相為訾。執事聰明，文章與孟軻揚雄相若，盍為一書以興存聖人之道？曷可俯仰於俗，囂囂為多言之徒哉？比見執事多尚駮雜無實之說，使人陳之於前以為歡，此有以累於令德。願執事棄無實之談，弘廣以接天下士，嗣孟軻揚雄之作，辨楊墨老釋之說，使聖人之道復見於唐，豈不尚哉？

籍此書之意，實可代表當時一輩懷疑者之意見。緣於詩道求復古，只情存比興即得，固不必重為四言詩，乃為復古也。今號召為古文，又曰文所以明道，則古人之道，皆見於著述，古人之文，亦惟著述是尚，短篇小品，豈足以當。此當時於韓公之倡為古文所必有之懷疑，而觀韓公答書，實亦未能大破其所疑也。公之答書曰：

> 吾子所論，排釋老不若著書。囂囂多言，徒相為訾。若僕之見，則有異乎此也。夫所謂著書者，義止於辭耳。宣之於口，書之於簡，何擇焉？孟軻之書，非軻自著。軻既歿，其徒萬章公孫丑相與記軻所言已耳。僕自得聖人之道而誦之，排前二家有年矣。不知者以僕為好辯也。然從而化者亦有矣。聞而疑者又有倍焉。頑然不入者，親以言諭之不入。則其觀吾書也，固將無得矣。化當世莫若口，傳來世莫若書，又懼吾力之未至也。三十而立，四十而不惑，吾於聖人，既過之，猶懼不及，矧今未至。請待五六十然後為之，冀其少過也。吾子又譏吾與人人為無實駁雜之說，此吾所以為戲耳。

韓公之答如此，故謂其實未能大破籍書之所持也。

今有一事當先辨白者，《唐摭言》有云：韓公著〈毛穎傳〉，張水部以書勸之。然韓公〈答籍書〉，實當在貞元佐汴時，韓公年二十九，故曰，今猶未至聖人而立不惑之歲也。書末又曰：薄晚須到公府，言不能盡，此尤為是時公正佐幕汴州之證。書首有云：愈始者望見吾子於人人之中，固有異焉，此亦顯為兩人始相締交時語。張韓始相識，由孟東野作介，其時韓公正佐汴，有〈此日足可惜〉詩可證。柳子厚書〈毛穎傳〉後，謂自吾居夷，不與中州人通書，有來南者，時言韓愈為〈毛穎傳〉。則韓公之為〈毛穎傳〉，必當在永貞元年子厚貶謫以後，故子厚前所未見。其文當成於在元和時，乃無可疑者。至呂大防謂元和七年有〈石鼎聯句序〉、〈毛穎傳〉，則亦失之。呂氏蓋以〈石鼎聯句〉在是年而牽及〈毛穎傳〉，不足據也。然《摭言》又何以造為韓公著〈毛穎傳〉，張籍以書勸之云云乎？是蓋見張籍書有譏韓多尚駮雜無實之說，而不知其所指，故妄測以為殆是〈毛穎傳〉之類耳。

今既知《唐摭言》之說不可信，則試問張籍之所謂駮雜無實之說者固何指？試再按之籍書，有曰：

> 籍誠知之，以材識頑鈍，不敢竊居作者之位，所以咨於執事而為之爾。若執事守章句之學，因循於時，置不朽之盛業，與夫不知言亦無以異矣。

是籍書之所謂駮雜無實之說者，其實即指因循時俗為章句雜篇，謂其與聖人六藝，與孟軻揚雄之著作不同耳。考之《韓集》，如〈感二鳥賦〉，〈河中府連理木頌〉，〈貓相乳〉，〈贈張童子序〉，〈送權秀才序〉，〈祭田橫墓文〉之類，此皆成於韓張締交之前，此皆籍之所謂駁雜而無實者也。籍謂不敢自居於作者，而願韓公之為之，謂韓公今之所作，則僅是循俗章句，駁雜無實，囂囂多言，無當於不朽之盛業也。

張籍書之內容，必如此解釋，乃可明白得當時人對韓公提倡古文懷疑之深處。若謂專指如〈毛穎傳〉等而言，則轉失於淺而求之矣。然韓公答書，則實不足以滿張籍之意，於是籍有〈遺公第二書〉，仍以為有志古文，當任著書之事。故曰：莫若為書。又曰：執事不以此時著書，而曰俟後，或有不及，曷可追乎？又曰：顏子不著書，以其從聖人之後。又曰：若孟軻，傳者猶以為自論集其書，不云沒後其徒為之。又曰：揚雄之徒，咸自作書。則籍書之意顯然。凡如韓公所作，短篇散文，皆籍之所謂章句之學，因循於時，是皆駁雜無實之說也。於是韓公又有〈重答張籍書〉，然亦仍無以大破籍之所持。是蓋韓公未滿三十時作品，其識力亦未有能自副其所抱負也。

韓公又有〈答崔立之書〉，亦在三試吏部不售之後，或當稍後於其〈答張籍〉，其書曰：

> 方今天下風俗，尚有未及於古者。邊境尚有被甲執兵者。主上不得怡，而宰相以為憂。僕雖不賢，亦且潛究其得失，致之乎吾相，薦之乎吾君。上希卿大夫之位，下猶取一障而乘之。若都不可得，猶將耕於寬閒之野，釣於寂寞之濱，求國家之遺事，考賢人哲士之終始，

作唐之一經，垂之於無窮。誅姦諛於既死，發潛德之幽光。二者將必有一可。

是韓公當時，亦自謂苟不能致身政治，有所建白，亦惟有退而著書，此亦是張籍意見，不過在韓公之意，將稍置以為緩圖耳。而張籍之所譏以為駁雜無實之說者，韓公亦僅曰：

此吾所以為戲耳。比之酒色，不有間乎？吾子譏之，似同浴而譏裸裎。

此等語顯屬強辨。在張籍之意，固自承不敢當作者，而冀韓公之為之。今韓公乃以同浴而譏裸裎為答，故曰終不足以大折張籍之說也。然此僅為韓公早年之說。逮其後，學愈深，識愈高，所論乃遠與早年不同，請繼此申述之。

四

今且另提一問題，即自韓公提倡古文以後，關於短篇散文在文學史上之地位，及短篇散文中體類分別之新演變之一問題是也。茲試先引柳宗元氏之說闡述之。子厚有其弟宗直〈西漢文類序〉，謂：

以文觀之，則賦頌詩歌書奏詔策辯論之辭畢具。以語觀之，則右史記言《尚書》、《戰國策》成敗興壞之說大備。

又曰：

殷周之前，其文簡而野。魏晉以降，則盪而靡。得其中者漢氏。漢氏之東則衰矣。當文帝時，始得賈生明儒術。武帝尤好焉。公孫宏董仲舒司馬遷相如之徒作，風雅益盛。敷施天下，自天子至公卿大夫士庶人咸通焉。於是宣於詔策，達於奏議，諷於辭賦，傳於歌謠，由高帝訖於哀平王莽之誅，四方之文章蓋爛然矣。

柳公此文，將古來子史兩部，如張籍氏之所謂著書者，剔除於文章之外，此與蕭統〈文選序〉大意相符。惟其衡文標準，自東漢以下，即不重視，此則與蕭氏大異。柳公此文意見，實乃自陳子昂李太白以來，唐人衡文一共同標準共同意見也。尋柳氏之所謂文，又分兩別。代人記言謂之語，己所造作謂之文。而文之體類，則又分賦頌詩歌書奏詔策辯論而為五。然柳文此下所舉，則僅及辭賦歌謠詔策奏議四者，獨不及論辯。此亦有說。蓋論辯之文，在古人每以撰次成書，勒為一家言，故於短篇散文中，論辯當不占重要地位，故柳氏不復稱引及之也。在柳氏之意，欲求恢復古代之散文體，卻不必定要摹倣古人之經史著作。此一說，已足以答復張籍及時人之所疑矣。

柳氏衡文之意，又見於其所為〈楊評事文集後序〉，其言曰：

作於聖，故曰經。述於才，故曰文。文有二道，辭令褒貶，本乎著述者也。導揚諷諭，本乎比興者也。著述者流，蓋出於《書》之謨訓，《易》之象繫，《春秋》之筆削，其要在於高壯廣厚，詞正而理備，謂宜藏於簡冊也。比興者流，蓋出於虞夏之詠歌，殷周之風雅，其要在於麗則清暢，言暢而意美，謂宜流於謠誦也。茲二者，考其旨義，乖離不合。故秉筆之士，恒偏勝獨得，而罕有兼者焉。厥有能而專美，命之曰藝成，雖古文雅之盛世，不能並肩而生。唐興以來，稱是選而不怍者，梓潼陳拾遺。其後燕文貞以著述之餘攻比興而莫能極。張曲江以比興之隟窮著述而不克備。其餘各探一隅，相與背馳於道者，其去彌遠。文之難兼，斯亦甚矣。

柳氏此文，又分文為兩大類。一本乎著述，宜藏簡冊。一本乎比興，宜流謠誦。合之引前〈西漢文類序〉，則賦頌詩歌，即本乎比興，而書奏論辯，則本乎著述。由此言之，斯文短篇，亦原本古人著書而來，其體若有變，其用實相類。循此似可解張籍氏之惑，而免於以古文為駁雜無實之說之誚矣。惟柳氏又備舉楊評事之文，謂：

其為〈鄂州新城頌〉，〈諸葛武侯傳論〉，餞送梓潼陳眾甫，汝南周愿，河東裴泰，武都符義府，太山羊士諤，隴西李鍊，凡六〈序〉。〈廬山禪居記〉，〈辭李常侍啟〉，〈遠遊賦〉，〈七夕賦〉，皆人文之選，用是陪陳君之後，其可謂具體者歟。

其所列，如贈序雜記之類，既非論辯，亦非書奏，此皆唐代新興之文體，正是張籍所譏以為駁雜而無實者也。而柳氏顧謂其以陪陳君之後，可謂具體者。是柳氏之意，即此諸新體，亦可謂其兼比興與著述也。柳氏又謂楊君晚節，徧悟文體，尤邃敘述。又謂宗元以通家脩好，幼獲省謁。則柳公固深契於楊氏之為文，而非泛泛為誦揚之辭。尤其所謂徧悟文體一語，蓋涵有引而未發之深義。亦可謂體各有當，不必定為專書之著述，亦不必定為論辯與書奏，乃有當於古人為文之旨義也。

柳氏衡文意見之遠異於張籍，尤可於其〈讀韓愈所著毛穎傳後題〉一文見之。其文曰：

自吾居夷，不與中州人通書。有來南者，時言韓愈為〈毛穎傳〉，大笑以為怪，而吾久不克見。楊子誨之來，始持其書。索而讀之，信韓子之怪於文也。世之模擬竄竊，取青妃白，肥皮厚肉，柔筋脆骨以為辭者，其大笑固宜。且世人笑之，不以其俳乎？而俳又非聖人之所棄者。《詩》曰：善戲謔兮，不為虐兮。《太史公書》有〈滑稽列傳〉，皆取乎有益於世者也。學者終日討說答問，呻吟習復，應對進退，掬溜播灑，則罷憊而廢亂，故有息焉游焉之說。有所拘者有所縱。大羹玄酒，體節之薦，味之至者。而文王之昌蒲葅，屈到之芰，曾晳之羊棗，然後盡天下之奇味以足於口。獨文異乎？韓子之為，亦弛焉而不為虐，息焉游焉而有所縱，盡六藝之奇味以足其口。且凡古今是非，六藝百家，大細穿穴，用而不遺，毛穎之功也。韓子奮而為之傳，以發其鬱積，學者得之，勵其有益於世。是其言，固與異世者語，而貪常嗜瑣者，呫呫然動其喙，亦勞甚矣。

讀此文，知韓公〈毛穎傳〉，在當時固極遭誹笑。即以後《舊唐書・韓公傳》，尚謂其為〈毛穎傳〉，譏戲不近人情，此文章之甚紕繆者。而子厚則賞其能獨創不因襲，怪奇有異致，亦謂其有所比興，於世非無益。並謂文辭之為功，有宣導，有縱弛，不當專以整襟陳義為主。此子厚本文大旨，亦其所謂徧悟文體之一例也。茲以今語釋之，子厚乃站在文學本身立場上發議，抑且站在韓柳二公在當時所欲提倡之新文學見解上立論，故既與如張籍之專重著書以衛道之觀念有別，亦與同時乃及身後一輩人對文學之評價相異也。

然則推柳氏之意，文之為體，固可不盡於詔策奏議辭賦歌謠以及夫論辯之類，而當別有所新創，要之求其能不失於褒貶之與諷諭，而能兼夫著述與比興二者之美，庶可以窮極六藝之所蘊，而不限於古人之成格。讀者試會合籀誦上引柳氏諸篇，亦可略窺其立論旨義之所在矣。此乃柳氏對於其所提倡之古文所特持之評價意見，而韓公早年所論，則殊未足以及此也。

五

韓公之〈答張籍〉，謂：所謂著書者，義止於辭耳。宣之於口，書之於簡，何擇焉？又謂吾與人為無實駁雜之說，此吾所以為戲耳。此書作於韓公早年。若循是言之，豈非古文乃無義趣可言。逮後韓公持論便不同。其〈答劉正夫書〉曰：為文宜師古人。又曰：師其意，不師其辭。又曰：

> 夫百物朝夕所見，人皆不注視也。及覩其異者，則共觀而言之。夫文豈異於是乎？漢朝人莫不能為文，獨司馬相如太史公劉向揚雄為之最。然則用功深者，其收名也遠。若皆與世沈浮，不自樹立，雖不為當時所怪，亦必無後世之傳也。足下家中百物，皆賴而用也。然其所珍愛者，必非常物。夫君子之於文，豈異於是乎？

又曰：

> 聖人之道，不用文則已，用則必尚其能者。能者非他，能自樹立，不因循者是也。

至是，韓公始於文學立場自抒偉見，謂文學貴能創造，否則即不足以傳後也。

韓公論文大義，又見於其〈南陽樊紹述墓誌銘〉，曰：

> 多矣哉，古未嘗有也！然而必出於己，不襲蹈前人一言一句，又何其難也！必出入仁義，其富若生蓄，萬物必具，海涵地負，放恣橫縱，無所統紀，然而不煩於繩削而自合也。

古人著書，一幹而萬條，今創為短篇散文，乃變為萬枝而一本。本於何？曰：本乎仁義。然而放恣縱橫，若無所統紀。若天地之生物，海涵地負，無所不有。其同於聖人者在其道，其所以異乎聖人者則在乎辭。縱使聖人復出，其有用於文，從事著作，亦必尚其異，尚其非常，不蹈襲前人之成格。不蹈襲於前人，而自合於前人，此所謂不煩繩削而自合也。故曰：

> 惟古於詞必己出，降而不能乃剽賊。後皆指前公相襲，從漢迄今用一律。寥寥久哉莫覺屬，神徂聖伏道絕塞。既極乃通發紹述，文從字順各識職，有欲求之此其躅。

然後人不明韓公為文必出入仁義，海涵地負，無所統紀之深旨，乃僅於一字一句間求之。於是學韓者乃競尚於怪奇。則豈古聖賢之著作，孔孟之道，亦僅止於造為字句之怪奇而已乎！李肇《國史補》謂：元和之後，文筆則學奇於韓愈，學澀於樊宗師。蘇軾亦謂：學韓而不至，為皇甫湜。學皇甫湜而不至，為孫樵。自樵以降，無足觀矣。是皆不窺韓公為文之本原，與夫韓公論文之深旨者也。

秦觀有云：

> 探道德之理，述性命之情，發天人之奧，明死生之變，此論理之文，如列禦寇莊周之所作是也。別黑白陰陽，要其歸宿，決其嫌疑，此論事之文，如蘇秦張儀之所作是也。考同異，次舊聞，不虛美，不隱惡，人以為實錄，此敘事之文，如司馬遷班固之所作是也。原本山川，極命草木，比物屬事，駭耳目，變心意，此託詞之文，如屈原宋玉之所作是也。鉤莊列之微，挾蘇張之辯，摭遷固之實，獵屈宋之英，本之以《詩》、《書》，折之以孔氏，此成體之文，如韓愈之所作是也。蓋前之作者多矣，而莫有備於愈。後之作者亦多矣，而無以加於愈。故曰：總而論之，未有如韓愈者也。

秦氏此說，當引與〈樊紹述銘〉合看，庶可以深明乎韓公為文之工力與其宗趣矣。

韓公亦嘗自言之，其〈答侯繼書〉有云：

僕少好學問，自五經之外，百氏之書，未有聞而不求，得而不觀者。然其所志，惟在其意義所歸。

此書在貞元十一年，時猶未離京東下，是亦公早年作品也。謂其博觀約取，惟在書中之意義，即所謂好古之文，乃好古之道也。然既是好古之道，則何乃囂囂多言，為駮雜無實之說，以取歡於人而已乎，此張籍之所疑也。及韓公為〈進學解〉，則在元和時，比觀所言，大異乎昔，斯可知韓公進學之所造詣矣。其言曰：

先生口不絕吟於六藝之文，手不停披於百家之編。記事者必提其要，纂言者必鉤其玄。貪多務得，細大不捐。

又曰：

觝排異端，攘斥佛老。補苴罅漏，張皇幽眇。尋墜緒之茫茫，獨旁搜而遠紹。障百川而東之，迴狂瀾於既倒。

又曰：

沈浸醲郁，含英咀華。作為文章，其書滿家。上規姚姒，渾渾無涯。周誥殷盤，佶屈聱牙。《春秋》謹嚴，《左氏》浮誇。《易》奇而法，《詩》正而葩。下逮《莊》、〈騷〉，太史所錄，子雲相如，同工異曲。

上引第一節，自述其所用力，乃學問從入之途也。第二節，自述其所見道，與所以明道而衛道者，乃學問到達之境，與夫其抱負之實也。第三節，自述其所為文，乃由求道而得，亦由明道而作。文本於道，與道相一貫，而沈浸醲郁，含英咀華八字，尤見其積於中而發於外，因於蓄道德而後能文章，其意最為深到，乃為韓公學成後議論。故曰：

先生之於文，可謂閎其中而肆其外矣。

閎中是本，肆外則僅其發而見於末者。此一義，韓公乃不憚屢言之。其〈答尉遲生書〉，亦曰：

夫所謂文者，必有諸其中。是故君子慎其實。實之美惡，其發也不揜。本深而末茂，形大而聲宏。行峻而言厲，心醇而氣和。昭晳者無疑，優游者有餘。體不備，不可以為成人。辭不足，不可以為成文。

由是言之，則志道修身，乃為文立言之基本。世人常言韓公主文以載道，其實韓公之意，乃謂必得道而後始能文也。

此義，又暢發之於其〈答李翊書〉。其言曰：

將蘄至於古之立言者，則無望其速成，無誘於勢利。養其根而俟其實，加其膏其希其光。根之茂者其實遂，膏之沃者其光曄。仁義之人，其言藹如也。

又曰：

雖然，不可以不養。行之乎仁義之途，游之乎《詩》、《書》之源。無迷其途，無絕其源，終吾身而已矣。氣，水也。言，浮物也。水大，而物之浮者大小畢浮。氣之與言猶是也。氣盛，則言之短長與聲之高下者皆宜。

此一節，從來論文者每以與魏文帝《典論．論文》相提並論。謂文以氣為主，曹韓同此意見。不知魏文《典論》僅指文章之氣，故曰氣體不可強為。此猶後人言為文，有陽剛陰柔之別也。韓公此文，則指作者平日之所養，內心之所蓄。此二者可以相同而絕不同。或又疑韓公此文學《莊子》，此亦僅自外貌求之耳。其實韓公此文明本《孟子．養氣章》。孟子曰：我知言，我善養吾浩然之氣。又曰：其為氣也，至大至剛以直，養而無害，則塞於天地之間。其為氣也，配義與道。無是，餒也。又曰：詖辭知其所蔽，淫辭知其所陷，邪辭知其所離，遁辭知其所窮。韓公亦言之，曰：

> 然後識古書之正偽，與雖正而不至焉者，昭昭然白黑分矣。

此言正偽，正指道義，即孟子之知言工夫也。無迷其途，無絕其源，終吾身而已，即孟子之養氣工夫也。故又曰：

> 君子處心有道，行己有方。用則施諸人，舍則傳諸其徒，垂諸文而為後世法。

韓公論文至此，然後文本於道，文道一貫之意乃顯。於是乃溥博淵泉，不擇地而出。所謂垂諸文者，正是一種現身說法，更不須如張籍所規，必效法孟軻揚雄，特為一書，始為垂諸文，而無實駁雜之譏，亦可不辯自破。蓋皆學有本源，根茂實遂，即文中不言仁義，而自見為仁義之言。即文中不論經術，而自是從經術所發。故探討韓公倡為古文之意見，必至是乃可謂窺其閫奧，而得其淵旨也。

柳子厚亦與韓公持相似之意見，其〈答韋中立論師道書〉有謂：

始吾幼少，其為文章，以辭為工。及長，乃知文者以明道，固不苟為炳炳烺烺，務采色，夸聲音，而以為能也。故吾每為文章，未嘗敢以輕心掉之，懼其剽而不留也。未嘗敢以怠心易之，懼其弛而不嚴也。未嘗敢以昏氣出之，懼其昧沒而雜也。未嘗敢以矜氣作之，懼其偃蹇而驕也。抑之欲其奧，揚之欲其明，疏之欲其通，廉之欲其節，激而發之欲其清，固而存之欲其重，此吾所以羽翼夫道也。本之《書》以求其質，本之《詩》以求其恒，本之《禮》以求其宜，本之《春秋》以求其斷，本之《易》以求其動，此吾所以取道之原也。參之穀梁氏以厲其氣，參之《孟》、《荀》以暢其支，參之《莊》、《老》以肆其端，參之《國語》以博其趣，參之〈離騷〉以致其幽，參之太史以著其潔，此吾所以旁推交通而以為之文也。

柳子所言，較之韓公，深淺有異，醕駁有辨矣。要之主文本於道，文道一貫，則大意無殊。然而所謂文本於道，文道一貫者，此乃即文而見道，非為文以明道也。為文明道，乃後人文以載道之說，仍是道與文為二，而即文見道，則道自寓於文，乃道與文為一。故雖如韓公之為〈毛穎傳〉，亦非無道而為之，亦可由此而見道矣。

道寓於文之義，韓公又深見之於其〈送高閑上人序〉。其言曰：

茍可以寓其巧智，使機應於心，不挫於氣，則神完而守固。雖外物至，不膠於心。堯舜禹湯治天下，養叔治射，庖丁治牛，師曠治音聲，扁鵲治病，僚之於丸，秋之於弈，伯倫之於酒，樂之終身不厭，奚暇外慕？夫外慕徙業者，皆不造其堂，不嚌其胾者也。往時張旭善草書，不治他伎，喜怒窘窮，憂悲愉佚，怨恨思慕，酣醉無聊不平，有動於心，必於草書焉發之。觀於物，見山水崖谷，鳥獸蟲魚，草木之花實，日月列星，風雨水火，雷霆霹靂，歌舞戰鬭，天地事物之變，可喜可愕，一寓於書。故旭之書，變動猶鬼神，不可端倪，以此終其身而名後世。今閑之於草書，有旭之心哉？不得其心而逐其迹，未見其能旭也。為旭有道，利害必明，無遺錙銖，情變於中，利欲鬭進，有得有喪，勃然不釋，然後一決於書，而後旭可幾也。今閑師浮屠氏，一死生，解外膠，是其為心，必泊然無所起，其於世，必淡然無所嗜，泊與淡相遭，頹墮委靡，潰敗不可收拾，則其於書，得無象之然乎？然吾聞浮屠人善幻，多技能，閑如通其術，則吾不能知矣。

此文列舉堯舜治天下，迄於張旭之治草書，而獨不及文章，然文章自非例外可知。韓公此文所提出之問題，乃向來所辨道與技之問題也。以今語說之，亦可謂是道德與藝術之問題。藝術必表現一內心，內心之所得者是其德，發之於技是其藝。寓其所得於其所發，大者為道，小者為術。治天下猶且然，況於為文章？姚鼐謂韓公此言，本所自得於文事，此言是也。而韓公之所以深斥於佛老者，亦由是而可見。推韓公之意，謂天地間一切道，一切藝，皆由人心生。人心得所養；而外有以合乎天，然後天人相應，而道彰焉，藝美焉。今苟一切遣去其內心，解之釋之，泊然淡然，而幾於頹墮委靡，而轉謂其乃一任乎天，是荀卿之譏莊周，所謂知有天不知有人也。然苟情炎於中，利欲鬭進，有得有喪，勃然不釋，此等心境，張旭以之治草書則可，固不可移之堯舜禹湯治天下。此則道與技之別也。而韓公則固以堯舜禹湯文武周公孔孟之道以治其文者，故曰：行之乎仁義之途，游之乎《詩》、《書》之源。大本既立，內有所感，外有所觀，乃一於文焉發之。曾國藩評此文謂：機應於心，熟極之候也，《莊子．養生主》之說也。不挫於氣，自慊之候也，《孟子．養氣章》之說也。又曰：韓公之於文，技也，進乎道矣。曾氏此評，蓋為得之。韓公友李翺習之嘗謂：人號文章為一藝者，乃時世所好之文，或有盛名於近代者是也。其能到古人者，則仁義之辭也，惡得以一藝名之？此言更可謂深得韓公論文之深旨。後之學韓者，不得其心而逐其跡，則為皇甫湜孫樵之歸，所謂象之而已者也。或以《莊子》宋元君畫史解衣槃礴臝之故事說此篇，亦未是。郭象云：內足者神閒而意定。夫內足亦非遣去此心，使之空無所存也。韓公之所內足自慊，則曰仁義之途，《詩》、《書》之源，此又不可不辨。

六

陳後山評韓公詩，謂「詩文各有體，韓以文為詩，杜以詩為文，故不工爾」。竊謂後山此評，亦未全是。謂詩文各有體，是也。謂韓公以文為詩，亦是。因謂韓詩不工，則私人之好惡，歷代好韓詩者，必不以為然。顧韓公之有大貢獻於中國文學史者，實在文不在詩。而韓公之以詩為文，向來亦無人道及。此我上文所謂散文短篇體類之新演變也。試再稍申說之。

竊謂韓公不僅以文為詩，實亦以散文之氣體筆法為辭賦。試誦《韓集》諸賦，及其哀辭祭文，乃至碑誌之銘文，及其他頌贊箴銘之類，凡其文體當歸入辭賦類者，韓公為之，不論用韻不用韻，實皆運用散文之筆法氣體以成篇，而使其面貌一新，迥不猶人，此皆韓公之創格也，而固不能謂之不工。而韓文之神奇變化，開此下散文無窮法門，而能使短篇散文達於海涵地負，放恣縱橫之境界者，尤要則在其書牘與贈序之兩體。

古人散文，除經史百家著為專書者不論，自餘則為奏策詔令，此皆原於《尚書》，當屬政治文件。雖亦於文有工有不工，然題材既先有限制，則不得謂之是純文學。唐人似多於此猶有不辨者。故《舊唐書·元稹白居易傳》史臣曰：

國初開文館，高宗禮茂才，虞許擅價於前，蘇李馳聲於後。或位昇臺鼎，學際天人，潤色之文，咸布編集。然而向古者傷於太僻，徇華者或至不經。齷齪者局於工商，放縱者流於鄭衛。若品調律度，揚摧古今，賢不肖皆賞其文，未如元白之盛也。昔建安才子，始定霸於曹劉，永明辭宗，先讓功於沈謝。元和主盟，微之樂天而已。臣觀元之制策，白之奏議，極文章之壼奧，盡治亂之根荄。

贊曰：文章新體，建安永明。沈謝既往，元白挺生。

此一意見，乃承散文舊傳統，以奏議制策之類為朝廷大述作，西漢賈董匡劉，即以此為文章宗師，唐史臣之極推元白，著眼亦在此。而韓公之倡為古文，則其意想中獨有新裁別出，固有非時人所能共曉者。

其次如論辨序跋。此類文字，如作論辨，則不如著專書，如為序跋，亦僅堪為原書當附庸，斷不能就此發揚出短篇散文之最高價值。並其體皆限於學術性，亦不能成為純文學。

又其次如碑誌傳狀。傳狀之類，既有官史，今以私家短篇散文為之，亦斷不能有甚高價值。故《韓》、《柳》二集，所作傳狀，僅有〈圬者王承福〉，〈種樹郭橐駝傳〉，以及〈宋清〉，〈童區寄〉，〈梓人〉，〈李赤〉，甚及〈毛穎傳〉與〈蝜蝂傳〉。可知二公之為此，情存比興，乃以遊戲出之。名雖傳狀，實屬新體。此等題材，若承舊貫，當為一詩，非真承襲自史傳也。此則已是二公別創新格，運詩為文之一證矣。

碑誌自東漢蔡邕以下，實成為一種社會性的應酬文字。故邕之自白，生平為碑文，無慙筆者，僅郭林宗一碑，此其拘礙於對方請求人之情面者可知。韓公承其家業，亦以能碑文招徠四方之邀乞，當時有劉乂攫取諛墓金之說，則時人亦認韓公碑文為是一種世俗應酬文字也。且碑誌既縛於題材，礙於情面，又限於文體。蓋碑文當勒之金石，體尚謹嚴，文須韻藻，並不與其他散文同其淵源，亦復與史傳性質有別。而韓公為之，乃刻意以散文法融鑄入金石文而獨創一體。其骨格則是龍門之史筆，其翰藻則是茂陵之辭賦。設例取勢，因人為變。創格造局，錘句鍊響，極行文之能事。可謂前無古人，後無來者。然終以限於體制，以此顯韓公之聖於文而無施不可則可，然若繩以純文學之境界與標準，則終為有憾。由此而言，正見韓公當時倡為古文，其實仍是隨順世俗，因變為新。並不拘拘於必以復古為尚矣。若必拘拘以復古是尚，則東漢以前，並無碑誌一體。韓公平日所舉，古之豪傑之士，方在早年時，則曰若屈原孟軻司馬遷相如揚雄之徒，其後學養漸深，又改稱曰：漢之能為文者，獨司馬相如太史公劉向揚雄為之最。試問凡此諸人，無論其為孟軻屈原，或如兩司馬以下，幾曾有墓誌與碑銘之作乎？故知韓公心中，所謂好古之文者，實自有其一種開新之深見，絕非漫曰好古，僅務依倣而已也。此又韓公創意以散文法融鑄入金石文，亦猶其創意以散文為辭賦之例也。

除上述諸體外，尚有書牘。戰國先秦縱橫游說之辭此不論。厥後以書牘傳者，實寥寥可數。西漢如司馬子長〈報任少卿〉，楊惲〈報孫會宗〉，劉歆〈移書讓太常博士〉之類，皆一時特有所感觸，披暢積蘊，一書必有一書之特殊內容。在作者當時，必感有所不容己於言者，是亦題材先定矣。尤如劉書，討論學術，兼可作政治文件看，此當別論。是西漢一代，惟馬楊兩書，因事抒情，始可謂是文學絕唱。而楊書特模倣其外祖太史公之所為，故以書牘運入文學，在漢時特太史公始創之。而史公生平亦僅有此一篇，此亦所謂發憤而作，妙手偶得也。故就文學史演進大勢言，如相傳李陵〈報蘇武書〉，不僅其文辭可疑，即論其時代，正與太史公〈報任少卿書〉略相先後，亦不應同時並現兩奇蹟，有如是之巧合也。

至於有意運用書牘為文學題材，其事當起於建安，而以魏文帝陳思王兄弟為之最。此等書札，所以異於前人者，緣其本無內容，並非有一番不容己之言，而特遊戲出之，籍以陶寫其心靈。古人云：嗟嘆之不足則詠歌之，此等書札，則辭多嗟嘆，情等詠歌，本亦宜於作為一詩，今特變其體為一封書札耳。故此等書札，乃始有當於純文學之條件。而後來嗣響，仍少佳構。必待韓公出，而後書牘一體始成為短篇散文中極精妙之作品。寫情說理，辨事論學，宏纖俱納，歌哭兼存，而後人生之百端萬狀，怪奇尋常，盡可容入一短札中，而以隨意抒寫之筆調表出之。無論其題目之大小，內容之深淺，正因其乃一書牘之體，而更易使人於輕鬆而親切之心情下接受領會，此實為韓公創新散文體之一絕大貢獻。而後之來者，對此一體，亦終少稱心愜意之佳構，足以追隨韓公者。蓋碑誌之難，人所易知。書牘之難，人所難曉。此兩體，一必求其典雅，一必求其自然，又皆不脫應酬人情，世俗常套，故極難超拔，化臭腐為神奇，自非有深造於文學之極詣者，實不易為。

書牘之外，厥為贈序，此一體創始於唐人。相傳五言詩起於蘇李贈答，固不足信，然贈答要為此下詩中最廣使用之一體。故《昭明》選詩，亦獨以贈答一類為多。其他如公讌，如祖餞，皆與贈別相近。可證此類本屬詩題，故皆以吟詠出之。及於唐人，臨別宴集，篇什既多，乃有特為之作序者，亦有不為詩而徑以序文代者。今傳《李太白文集》共五卷，而序文獨占兩卷，實皆贈答詩之變相也。如其〈暮春江夏送張祖監丞之東都序〉，乃曰：詩可贈遠，無乃闕乎？〈秋於敬亭送從姪耑遊廬山序〉，曰：情以送遠，詩能闕乎？〈冬夜於隨州紫陽先生飡霞樓送烟子元演隱仙城山序〉，曰：詩以寵別，賦而贈之。此等皆明以序代詩送別也。〈夏日陪司馬武公與群賢宴姑熟亭序〉，曰：千載一時，言詩紀志，此又以序代詩紀公讌也。又如〈金陵與諸賢送權十一序〉，曰：群子賦詩，以出餞酒，仙翁李白辭。此特群子為詩而已為之辭，仍不以其辭為所以序群子之詩也。又〈江夏送倩公歸漢東序〉，曰：作小詩絕句以寫別意。辭曰：××（此處原缺二字。）漢東國，川藏明月輝，寧知喪亂後，更有一珠歸。是太白此篇，實仍是賦詩贈別。所以謂之序者，《詩經》三百首，本各有序，婢作夫人，乃徑以序名篇也。又如〈春夜宴從弟桃花園序〉，曰：不有佳詠，何伸雅懷，如詩不成，罰依金谷酒數。是席間各約賦詩，而特以序引端也。又如〈秋日於太原南柵餞陽曲王贊公賈少公石艾尹少公應舉赴上都序〉，曰：請各探韻，賦詩寵行，此亦與〈夜宴桃花園序〉同例，乃以序作前引，隨各賦詩也。《太白集》所收序文兩卷，惟〈澤畔吟序〉一篇，獨為序跋之序，而亦特以序詩，與序著述專籍者異。此為唐人贈序新體，其原起乃由詩轉來之明證。太白自負文可以變風俗，如此類，變詩為文，亦其例乎？

然太白所為諸序，尋其氣體所歸，仍不脫辭賦之類。其事必至韓公，乃始純以散文筆法為之。此又韓公一創格也。韓公於《李集》必甚注意，事無可疑。是韓公此一創格，尋其淵源，可謂自《李集》而來。

蘇東坡嘗謂：

歐陽公言，晉無文章，惟陶淵明〈歸去來詞〉而已。余謂唐無文章，惟韓退之〈送李愿歸盤谷序〉而已。生平欲效此作，每執筆輒罷，因自笑曰：不若且放教退之獨步。

今按：韓公〈送李愿歸盤谷序〉，竟體用偶儷之辭，其實尚是取徑於辭賦，東坡以之擬陶淵明〈歸去來辭〉，是也。惟文中遇筋節脈絡處，則全用散文筆法起落轉接，此為韓公有意運用散文氣體改換古人辭賦舊格之證。此所謂李光弼入郭子儀軍，壁壘猶舊，旌旗全新也。而篇末與之酒而為之歌，顯由太白〈江夏送倩公歸漢東序〉之體制脫胎而來。更可證韓公所為贈序新體之淵源所自。

又其〈送楊少尹序〉，昔人評其文反覆詠歎，言婉思深，此明是一種詩的境界。韓公又曰：楊侯之去，丞相有愛而惜之者，為歌詩以勸之，京師之長於詩者，亦屬而和之。是他人以詩贈別，韓公乃以序代詩，亦即太白〈暮春江夏送張祖監丞之東都序〉之類也。又如〈送湖南李正字序〉，重李生之還者皆為詩，愈最故，故又為序云。今按：公亦為詩送行，是序，即序其當時之送行詩集也。其他如〈送石處士序〉，〈送溫處士赴河陽軍序〉，〈送鄭十校理序〉，諸篇皆是。此則太白〈金陵與諸賢送權十一序〉之類也。惟《太白集》尚自稱其序為辭，辭體固猶與詩近，而韓公則徑以散文筆法為之，故遂正式成為送行詩集之序文，於是遂正式為散文中一新體。

又如〈上巳日燕太學聽彈琴詩序〉，即太白〈夏日陪司馬武公與群賢宴姑熟亭序〉之類也。贈別有詩，公讌亦有詩，至於唐，皆變而有序，此等序，其實皆詩之變體。惟韓公深於文，明於體類，故能以詩之神理韻味化入散文中，遂成為曠古絕妙之至文焉。劉大櫆評韓公〈送董邵南序〉，曰：此篇及〈送王含序〉，深微屈曲，讀之覺高情遠韻，可望不可及。張裕釗曰：寄興無端，如此乃可謂之妙遠不測。曾國藩評韓公〈送王秀才含序〉，曰：波折夷猶，風神絕遠。其他諸家，尚多以評詩語評韓公贈序諸篇，皆可謂妙得神理。惜無一人能明白言之曰：是乃韓公之以詩為文耳。章實齋《文史通義》有云：學者惟拘聲韻之為詩，而不知言情達志，敷陳諷諭，抑揚涵泳之文，皆本於《詩》教，其言是矣，然亦未能明論唐宋諸家之以詩為文也。余此所論，苟深明於文章之體類流變者，當不斥為妄言。

故《韓集》贈序一體，其中佳構，實皆無韻之詩也。今人慕求為詩體之解放，欲創為散文詩，其實韓公先已為之，其集中贈序一類，皆可謂之是散文詩，由其皆從詩之解放來，而仍不失詩之神理韻味也。後人學韓者，惟歐陽永叔最得韓公此體文之神髓。歐公之詩，若微嫌於坦直緩散。而歐公之文，尤其贈序一體，其境界絕高者，則皆可謂是一種絕妙之散文詩也。

其他可論者，尚有雜記與雜說。雜記一體，於《韓集》頗不多見。然細論之，此當分兩類。一曰碑記，如〈汴州東西水門記〉，〈鄆州谿堂詩〉之類是也。此等實皆金石文字，應與碑誌相次。其另一類乃為雜記，如〈畫記〉是也。

方苞則曰：

> 蘇東坡謂：世有妄庸者，作歐陽永叔語云：吾不能為退之〈畫記〉，此大妄也。

> 周人以下，無此種格力，歐公自謂不能為，所謂曉其深處。而東坡以所傳為妄，於此見知言之難。

張裕釗亦謂：

> 〈畫記〉可追《考工》。

竊謂韓公於古文，必期能海涵地負，無所不蓄。六經百家，皆歸鎔鑄。如〈畫記〉此文，最為題材所限，本最不宜入文，而韓公故以入文。歐陽永叔於《韓集》，用力最深，體悟最精，尤於其碑誌贈序諸體，皆能會其淵微，得其神似。故獨於〈畫記〉特出，自審力不能及也。東坡為文，多仗才氣，蓋短篇散文至於東坡之手，而得大解放。恣意所至，筆亦隨之。自謂如水銀瀉地，無乎不達。然已失卻韓公以詩為文之精意。似東坡於柳氏所謂徧悟文體之說，不加體會，故謂獨不能為〈送李愿歸盤谷序〉。其實衡以韓文神理，《坡集》於碑誌贈序諸體，所不能造其淵微者多矣。則宜乎其以永叔此語為妄傳。

《韓集》雜記諸文，尚有介乎碑記與雜記之間者，如〈燕喜亭記〉，〈新修滕王閣記〉諸篇是也。此諸篇雖亦上石之文，乃全以散文筆法出之。此等文字易於模倣，遂亦為後代開出無窮法門。

宋人記亭閣，記齋居，皆摩空寄興，不為題材所限，尚有運詩入文之遺意，而宋人亦不自知。後之論詩者，率分唐詩宋詩而為二，今亦可謂韓公贈序諸篇，皆是唐詩神韻，至其雜記，如〈燕喜亭〉、〈滕王閣〉之類，則已開宋詩境界矣。然此亦非深於文章神理者不能辨也。

《柳集》獨於雜記一體頗致力，凡得四卷三十六篇，夥頤甚矣。大體論之，皆當歸入碑記之類。尤其山水記遊諸篇，卓絕古今，評者皆謂其導源於酈道元之《水經注》。竊謂韓柳同時，同倡為古文，聲氣相通。二公之於運詩入文之微意，蓋有默契於心，不言而相喻者。柳公固精於詩，若是沿襲舊轍，則當為謝康樂。而柳公顧變體為散文，於是遂別開新面。然若不如是，則短篇散文，僅沿舊轍，仍是論辯奏議之類，亦絕不能深入純文學之閫奥也。後人必分詩文為兩途，而隔絕視之，故漫不得子厚記遊諸篇之深趣耳。

雜記之外，復有雜說，於《韓集》不多見，而《柳集》乃頗盛。所謂說者，《漢志》九流十家有小說家者流，其書雖不傳，然諸子之書尚多有之，尤以《莊子》書為然。亦可謂莊周寓言，皆小說也。若割截《莊》書，分章分節而觀，則〈內篇〉七篇，上起北溟之鯤化而為鵬，下迄儵忽之鑿混沌七竅，幾乎十九皆小說耳。〈外〉、〈雜篇〉中精采者，亦皆小說也。又如策士縱横游說，見於《戰國策》者，其文亦多以小說雜羼之。惟此等皆鎔入長篇，不獨立為文，因此後世遂不見此體，而往往轉化入詩中。蓋中國詩人，自魏晉以下，殆無不沈浸於道家言，尤怡情於《莊》、

《列》。《列子》偽書，當出於晉，其書亦多小說。詩人之比興，正似小說家之寓言。可知運文入詩，其來久矣。韓公狡獪為文，又一轉手運詩入文，遂若蹊徑獨闢。今試以《韓集・雜說》〈龍噓氣成雲〉，〈世有伯樂然後有千里馬〉兩章，以韻語轉譯之，豈不即成為太白古風之類乎？故李光地評韓公〈龍雲篇〉，亦謂此篇取類至深，寄托至廣，是仍以評詩語評文也。其他如〈獲麟解〉，解亦猶之說也，此等皆當屬雜說。姚鼐《古文辭類纂》以之歸入論說類，實為失倫。試參之《柳集》，而再定其歸類之所宜。

《柳集》有〈鶻說〉，有〈捕蛇者說〉，有〈謫龍說〉，有〈羆說〉，有〈觀八駿圖說〉，皆雜說之體也。又有三戒，曰〈臨江之麋〉，〈黔之驢〉，〈永某氏之鼠〉。此則顯然介乎雜記與雜說之間矣。其實如韓公之〈圬者王承福傳〉，柳公之〈種樹郭橐駝傳〉之類，亦皆小說雜記也。而姚氏《古文辭類纂》以之歸入傳狀，又失其倫類矣。《柳集》又有〈乞巧文〉，〈罵尸蟲文〉，〈宥蝮蛇文〉，〈憎王孫文〉，〈逐畢方文〉，〈辯伏神文〉，〈愬螭文〉，〈哀溺文〉等，總題曰騷。就其文辭言，固屬騷體，就其內容言，則亦雜記雜說之類也。《柳集》以〈對卷十四〉，〈問答卷十五〉，〈說卷十六〉，〈傳卷十七〉，〈騷卷十八〉，〈弔贊箴戒卷十九〉，〈銘雜題卷二十〉，相聯編之，最有深義，蓋此等皆雜記雜說也。是非精辨於文章體類之源流變化者不易曉。蓋《柳集》編次，出於其友劉禹錫。今傳《柳集》，雖非禹錫手編之舊，然大體尚依稀可見。劉禹錫與呂溫二人論文語，皆有極超卓者。想當時與柳公相友討論有素矣。獨惜李漢之編《韓集》，乃全不識文章體類，曰雜著，又有雜文，驅龍蛇而雜之於菹澤之中，最為無當。今若以《柳集》分類細闡之，當知雜記雜說，其體皆近小說，亦與辭賦相通。《莊》屈同條共貫，惟《莊》為散文，屈為辭賦，其外貌雖別，其內情則通。《韓非》〈解老〉、〈喻老〉、〈內〉、〈外儲說〉、〈說林〉諸篇，更近散文體製。然其為接近道家言，則彰著無疑，故其文亦多采小說。亦與後代雜記雜說之類相似。則此類文不當與論辨相混，亦復與碑記有別，又斷可識矣。而今人論韓文者，乃謂韓公古文，特受當時傳奇小說家之影響，則可謂更不瞭於古今文章流變之深趣矣。

今再總括上文而撮述其大意。在韓柳以前，中國文學著述，可分兩大類。一曰散文，以勒為專書著述者為主，經史子三部皆是也。其有短篇散作，不為著述專書而有，則別有其應用之途。其最著者為詔令與奏議，是為應用於政治方面者。又為論辨與序跋，則為應用於學術方面者。而人情之重視詔令與奏議則尤甚。復有在社會上普遍流行之應酬文字，則為碑記碑誌與書牘。其實此等皆為通俗應用文，而其使用乃愈下愈盛，其勢汗漫不可止。蓋專家著述，自東漢以下而漸衰，而此諸體乃與之為代興。至於詔令奏議，則亙歷古今，獨成為舉世重視之大文章，此一類也。又其一曰韻文，《三百首》之下有騷體《楚辭》，演為漢賦，此一支也。自東漢末季，五言詩興，又為別一支。此二支者，乃獨被目為文學焉。魏晉以降，文風既煽，《昭明文選》，堪為代表。於是循至專書著述，以及短篇散文，亦皆采駢儷辭賦之體，此唐以前文章之大體演變也。迄於唐人，有意復古，詔令奏議，求能擺脫駢儷，重模典雅，此事自周隋以來已啟其端，然亦終未能饜愜人心，而有以大變乎東漢以下之所為也。自陳子昂李太白杜子美諸賢之興，而詩體一變。自韓柳之興而文體亦一變。此二者，皆主復古。詩之復古，在求有興寄，勿徒尚麗采。文之復古，則主以明道，而毋徒修辭句。此其要領也。

然韓柳之倡復古文，其實則與真古文復異。一則韓柳並不刻意子史著述，必求為學術專家。二則韓柳亦不偏重詔令奏議，必求為朝廷文字。韓柳二公，實乃承於辭賦五七言詩盛興之後，純文學之發展，已達燦爛成熟之境，而二公乃站於純文學之立場，求取融化後起詩賦純文學之情趣風神以納入於短篇散文之中，而使短篇散文亦得侵入純文學之閫域，而確占一席地。故二公之貢獻，實可謂在中國文學園地中，增殖新苗，其後乃蔚成林藪，此即後來之所謂唐宋古文是也。故苟為古文，則必奉韓柳為開山之祖師。明代前後七子，不明此義，意欲陵駕二公，再復秦漢之古，則誠無逃於妄庸之誚爾。

故韓柳古文之所實際用心努力者，主要僅亦沿襲東漢乃及建安以下社會流行之諸體。世風眾趨，固難違逆也。如碑誌與書牘，此兩體，實自東漢以下，始盛行於社會。碑誌為東漢以下之新興體，可勿待論。即書牘，在古人偶亦有之，然既不視為篇章著述，亦不引為文學陶寫。其用於政治場合者勿論。即其在私人朋友交往間，偶有傑作，間世而出，如司馬公之〈報任少卿〉，此乃景星慶雲，不期而呈現耳。必俟東漢建安以下，乃為有意文學之士所藻采潤色，而刻意求其成為文學之一體焉。故書牘之入文學，亦新體也。

然韓柳之大貢獻，則尚不在此。以此二體，即書牘之與碑誌，仍限於社會人生實際應用之途，終與純文學之意境有隔也。故韓柳之大貢獻，乃在於短篇散文中再創新體，如贈序，如雜記，如雜說，此等文體，乃絕不為題材所限，有題等如無題，可以純隨作者稱心所欲，恣意為之。當知辭賦詩歌與古代散文之不同，正在一可無題，一必有題。有題者有所為而為，無題者無所為而為。有所為而為者，由其先有一特定之使用，此已失卻文學真趣。無所為而為者，乃本無所用之，而僅出一時作者心靈之陶寫。為文者必至於能把握到一種無所用之之心情，到達於一種無所用之之境界，而僅出一時偶然之陶寫，乃始有當於文學之深趣。故短篇散文之確能獲得其在文學上之真地位與真價值，則必自韓柳二公始。

建安以下，知為文以騷賦詩歌為尚，此為中國文學史上文學獨立之一種新覺醒。然騷賦詩歌，必尚辭藻，必遵韻律，為之不已，流弊所趨，乃競工外飾，忘其內本。唐興，陳李揄揚風雅，高談興寄，正以藥其病。至於韓柳有作，乃刻意運化詩騷辭賦之意境而融入之於散文各體中，並可剝落藻采，遺棄韻律，洗脂留髓，略貌存神，而文學之園地，轉更開拓，文學之情趣，轉更活潑。

柳公之所為微遜於韓者，正為其洗汰之未淨，猶多存辭賦痕跡，而轉使後之治文學史者，乃可從柳公之藩籬，而進窺韓公之堂奧。而韓柳二公在當時之一番精心密意，轉得因此而益見其昭晰朗顯焉。鴛鴦繡出，金針未藏，此亦中國文學史上一極值得鑽尋之節目也。

惟文學之為事，終不能無纂組藻采之工。韓柳之於琢句鍛字，布格設色，匠心密運，有更難於尚偶儷之所為者。北宋諸家繼起，尚為未失榘矱。而新途既開，簡易平淡之風，每趨愈下。至於元明之世而文敝再起。明代前後七子，欲矯之以枵響豪氣，固未得當。而如歸熙甫，僅求於淡泊清淺中，覓取風神搖曳之致，曾國藩目之為牛蹏之涔，其又何以勝海涵地負之任？人生諸端漸漸游離於古文之閫域，而古文之為用，乃日促日狹。自此以降，乃更無有大力者可以振起之。回視韓柳二公之在當時，其為艱險創闢之功，豈不更可想見乎？

七

韓柳二公之在唐，其倡為古文，每主文本於道，文道一貫之說。然二公之於文，則誠足以饜切人心矣。至論其所得於道者，則終不能無遺後人以未極高深之憾。李太白有言，文可以變風俗，學可以究天人，則試問韓柳二公之究天人之學之所造詣為何如乎？

《新唐書·韓愈傳》謂：

其〈原道〉、〈原性〉、〈師說〉等數十篇，皆奧衍閎深，與孟軻揚雄相表裏，而佐佑六經。

宋儒石介亦曰：

吏部〈原道〉、〈原性〉、〈原毀〉、〈行難〉、〈禹問〉、〈佛骨表〉、〈諍臣論〉，自諸子以來未有。

後人推尊韓文，必首及〈原道〉。〈原道〉之言曰：

博愛之謂仁，行而宜之之謂義，由是而之焉之謂道，足乎己，無待於外之謂德。

楊龜山曰：

韓子意曰，由仁義而之焉，斯謂之道。充仁義而足乎己，斯謂之德。所謂道德云者，仁義而已。故以仁義為定名，道德為虛位。

然仁義又何自生？韓公則見其說於〈原性〉之篇。其言曰：

性也者，與生俱生也。性之品有三，而其所以為性者五。

又曰：

性之品有上中下三。上焉者，善焉而已矣。中焉者，可導而上下也。下焉者，惡焉而已矣。其所以為性者五，曰仁，曰禮，曰信，曰義，曰智。上焉者之於五也，主於一而行於四。中焉者之於五也，一不少有焉，則少反焉。其於四也混。下焉者之於五也，反於一而悖於四。

然天之生人，又何為如是其不齊？朱子曰：

退之說性，祇將仁義禮智信來說，便是識見高處。

又曰：

退之見道處，卻甚峻絕。性分三品，正是氣質之性。至程門說到氣字，方有去著。

蓋韓公專以仁義禮智信說性，正依孟子性善之說來，故曰孟子醇乎醇，荀與揚擇焉而不精，語焉而不詳也。然天之生人，既有反於一而悖乎四者，則是性不純善，故曰性分三品。則依韓公之說，孟子之主性善，亦未全是也。宋儒張橫渠始提出義理之性與氣質之性之分別，二程深取其說，而朱子曰：氣質之說起於張程，極有功於聖門，有補於後學，前此未曾說到。是亦折衷於孟子韓公，而為此調停兩可之說耳。

於此當進而涉及韓公之論天，其說乃旁見於《柳集》之〈天說篇〉。曰：

韓愈謂柳子曰：若知天之說乎？吾為子言天之說。今夫人，有疾痛倦辱饑寒甚者，因仰而呼天，曰：殘民者昌，佑民者殃。又仰而呼天，曰：何為使至此極戾也！若是者，舉不能知天。夫果蓏飲食既壞，蟲生之。人之血氣，敗逆壅底，為癰瘍疣贅瘻痔，亦蟲生之。木朽而蝎出，草腐而螢飛，是豈不以壞而後出耶？物壞，蟲由之生。元氣陰陽之壞，人由而生。蟲之生而物益壞，食齧之，攻穴之，蟲之禍物也滋甚。其有能去之者，有功於物者也。繁而息之者，物之讎也。人之壞元氣陰陽也亦滋甚。墾原田，伐山林，鑿泉以井飲，竅墓以送死，而又穴為偃溲，築為牆垣城郭臺榭觀游，疏為川瀆溝洫陂池，燧木以燔，革金以鎔，陶甄琢磨，悴然使天地萬物不得其情。倖倖衝衝，攻殘敗撓而未嘗息，其為禍元氣陰陽也，不甚於蟲之所為乎？吾意有能殘斯人使日薄歲削，禍元氣陰陽者滋少，是則有功於天地者也。蕃而息之者，天地之讎也。今夫人，舉不能知天，故為是呼且怨也。吾意天聞其呼且怨，則有功者受賞必大矣。其禍焉者，受罰亦大矣。子以吾言為何如？

按諸《柳集》此篇，則韓公之論人道，固是粹然儒者之言。而論天事，則似浸淫於《莊子》〈外〉、〈雜篇〉之所云。較之《荀子・天論》，激越尤甚。自來治儒家言者，固無如是其言天者也。然則其果為韓公之言乎？今考韓公此等議論，實不見於其文集，而似可旁證於其所為之詩。韓公有〈孟東野失子詩〉，當在元和三年。柳劉之貶，在貞元二十一年。距此詩正相近。則《柳集》所記，豈或在長安時親聞之韓公之口語乎？詩曰：

失子將何尤，吾將上尤天。女實主下人，與奪一何偏！彼於女何有，乃令蕃且延？此獨何罪辜，生死旬日間？上呼無時聞，滴地淚到泉。地祇為之悲，瑟縮久不安。乃呼大靈龜，騎雲叩天門。問天主下人，薄厚胡不均？天曰天地人，由來不相關。吾懸日與月，吾繫星與辰。日月相噬齧，星辰踣而顛。吾不女之罪，知非女由緣。且物各有分，孰能使之然？有子與無子，禍福未可原。魚子滿母腹，一一欲誰憐？細腰不自乳，舉族長孤鰥。鴟梟啄母腦，母死子始翻。蝮蛇生子時，坼裂腸與肝。好子雖云好，未還恩與勤。惡子不可說，鴟梟腹蛇然。有子且勿喜，無子固勿歎。上聖不待教，賢聞語而遷。下愚聞語惑，雖教無由悛。大靈頓頭受，即日以命還。地祇謂大靈，女往告其人。東野夜得夢，有夫玄衣巾，闖然入其戶，三稱天之言。再拜謝玄夫，收悲以歡忻。

韓公此詩，乃言天地人互不相關，又歷舉物理不齊，故人性亦有三品。而《柳集》所記，乃若韓公主天人相讎之說，恐非韓公真實意見。然既不相關而共同相聚，則宜若可有相讎之事矣。要之，韓公之尊仁義，乃專本於人道，更不上推之天命。亦可謂韓公論天事，實是采道家見解，而其論人道，乃始一本於儒家宗旨也。

柳子之答韓公曰：

子誠有激而為此耶，則信辯且美矣。吾能終其說。彼上而玄者，世謂之天。下而黃者，世謂之地。渾然而中處者，世謂之元氣。寒而暑者，世謂之陰陽。是雖大，無異果蓏癰痔草木也。假而有能去其攻穴者，是物也，其能有報乎？蕃而息之者，其能有怒乎？天地，大果蓏也。元氣，大癰痔也。陰陽，大草木也。其烏能賞功而罰禍乎？功者自功，禍者自禍，欲望其賞罰者大謬矣。呼而怨，欲望其哀且仁者，愈大謬矣。子而信子之仁義以遊其內，生而死爾，烏置存亡得喪於果蓏癰痔草木耶？

是柳子言天，實與其所記韓公之說無大殊異，皆可謂不脫莊周意境也。柳之友劉禹錫見之，曰：柳子之文信美矣，蓋有激而云，非所以盡天人之際也。遂作〈天論〉三篇以極其辯。其〈上篇〉云：

入形器者，皆有能有不能。有形之大者人，動物之尤者。天之能，人固不能。人之能，天亦有所不能也。故余曰：天與人交相勝耳。天之道在生殖，其用在強弱。人之道在法制，其用在是非。人能勝乎天者，法也。法大行，則是為公是，非為公非。天下之人，蹈道必賞，違之必罰。故其人曰：彼宜然而信然，理也。彼不當然而固然，豈理邪，天也。福或可以詐取，而禍或可以苟免。人道駁，天命之說亦駁焉。故曰：天之所能者，生萬物也。人之所能者，治萬物也。法大行，則其人曰，天何預人邪，我蹈道而已。法大弛，則其人曰：道竟何為邪，任人而已。法小弛，則天人之論駁焉。

其〈中篇〉曰：

或曰：子之言，天與人交相勝，其理微，庸使戶曉，盍取諸譬焉？曰：若知旅乎？夫旅者，群適乎莽蒼，求休乎茂木，飲乎水泉，必強有力者先焉。雖聖且賢，莫能競也。斯非天勝乎？群次乎邑郛，求蔭於華榱，飽於餼牢，必聖且賢者先焉，強有力莫能競也，斯非人勝乎？是非存焉，雖在野，人理勝。是非亡焉，雖在邦，天理勝。然天非務勝乎人者，人不宰則歸乎天。人誠務勝乎天者，天無私，故人可務乎勝也。

或者曰：若是，則天之不相於人也信矣。古之人曷引天為？答曰：若知操舟乎？舟行乎濰淄伊洛者，疾徐存乎人，次舍存乎人。風之怒號，不能鼓為濤也。流之泝洄，不能峭為魁也。適有迅而安，亦人也。適有覆而膠，亦人也。舟中之人，未嘗有言天者，理明故也。行乎江河淮海，疾徐不可得而知，次舍不可得而必。鳴條之風，可以沃日。車蓋之雲，可以見怪。恬然濟，亦天也。黯然沈，亦天也。阽危而僅存，亦天也。舟中之人，未嘗有言人者，理昧故也。

問者曰：吾見其駢而濟者，風水等耳，而有沈有不沈，非天曷司歟？答曰：水與舟，二物也。物之合并，必有數存乎其間。數存然後勢形，一以沈，一以濟，適當其數，乘其勢耳。勢之附乎物而生，猶影響也。本乎徐者其勢緩，故人得以曉。本乎疾者其勢遽，故難得以曉也。江海之覆，猶伊淄之覆也。勢有疾徐，故有不曉耳。

問者曰：子之言，數存而勢生，非天也，天果狹於勢耶？答曰：天形恒圓而色恒青，周回可以度得，晝夜可以表候，非數之存乎？恒高而不卑，恒動而不已，非勢之乘乎？夫蒼蒼者，一受其形於高大而不能自還於卑小，一乘其氣於動用而不能自休於俄頃，又惡能逃乎數而越乎勢邪？吾固曰：萬物之所以為無窮者，交相勝而已矣。還相用而已矣。天與人，萬物之尤者爾。

問者曰：天果以有形而不能逃乎數，彼無形者，子安所寓其數邪？答曰：若所謂無形者，非實乎？空者，形之希微者也。為體不妨乎物，而為用恒資乎有。必依於物而後形焉。今為室廬，而高厚之形藏乎內。為器用，而規矩之形起乎內。音之作也有大小，而響不能踰。表之立也有曲直，而影不能踰。非空之數歟？夫目之視，非能有光也，必因乎日月光炎而後光存焉。所謂晦而幽者，目有所不能燭耳。彼狸狌犬鼠之目，庸謂晦為幽邪？以目而視，得形之粗。以智而視，得形之微。焉有天地之內有無形者邪？古所謂無形，蓋無常形，必因物而後見爾，焉能逃乎數邪？

其〈下篇〉曰：

入乎數者，由小而推、大必合。由人而推，天亦合。以理揆之，萬物一貫也。今夫人之有顏目耳鼻齒毛頤口，百骸之粹美者也。然而其本在乎腎腸心腑。天之有三光懸寓，萬象之神明者也，然而其本在乎山川五行。濁為清母，重為輕始，兩位既儀，還相為庸。噓為雨

> 露，噫為雷風，乘氣而生，群分彙從。植類曰生，動類曰蟲。倮蟲之長，為智最大，能執人理，與天交勝。用天之利，立人之紀。紀綱或壞，復歸其始。堯舜之書，首曰稽古，不曰稽天。幽厲之詩，首曰上帝，不言於人事。在舜之庭，元凱舉焉，曰舜用之，不曰天授。在殷中宗，襲亂而興，心知說賢，乃曰帝賚。堯民之餘，難以神誣。商俗已訛，引天而敺。
>
> 由是而言，天預人乎？

夢得所論，較之韓柳二公，遙為深至。其篇中提出數字，勢字，理字，蓋治莊周道家言而落實轉入於人事，則必重此三端矣。又其言天非務勝於人，人則務勝於天，此則更近荀卿〈天論〉之旨。亦可謂宋儒格物窮理之說，於夢得之論，亦不能大相違越也。

《柳集》復有〈答劉禹錫天論書〉，謂：

> 凡子之論，乃吾〈天說〉傳疏耳。夫天之能生植久矣，不待贊而顯。且子以天之生植為人耶，抑自生而植乎？若果以為自生而植，則何以異夫果蓏之自為果蓏，癰痔之自為癰痔，草木之自為草木耶？是非為蟲謀明矣，猶天之不謀乎人也。彼不我謀，而我何為務勝之耶？子所謂交勝者，若天恒為惡，人恒為善。余則曰：生植與荒災，皆天也。法制與悖亂，皆人也。其事各行，不相預，而凶豐理亂出焉。若子之說，要以亂為天理，理為人理耶，謬

矣。

今按：夢得〈天論〉，實為深微，不得謂僅堪為柳氏說作傳疏也。然柳劉二氏之說，一則以天人為各行，一則以天人為相勝，要之皆分天與人而判言之，則與古人天人合一之旨皆相遠。惟韓公論人道重仁義，夢得言人事重法制，則韓公之所得於儒統者較深。柳劉二人，始終徘徊釋老間，實未能深味儒腴也。

柳劉之友尚有呂溫和叔，有〈人文化成論〉，其文大意謂：

一二相生，大鈞造物，百化交錯，六氣節宣，或陰闔而陽開，或天經而地紀，有聖作則，實為人文。

列目舉之，則曰室家之文，朝廷之文，官司之文，刑政之文，教化之文。謂：

文者，蓋言錯綜庶績，藻繪人情，如成文焉，以致其理。然則人文化成之義，其在茲乎。近代諂諛之臣，特以時君不能則象乾坤，祖述堯舜，作化成天下之文，乃以旂裳冕服，章句翰墨為人文也。遂使君人者，浩然忘本，沛然自得，盛威儀以求至理，坐吟詠而待太平，流蕩因循，敗而未悟，不其痛乎？

和叔此篇，亦撇開天道，專重人事。而謂聖人則天以盡文，則其義本諸《易傳》，可以綰儒道之說而一之，其所窺似較韓柳劉三家為邃矣。又其備舉人文節目之詳，規模之宏，韓之仁義，劉之法制，皆所賅貫。而其重實輕文之意，尤為獨出同時輩行間。又其〈送薛大信歸臨晉序〉有曰：

> 吾聞賢者志其大者。文為道之飾，道為文之本。專其飾則道喪，返其本而文存。琢磨仁義，浸潤道德，考皇王治亂之迹，求聖哲行藏之旨，達可以濟乎天下，窮可以攄其光明，無為矻矻筆硯間也。

竊謂韓柳劉三家，其論天人之際，皆不免厝忽於天道，而偏重於人事。而其於人事，又不免偏溺於文章。獨和叔乃有意於古之所謂人文，乃注意及於教化政制之本原，其意境殆近北宋范希文歐陽永叔。量其意趣，若獲進進不已，必當卓然有所到達，以自異於韓柳諸人所建樹。獨惜其貞元之貶，一蹶不復起，又為年壽所限，終未見其所欲止耳。史稱和叔亦學文章於梁肅，又極為柳劉二人推重，此在唐代古文運動中，實為有意別持一幟之人物也。故為略著其梗概焉。

然韓柳師友諸賢，為此下北宋諸儒所推稱者，則尤在李翺習之。習之文最著者，有〈復性書〉三篇。其〈上篇〉曰：

人之所以為聖人者，性也。人之所以惑其性者，情也。雖然，無性則情無所生。性者，天之命也，聖人得之而不惑者也。情者，性之動也，百姓溺之而不能知其本者也。故聖人者，人之先覺者也。覺則明，否則惑，惑則昏。明與昏，謂之不同。明與昏，性本無有，則同與不同二者離矣。夫明者所以對昏，昏既滅，則明亦不立矣。是故誠者聖人性之也。子思曰：唯天下至誠為能盡其性，其次致曲，曲能有誠，著則明，明則動，動則變，變則化，唯天下至誠為能化。聖人知人之性皆善，可以循之不息而至於聖也，故制禮以節之，作樂以和之。故無故不廢琴瑟，循禮而動，所以教人忘嗜欲而歸性命之道也。道者，至誠也。昔者聖人以之傳於顏子。顏子得之，拳拳不失，不遠而復，其心三月不違仁。子思，仲尼之孫，得其祖之道，述《中庸》四十七篇，以傳於孟軻。軻曰：我四十不動心。遭秦滅書，《中庸》之不焚者一篇存焉。於是此道廢缺。其教授者，惟節行文章章句威儀擊劍之術相師焉。性命之源，則吾弗能知其所傳矣。

此篇獨舉《中庸》以闡聖道，謂天命人性，原出一本，而縮其要於一心，其大別則在心之明與昏，以此較之韓公之專言仁義，陳義益為深入矣。蓋《中庸》之書，本已兼會儒道，習之又自以所聞釋氏義說之，故獨開宋儒門戶也。

其〈中篇〉曰：

或問曰：人之昏也久矣，將復其性者必有漸，敢問其方。曰：弗慮弗思，情則不生。情既不生，乃為正思。《易》曰：天下何思何慮。又曰：閑邪存其誠。《詩》曰：思無邪。曰：已矣乎？曰：未也。此齋戒其心者也。猶未離於靜。有靜必有動，動靜不息，是乃情也。《易》曰：吉凶悔吝，生於動者也。焉能復其性邪？曰：如之何？曰：方靜之時，知心無思者，是齋戒也。知本無有思，動靜皆離，寂然不動者，是至誠也。《中庸》曰：誠則明矣。《易》曰：天下之動，貞夫一者也。問曰：不慮不思之時，物格於外，情應於內，如之何而可止也？以情止情，其可乎？曰：情者，性之邪也。知其為邪，邪本無有。心寂不動，邪思自息。惟性明照，邪何自生？《易》曰：顏氏之子，有不善，未嘗不知，知之未嘗復行也。《易》曰：不遠復，無祇悔，元吉。

問曰：本無有思，動靜皆離，然則，聲之來也，其不聞乎？物之形也，其不見乎？曰：不覩不聞，是非人也。視聽昭昭而不起於見聞者，斯可矣。無不知也，無弗為也，其心寂然，光照天地，是誠之明也。《大學》曰：致知在格物。《易》曰：易，無思也，無為也，寂然不動，感而遂通天下之故，非天下之至神，其孰能與於此！

曰：敢問致知在格物，何謂也？曰：格者，來也，至也。物至之時，其心昭昭然明辨焉，而不應於物者，是致知也。是知之至也。知至故意誠心正身脩家齊而國理天下平，此所以能參天地者也。《易》曰：與天地相似故不違。知周乎萬物，而道濟天下，故不過。旁行而不流，樂天知命故不憂。安土敦乎仁，故能愛。範圍天地之化而不過，曲成萬物而不遺，通乎晝夜之道而知，故神無方而易無體。一陰一陽之謂道，此之謂也。

曰：生為我說《中庸》，曰：不出乎前矣。

問曰：昔之註解《中庸》者，與生之言皆不同，何也？曰：彼以事解，我以心通也。

此篇又本《中庸》而旁通之於《易傳》，於《大學》，其於聖學之傳，獨推顏子，此皆開將來宋學伊洛之先河。其言陰陽，亦甚異乎柳劉。若就北宋伊洛以下諸儒意見論之，則韓公之言仁義，柳劉之言陰陽，皆粗跡也。張橫渠《正蒙》有云：由太虛有天之名，由氣化有道之名，合虛與氣有性之名，合性與知覺有心之名。凡此諸端，唐賢惟習之討論及此。故習之所陳，可謂已開北宋周張二程之塗轍。惟考習之〈復性篇〉成於二十九歲時，此下殆專意文學，於性理之說，不復有所深入。而柳劉〈天說〉亦作於壯歲。物不並盛，韓柳諸賢，蓋皆銳志文事，故於義理之學，遂不能與後起宋儒伊洛爭美爾。

本章所述，凡以見唐代之古文運動，不僅下開宋代之文章，即思想義理，亦已遠抽宋儒之端緒。惟韓公獨尊儒統，力排釋老，又其所謂堯舜禹湯文武周公孔孟之道統相承，仁義《詩》、《書》之大本所寄，雖由後視前，若不免枝粗葉大，而此後蘊奧之發，終亦無逃於其範圍。此韓公所以終為群倫冠冕，卓絕一時，而無與爭此牛耳也。

八

抑韓公之所以卓絕於一世，而見崇於後人者，復有一節焉，厥為其盛倡師道。柳宗元則辭避不敢當。其〈答韋中立書〉云：

> 今之世不聞有師，獨韓愈不顧流俗，犯笑侮，收召後學，作〈師說〉，因抗顏為師，愈以是得狂名。

又其〈報嚴厚輿書〉有云：

僕才能勇敢不如韓退之，故不為人師。人之所見有同異，無以韓責我。

則柳子僅以文章作負隅，較之韓公，局度氣魄，自當遠遜。故後人論唐代古文運動，終必推韓公為宗師也。抑余讀呂溫《和叔集》，有〈與族兄臯請學春秋書〉，其書曰：

儒風不振久矣！某生於百代之下，凜然有志，翹企聖域，如仰高山。凡學之道，嚴師為難。師資道喪，八百年矣。夫學者豈徒受章句而已，蓋必求所以化人。夫教者豈徒博文字而已，蓋本之以忠孝，申之以禮義，敦之以信讓，激之以廉恥。魏晉之後，其風大壞。學者以不師為天縱，獨學為生知。譯疏翻音，執疑護失，率乃私意，攻乎異端。以諷誦章句為精，以穿鑿文字為奧。至於聖賢之微旨，教化之大本，人倫之紀律，王道之根源，則蕩然莫知所措。其先進者亦以教授為鄙，公卿大夫恥為人師。鄉校之老人，呼以先生，則勃然動色。痛乎風俗之移人也如是。是以今之君子，其身不受師保之教誨，朋友之箴誡，既不知己之損益，惡肯顧人之成敗乎？而今而後，乃知不師不友之人，不可與為政而論交矣。且不師者廢學之漸，恐數百年後，又不及於今日。則我先師之道，其隕於深泉。是用終日不食，終夜不寢，馳古今而慷慨，抱墳籍而太息。小子狂簡，實有微志。其所貴乎道者六，《詩》、《書》、《禮》、《樂》、《大易》、《春秋》，人皆知之。所曰《禮》者，非酌獻酬酢之數，周旋裼襲之容也。必可以經乾坤，運陰陽，管人情，措天下者，某願學焉。所曰《樂》者，非綴兆屈伸之度，鏗鏘鼓舞之節也。必可以厚風俗，仁鬼神，熙元精，茂萬物者，某願學焉。所曰《易》者，非揲著演數之妙，畫卦舉繇之能也。必可以正性命，觀化元，貫眾妙，貞夫一者，某願學焉。所曰《詩》者，非山川風土之狀，草木鳥獸之名也。必可以警暴虐，刺淫昏，全君親，盡忠孝者，某願學焉。所曰《春秋》者，非戰爭攻伐之事，聘享盟會之儀也。必可以尊天子，討諸侯，正華夷，繩賊亂者，某願學焉。嘗閱雅論，深於《春秋》，竊不自揣，願執摳衣之禮於左右。朝聞夕死，無以流俗所輕，而忽賢聖之所重也。

詳呂此書，不僅與柳意有別，抑且與韓公亦有不同。韓公自言，世無孔丘，不當在弟子之列，而其為人師，所重亦在文字間。必如和叔此書，乃粹然見儒家師道之正。下迄宋儒，群知尊師明道，其風義皆溯源於韓公，而於和叔轉少稱引，爰重為附著其說於此。

讀《柳宗元集》

韓柳倡為古文，下及宋代，操觚者群奉為斯文不祧之大宗。然余讀《柳集》，宋人傳本，已多可議，略而論之，為治目錄版本之學者參考焉。

《四庫提要》收《柳集》凡三種。一，《詁訓柳先生文集》四十五卷，〈外集〉二卷，〈新編外集〉一卷。二，《增廣註釋音辯柳集》四十三卷。三，《五百家註音辨柳先生文集》二十一卷，〈外集〉二卷，〈新編外集〉一卷，《龍城錄》二卷，〈附錄〉八卷。商務印書館《四部叢刊》影印《增廣註釋音辯唐柳先生集》，即是《四庫》所收之第二種。余讀其書，首有乾道三年十二月吳郡陸之淵序，稱《柳文音義》，謂其書薈萃於雲間人潘廣文緯、字仲寶。曰：一旦，廣文携《音訓》數帙示余。又曰：柳州〈內〉、〈外集〉凡三十三通。然其書實分四十三卷，《提要》謂是童宗說《注釋》，張敦頤《音辯》，與潘氏《音義》，各自為書，而坊賈合刊為一編，故書首不以《柳文音義》標目，而別題曰《增廣注釋音辯唐柳先生集》。今按：《提要》所辨甚是。蓋張敦頤《音辯》本分四十三卷，坊賈以潘氏《音義》附入之，卷數則仍張氏之舊。陸序稱〈內〉〈外集〉凡三十三通者，或潘氏《音義》本為三十三卷，或陸氏未見潘氏《音義》全帙，而自以嘗所見《柳集》作三十三卷者說之。要之在當時，《柳集》自有四十三卷與三十三卷之異本，則斷可知也。

又按：此書於陸序外，又有劉夢得原序，謂：子厚病且革，留書曰：以遺草累故人。禹錫遂編次為四十五通行於世。此卷數與《詁訓柳先生集》同。然《提要》引陳振孫《書錄解題》曰：劉禹錫作序，稱編次其文為三十二通，今世所行本皆四十五卷，非當時本也。《提要》又曰：今本所載禹錫序，實作四十五通，不作三十二通，與振孫所說不符，或後人追改禹錫之序，以合見行之卷數。今按：《提要》此疑亦是。《四庫珍本》《五百家注柳集・附錄・卷二》，有劉夢得序，亦已改作四十五通，而同卷復有張敦頤〈柳先生歷官紀引劉序文〉，明作三十二通，可證。惟余又讀《四部叢刊》影宋本《劉夢得集》，其序《柳集》，實作三十通。然則縱謂劉編《柳集》實非四十五卷，而尚有三十通（影宋本《夢得集》），三十二通（陳振孫所見劉序），及三十三通（陸之淵序潘氏《音義》本所說）三說之異，固孰為劉編分卷之真乎。此又疑莫能明也。

《音辯・本集》末〈附錄〉，又引天聖九年，穆修〈舊本柳文後序〉一篇，謂晚節見其書，聯為八九大編，夔州前序其首，以卷別者凡四十有五，此穆修所得之本也。〈附錄〉又有政和四年沈晦〈四明新本柳文後序〉一篇，謂見柳文凡四本，大字四十五卷，所傳最遠，初出穆修家，云是劉夢得本。小字三十三卷，元符間京師開行，顛倒章什，補易句讀，訛正相半。曰曾丞相家本，篇數不多於二本，而有邢郎中楊常侍二行狀，〈冬日可愛〉、〈平權衡〉二賦，共四首，有其目而亡其文。曰晏元獻家本，次序多與諸家不同，無〈非國語〉。四本中，晏本最為精密。又曰：柳文出自穆家，又是劉連州舊物，今以四十五卷本為正，而以諸本所餘作〈外集〉，鋟木流行。此為四明沈晦本，大體承襲穆修所傳四十五卷本，而始有〈內〉、〈外集〉之分。據其說，則小字三十三卷本應無〈外集〉，而前引陸序《音義》本，乃謂柳州〈內〉、〈外集〉凡三十三通，此又可疑。或小字三十三卷本自分〈內〉、〈外集〉，而特與沈晦本之〈內〉、〈外〉分集不同乎？

沈晦於《柳集》，用力甚勤，自謂漫乙是正，凡二千處而贏。後人乃多襲用沈本，惟其所云穆修家四十五卷本乃連州舊物者，此語尚有辨。穆氏〈後序〉僅曰：晚節見其書，真配韓之鉅文。書字甚樸，不類今跡，蓋往昔之藏書也。是穆修僅得此一全本，而認為是往昔舊書，彼固未明定其所得之即為夢得舊編也。謂穆修本即是連州本者，實是沈晦之臆說。或沈晦以前先有此說，而沈氏承之，則不可知。

今據上引沈晦序文，《柳集》在當時，至少當有三種不同之編次。沈晦謂小字三十三卷本，顛倒章什，補易句讀，是三十三卷本之篇目前後，必多與四十五卷本不同。而沈晦所稱最為精密之晏本，亦謂其次序多與諸家不同，惟此種不同之詳，今已無法確考，則大可惋惜也。

〈附錄〉復有紹興四年李褫〈舊本柳文後序〉，謂出舊所藏，及旁搜善本，手自校正，創刊此集，其編次首尾，門類後先，文理差舛，字畫訛謬，無不畢理。今李本已不傳，然此序中編次首尾，門類後先八字，實大可注意。可證當時李褫所見《柳集》諸本，其相互間，編次尾首、門類後先，必多不同，此即沈晦之所謂顛倒章什，次序不同也。惟李褫用語，更為扼要。蓋文集之纂輯，編次首尾，門類後先，至屬重要，其中大有義理高下深淺得失可辯，惟當時傳刊《柳集》者都不瞭此，大率以意抉擇，又不著諸本首尾後先不同之所在，使後人無可追論，此誠大可惋恨也。

至《四庫》所收五百家注本，僅有二十一卷，實因其書本是不全殘本，商務影印《四庫珍本》有此書，首葉有乾隆御筆一則，謂〈正集〉廿二卷以下至末皆闕，又改目錄終以彌縫之，更非完善云云。而館臣作《提要》，乃諱此不言，又滅去其目錄，良可怪矣。

宋刻《柳集》傳世，為《四庫》所未收者，尚有廖瑩中世綵堂本，為世豔稱，上海蟫隱廬有影印本。今考其〈凡例〉有云：《韓》、《柳》二集，閣京杭蜀及諸郡本，或刊《韓》而遺《柳》，或刊《柳》而遺《韓》。惟建安所刊五百家註本，二集始具。然所引諸家註文，間多龐雜。而胥山沈晦辯，雲間潘緯《音義》，卻未附見，今并會粹增入。又云：卷帙所載篇章，諸本互有先後，今並從沈晦本所定次第。是世綵堂本大體乃襲五百家注本，故今五百家注本之二十一卷，乃與世綵堂本之前二十一卷篇目亦大體相同也。世綵堂本所注意者，殆側重於李褫氏之所謂文理差舛，字畫訛謬之一端，而於編次首尾，門類後先，則亦不瞭其重要，故遂專據沈晦一本為定，此又大可惋惜也。

世綵堂本〈附錄〉有紹興丙子張敦頤〈韓柳音釋序〉一篇，謂給事沈公晦，嘗用穆伯長劉夢得曾丞相晏元獻四家本，參考互證，往往所至稱善。今四明所刊四十五卷者是也。惟《音釋》未有傳焉，余用此本篇次，撰集凡二千五百餘字。是張氏《音釋》，亦即承用沈晦本，故今對校《音辯》本與世綵堂本兩書卷帙，及篇目先後，亦大體如一焉。

又張序謂沈氏本所至稱善，是知當時此四十五卷本，已掩諸異本，獨見流行矣。惟張序中有一語大可注意者，謂沈氏用穆伯長劉夢得曾丞相晏元獻四家本，校之上引沈氏序文，似張氏乃以小字三十三卷本謂是劉夢得原本也。否則乃是張氏誤讀沈序，然乎否乎，今亦無得而詳論矣。

世綵堂本文集〈後序〉一卷又載有方舟李石〈河東先生集題後〉一篇，謂所得柳文凡四本。其一得之於鄉人蕭憲甫，云京師閣氏本。其一得之於范衷甫，云晏氏本。其一得之於臨安富氏子，云連州本。其一得之於范才叔之家傳舊本。閣氏本最善，為好事者竊去。晏氏本蓋衷甫手校以授其兄偃刊之，今蜀本是也。才叔家本似未經校正，篇次大不類富氏連州本，樸野尤甚，今合三本校之，以取正焉。觀此，李氏所舉，又與沈氏不同。試加猜測，其所謂臨安富氏子之連州本，似即相當於穆修之四十五卷本。其謂范才叔家傳舊本，篇次大不類，則似相當於沈序之所謂晏元獻家本。然沈氏謂晏本最精密，而李石氏乃謂其樸野尤甚，或是李石所謂范才叔家傳舊本者，實與范衷甫手校之晏氏本乃同屬一祖本，惟一經范衷甫手校，不僅校其字句，或已移其篇第。而范才叔家傳本，則未經校正，故篇次仍見為大不類耳。又李氏謂京師本最善，此本亦已不知其淵源，豈即沈晦氏之所謂小字三十三卷本乎？沈氏謂其訛正相半，而李石氏稱之為最善，此固出於兩人評騭眼光之不同。然在未有沈氏四明新本漫乙是正二千處而贏以前，則訛正相半之本，亦正可謂即是最善之本也。

以上特就僅有可見之史料，而為宋代流傳《柳集》諸本作一種無可證實之推想。然有一點可斷言者，即今傳之四十五卷本，絕非劉編之舊是也。此不僅卷數相異而已。劉序明曰：凡子厚名氏與仕與年，暨行己之大，有退之之誌若祭文在，今附於第一通之末。陳振孫曰：今世所行本，皆四十五卷，又不附誌文，非當時本也。此已一言而決矣。然繼此尚有一較深入之問題，若劉氏原編分卷，亦如四十五卷本，即今所見之《音辯》本，五百家注本，與世綵堂本，以〈雅詩歌曲〉為第一卷，則試問〈韓誌〉與〈祭文〉，又烏可附於此卷之末乎？故知李褫氏所謂編次首尾，門類後先，此八字實大可玩味也。或者李褫所見《柳集》，尚有不以〈雅詩歌曲〉為編首者。然則劉編

《柳集》之第一通，究當是何類文字？此又甚為可疑。

今試再作推想，當時京師開行本，本屬小字三十三卷本，而陳振孫所見劉序，謂三十二通，僅差一卷，可見京師本分卷，或轉近劉編之舊。或第一卷不屬柳文〈正編〉，正如後世附錄之類，而劉氏編之於首。若去此一卷不計，則《柳集．正編》恰是三十二通矣。至今傳宋本《劉夢得集》，又云三十通者，或脫一二字，亦未可知。凡此亦均屬臆測，而所以不憚煩言之者，正以古書傳刻，多經增改移動，而古人編書精義，轉以漫沒，此一義為學人所不可不知耳。

即如《音辯．附錄》，首有小注兩行，云：舊附《楚詞．天問》，今移就十四卷〈天對篇〉內。錯綜該載，以便觀覽。此所謂舊附，亦絕非夢得原編之舊。所以知者，沈晦新本〈後序〉，謂以《楚詞．天問》校〈天對〉，此沈氏自述其用心之精勤。若夢得舊編本附〈天問〉，誰又不知加以證對，而有待於沈氏之特筆而書乎？故知〈天問〉或由沈氏四明本附入，或尚在其後。

今考五百家注本〈天對篇〉題注引蔡夢弼語，謂取《楚辭》屈原〈天問〉，章分句析，以條於前，仍以子厚之〈對〉繫而錄之，庶使問對兩全，以便稽考。是引〈天問〉入《柳集》，其事實始於蔡夢弼。世綵堂本全錄夢弼此節題注，而顧刪去夢弼嘗苦其文義不次，乃取《楚辭》屈原〈天問〉以下云云，是又無法使後人獲知引〈天問〉列〈天對〉前之來歷矣。

又如《音辯．瓶賦》題注引東坡曰：揚子雲〈酒箴〉，有問無答，子厚〈瓶賦〉，蓋補亡耳。

而五百家注本、世綵堂本皆并〈酒箴〉附入之。又如〈唐相國房公德銘之陰〉題注曰：房琯也。德銘，李華所撰。而五百家注本、世綵堂本又皆將〈李華德銘〉附入。可知書籍傳刻之愈後而愈失其真也。

又按：《音辯・天說篇》末有小注一條，曰：劉禹錫云：柳子厚作〈天說〉，以折韓退之之言，文信美矣，蓋有激而云，非所以盡天人之際，故作〈天論〉以極其辯，附錄《集》末。今按：今本〈天說〉在第十六卷，與〈鶻說〉、〈捕蛇說〉諸篇同卷，此實猶可見劉編《柳集》之舊。蓋自今十四卷以下，至十七卷，皆有激之言，皆所謂變騷之體也。劉之〈天論〉則是〈正論〉，非激言，劉為故人編遺集，未必附入己文，以短長相形，是非相較。不知何人附入〈天問〉，乃又附入〈天論〉，惟《音辯》本已移〈天問〉入〈正集〉，而〈天論〉仍在〈附錄〉，而五百家注本、世綵堂本又皆改以〈天論〉附〈天說篇〉後。不知〈天說〉與〈天論〉文體不同，實未可並列也。否則夢得之編，何不以〈天說〉與〈封建論〉、〈四維論〉諸篇同卷，而顧使與〈鶻說〉、〈捕蛇說〉諸篇相比次乎？此又後人妄附篇章，而漫失原編精義之一例也。

又按：沈晦四明新本一依穆修本作四十五卷，而《音辯》本作四十三卷，以〈非國語〉兩卷入〈別集〉，此意卻是。世綵堂本徑以〈非國語〉上承〈卷四十三・古今詩〉下為四十四、四十五兩卷，此當襲諸沈晦本，或五百家注本亦如此，此實於義無當。《音辯》本則采晏元獻本無〈非國語〉之意，故編次之為〈別集〉。即此亦見晏本之確有勝於穆修之四十五卷本也。至五百家注本，又附入《龍城錄》，更益非是。世綵堂本獨不因襲，為有識矣。明人郭雲鵬濟美堂本，號稱翻廖，而重依五百家注本增入《龍城錄》，斯可謂不知別擇。

又按：李石〈河東先生集題後〉有云：劉賓客序云：有退之之誌并祭文，附於第一通之末，蓋以退之重子厚，敘之意云爾也。蜀本往往只作并祭文，其他有率意改竄字句以害義理者，尚多此類。今按：蜀本即范衷甫所校晏氏本也。似晏氏本絕不如此，此蓋范衷甫依他本校之，刪去〈韓誌〉，而尚留其〈祭文〉，故蜀本傳刻，乃妄為滅去序中〈韓誌〉字樣，而卻留下并祭文三字。陳振孫《書錄解題》亦云：今世所行本，不附誌文，則似陳氏所見，亦尚附有韓之〈祭文〉也。今傳《音辯》本與世綵堂本，則并韓之〈祭文〉亦不復見。此可見古書傳刻，既有竄入，復有剔出，要之其為失真則一。今試再為推論之如次：

《音辯・附錄》一卷，其目如下：

天問（移就十四卷）

天論三篇　劉禹錫

唐書本傳　宋　祁

祭柳柳州文　皇甫湜
祭柳員外文　劉禹錫
重祭柳員外文　劉禹錫
為鄂州李大夫祭柳員外文　劉禹錫
此下尚有曹輔黃翰許尹三〈祭文〉，又汪藻〈永州祠堂記〉一篇，又穆修以下諸序，不詳列。

今按：此卷〈附錄〉，魚龍混雜，絕無義類。然有可資推說者。蓋劉編《柳集》，本附〈韓誌〉及〈祭文〉於書首第一通之末，後人傳鈔，先以移之於《集》末，逮後又刪去〈韓誌〉，而尚留〈祭文〉，其後乃并〈祭文〉並刪之。加入《新唐書》宋祁所作傳，即以替代〈韓誌〉也。加入皇甫湜〈祭文〉，則因劉序亦曾提及皇甫湜也。既以皇甫之〈祭文〉代韓之〈祭文〉，於是遂以劉之〈祭文〉亦一并附入焉。於是又續附以宋人〈祭文〉三篇，及〈祠堂記〉一篇，此為一類。雖無義類可指，而實有情節可推。其所以刪去〈韓誌〉與〈祭文〉者，則以宋人韓柳並重，並常以兩集合刊，故於《柳集》獨刪去韓文耳。至下附穆修以下諸序則為又一類，而上附〈天問〉、〈天論〉，則又為另一類。買菜求益，俗陋如此。世綵堂本盡為刪去，可謂有識，而郭氏濟美堂本又重以附入焉。衡量書品高下者，正當於此等處求之。若徒論其版本之遠近，與夫字畫楮墨之精粗美惡，此皆無當於治學之大端與深趣，此又讀書媚古之士所不可不深曉也。

余讀《音辯》本與世綵堂本，尚可略覩晏氏本之一鱗片爪者，聊舉如下。如第二卷〈愈膏肓疾賦〉題注，晏元獻嘗親書此賦，云膚淺不類柳文，宜去之。又第二十卷〈舜禹之事〉題注，晏元獻曰：此文與下〈謗譽〉、〈咸宜〉等篇，恐是博士韋籌所作。又〈卷二十四・序飲〉、〈序棋〉題注，晏元獻本題，二篇古本或有或無。又〈卷三十七・禮部為文武百寮請聽政表〉三首，第二表題注，晏元獻本據《文苑英華》，此表乃是林逢〈請聽政第三表〉，別有子厚第二表，亦見《文苑英華》。又小注字句異同引晏本不具詳。是晏氏當時，尚多見《柳集》其他古本，不如穆修之僅得四十五卷本一種也。又其用心，確有超乎諸家之循行數墨，僅知在字句上作漫乙音釋之工夫者。沈晦氏雖稱其最為精密，而獨於其篇目次序之多與諸家不同處，未知留意。其於三十三卷之小字本，則更意存輕蔑，謂其顛倒章什。不知編次首尾，分類後先，其間正有莫大意義。今既專據四十五卷本一種，而於他本篇目先後異同未能表而出之，惜哉！惜哉！

蓋昔人治集部，每多注意於訛字錯句，僻音奧義，能為校勘音訓，謂已盡其能事，而於全集之體類大義，尠知探討。此可謂僅知以散篇詩文治集部，而不復知以古人成一家言之精神重集部也。而劉夢得之編次《柳集》，余疑其必有特出之勝義，其編次首尾，分類後先，有所異於前人者，正可藉以窺見當時柳劉諸人對於創為古文之意見與其抱負。此其意，余已約略揭出其大趣於〈雜論唐代古文運動〉篇，而惜乎劉編《柳集》之原樣，已無可再見，更無從再加以申說。然即就今本如第十四卷至第二十卷之篇目，其有關文體分類，及其編次先後，至少亦尚可想像劉氏原編之深義於依稀彷彿間。而就劉氏編次《呂和叔集》之意見衡之，似其編《柳集》，亦未必以雅詩歌曲一類為首。至於以賦列第二卷，騷列十八卷，亦有可疑。晁無咎編《續楚辭》，即多采柳賦及今本十四卷以下諸體，如〈愚溪對〉，〈晉問〉等篇，蓋此等在《柳集》中，皆所謂變騷也。然則又何為必先以賦繼雅詩而以與十四卷以下諸篇相隔絕乎？若謂此乃師《昭明文選》以賦為首，而《昭明》選賦又以兩都兩京為首之例，故列雅詩於先，而以賦次之，則不知韓柳倡為古文，正為鄙薄齊梁，劉編《柳集》，絕不襲取《昭明》舊例也。若果襲取《昭明》，復不當以論辯碑銘先於騷體與詩之前矣。故知今四十五卷本之編次首尾，分類後先，殆絕非劉編《柳集》之舊。

余謂劉編《柳集》，必有深義可尋，此可旁證於劉編之呂溫《和叔集》。劉夢得為《和叔集》序謂古之為書者，先立言而後體物。賈生之書首〈過秦〉，而荀卿亦後其賦。和叔年少遇君而卒以讁，似賈生。能明王道，似荀卿。故余所先後視二書。斷自〈人文化成論〉至〈諸葛武侯廟記〉為上篇。然今《四部叢刊》景宋鈔本《和叔集》，共分十卷，仍冠以賦，次詩，而〈人文化成論〉及〈武侯廟記〉均列末卷，顯非夢得編次之舊矣。因此其編次之深意，亦不可得而詳論，亦可惜也。余又考《舊唐書・柳宗元傳》，謂其有文集四十卷，則可見《柳集》之有異本，自唐已然。豈不以劉氏之編《柳》、《呂》二集，獨具深意，世俗不瞭，故遂輕肆竄易乎。韓公《昌黎集》由李漢編次，其序云，收拾遺文，得賦四，古詩二百一十，聯句十一，律詩一百六十，雜著六十五，以下云云，是仍遵《昭明》選例，先賦後詩，斷無當於韓公當時倡為古文之深義。而以其通俗，轉無甚多更易。吁！可歎矣。至李編《韓集》雜著一類，更為龐雜不倫。其〈原道〉諸篇，皆入雜著，以此較之今本《柳集》，分類後先，高下之間，相去尚甚遠。故余獨深惜劉編《柳》、《呂》二集之未能發得其真也。集部內容，本已叢碎，編次者又不能心知其意，抉發作者之心精，與其生平撰述之用意，於是古人專家之學，終不免流為絺章琢句之業，斯又可惜之尤也。

余又按商務印書館影印日本平安福井氏崇蘭館舊藏宋《劉夢得集》，末附日學者內藤虎一跋，謂此本先文後筆，仍是六朝以來集部體製，若通行本先文後詩，經明刻恣改耳。然誠能深推劉氏手編《呂和叔集》之意，謂古之為書者，先立言，後體物，而今《柳集》，亦文在前，詩在後，則明刻《劉集》之先文後詩，或得劉氏生前本意，實未可譏。竊謂據此正可疑今《柳集》之以〈雅詩歌曲〉與〈賦〉列卷首之必非劉編之舊耳。蓋自韓柳倡為古文，直至姚惜抱選《古文辭類纂》，分十三類，首〈論辨〉、〈序跋〉而終乃殿以〈辭賦〉，始為抉得其用意。此乃中國文學史古今觀念一大轉變，所當鄭重闡發者。《蕭選》、《姚纂》，各是代表一種趨勢與潮流，而從來甚少人為之剖析發明。此因《韓》、《柳》二集先已失正於前，故後世乃踵繆襲晦者數百年，斯余於劉編《柳》、《呂》兩集之失其舊本，所以終不勝其甚深惋惜之意也。

讀姚鉉《唐文粹》

余讀姚鉉《唐文粹》，全書一百卷，其於文體分類，頗多可議，然正可於此推見韓柳唱為古文在唐代文學中所引起之影響，亦可藉以窺測直至宋初時人，對韓柳古文運動所抱持之觀點，並於拙著〈雜論唐代古文運動〉一篇，可資闡證，爰再略而論之。

《姚書》第一至第九卷為古賦，第十至第十八卷為詩。選文以賦詩兩類為首，顯是上承蕭統《文選》體例。至書中各類所分子目，細碎較《蕭選》益甚，是亦承《蕭選》舊規而無可自解免耳。《蕭選》於賦詩兩類後，即繼以騷七，惟《姚書》自第十九卷以下為頌，二十三卷以下為贊。蓋姚氏以騷入詩，而七體於唐為缺，所以獨取頌贊為次，此亦本於《蕭選》賦類以班氏兩都賦為首，班氏自序，所謂雍容揄揚，著於後嗣，抑亦〈雅〉、〈頌〉之亞。賦既重在揄揚，故以頌贊嗣之也。以上可謂《姚書》之第一部分，比較屬於純文學方面者。

《姚書》自卷二十五下至三十卷，為表奏書疏，而以制策附之。此可謂《姚書》之第二部分。《蕭選》詔誥教令在先，表奏牋記書誓符檄在後。兩漢以下，朝廷詔誥不能嗣響繼美，故《姚書》獨收表奏書疏。此一部分，當歸屬於政治文件。若以前一部分為古詩之流，則此一部分乃書之支流餘裔也。

《姚書》自第三十一卷以下，至第三十三卷，標其名曰文，此三卷殊為龐雜，當略論於後。惟此三卷中，除最後一卷外，亦可謂是一種政治文件。後世文勝，古人雖無此等文字，要其同為政治文件則一。故以上皆可謂是《姚書》之第二部分，皆書體之變也。

《姚書》自第三十四卷下，至第三十八卷，曰論。自第三十九卷以下至第四十二卷，曰議。此當為《姚書》之第三部分。《蕭選》有論無議，其入選篇目，《姚書》亦遠較《蕭選》為多。此一部分，論其大體，可謂是古者諸子著論之流變也。

《姚書》以上諸部分，其門類分別，卷帙先後，大體皆師《蕭選》。即稍有變通，亦無足深論。學者可就此兩書而比觀之。即姚氏自序，亦屢稱《蕭選》，可見其師法所自。

《姚書》最值注意者，乃在自第四十三卷以下，至第四十九卷，特標一目曰古文，所收多自韓柳以下始有之新文體。若以消納於《蕭選》舊規之內，則見有格格不相入者。清代四庫館臣所謂後來文體日增，非舊目所能括也（《文苑英華．提要》語）。故《姚書》乃不得不別標古文一目以處之。

《姚書》於此古文一目之下，又別分子目逾十六七以上，仍有僅舉篇名而無適當之子目可標者，其書分類之雜亂無義類，此亦一證。若依後代人文體分類新例，則僅論說或論辨或論著之一目，即可括盡。此見文體分類，其事亦經久始定。姚氏尚在宋初，韓柳古文，於時尚未大行，故姚氏亦不能細辨其歸類所宜也。其實此八卷古文一目，正可與上編第三十四至三十八卷之論之一目合編。即《姚書》所收此五卷之論，其作者亦大體自韓柳以下。至《姚書》議之一目，自第三十九至第四十二共四卷，此當分歸兩類。一當屬之奏議類，應與表奏書疏合編。一當屬之論議類，仍當屬論議辨說之列。今《姚書》專就其題名為議，而合為一類，亦復失之。然《姚書》即以古文八卷緊承於論議九卷之後，則未為無見。

今即就上所指陳而申說之，則《蕭選》賦與詩之兩類，乃由古者《詩三百首》演變而來。《蕭選》詔令奏議兩類，乃由古者《尚書》之體演變而來。此可謂皆是承襲於古者王官之學而逶迤遞變者。亦可謂其以古經籍為淵源也。至韓柳以下之古文，大體可謂是上承儒道名法諸子著書之意，此當是古者百家言之遺蛻。清儒章實齋《文史通義》，嘗謂家言衰而集部與之代興，以此論建安以下之集部，實更不如以此論韓柳以下之集部為尤貼切矣。

《姚書》自第五十以至第六十五卷為碑，共得十六卷。又第六十六卷以下至第七十卷，共五卷，為銘。所收義類亦駁雜不純。一則以碑記與墓碑相混，一則以箴銘之銘與墓誌銘相混。然略其小疵，論其大義，則碑碣誌銘，正是韓柳創為古文以後絕大一體類。《蕭選》中亦有碑文墓誌，然所收共僅六篇，而《姚書》多至二十一卷。此項文體，可謂由國史而演變為家乘，亦正猶王官學與百家言之分野也。然則謂自韓柳古文興而家言復盛，此亦其一例矣。

《姚書》自七十一以下至七十八卷，共八卷，為記。此一體《蕭選》所無，乃自韓柳創為古文以後而大盛。記之為體，較碑益寬，無事不可書。抑且其體亦不專於記事，比興寄託，言情述志，無往不宜。蓋古文中自有記之一類而其用始弘。其體兼詩史，會文質，通上下，包公私，亦可謂散文體中之有記，正所以與荀宋屈馬之賦為代興也。

《姚書》七十八卷為箴誡銘，在《蕭選》亦有箴銘，惟《蕭選》所收，若依《姚書》體例，多當納入碑銘類，此係小節，不具論。

《姚書》自第七十九以下至第九十卷，共十二卷，為書。此亦絕大一門類，其所分子目，共二十有五。洵可謂無所不包矣。為篇共一百二十二，可見其繁富。《蕭選》於此類，亦得三卷，所收凡二十四篇。然建安一代已占其半。魏文帝陳思王兄弟又占建安諸篇之半。余嘗謂書體之驟盛，乃建安新文學之大貢獻，而韓柳唱為古文，其對此方面之貢獻為更大。此體若遠溯自春秋以來，并《左氏傳》與《戰國策》兩書中所收各書一并計之，亦可謂此體乃中國文學自始即最盛行之一體。然必自韓柳以下，此體之為用始廣。亦必自韓柳以下，書體在文學範圍中之地位亦益顯而益高。故亦可謂書牘一體之正式成為文學，乃是韓柳以下而始確定也。

《姚書》自九十一以下至九十八卷為序，共八卷。序跋贈序，混而不分，此為大病。惟《姚書》此類中所分子目，如唱和聯題、如歌詩、如錫宴、讌集、餞別、諸目，實相類似。若專以贈序一目包之，反見未安。今觀《姚書》此一類之內容，更可證明拙著〈唐代古文運動〉一篇中所主張，贈序一體乃由詩歌演變而來之痕跡。今試再就《姚書》此八卷所收，重為分析。可謂序之一體，在唐代顯有兩壁壘。一曰典籍撰著之序，此乃源於古之〈書序〉，體近論辨。一曰歌詩讌集之序，此乃源於古之〈詩序〉，義通〈風〉、〈雅〉。《蕭選》亦有序，共兩卷，亦已包有此兩體。至唐代乃演而益暢，為篇益富。自宋以下，始多無詩而專為一序者，於是乃可確然別立贈序一目。然後人亦遂因此而忘此一體之實自詩歌演變而來矣。唐代正在其轉變之中途，故觀於《姚書》而此體所由演變之痕跡乃益顯。

《姚書》九十九一百兩卷，曰傳錄記事。所收內容，乃在雜記小說之間，亦《蕭選》所無。觀於此兩卷之所收，可悟唐代之小說傳奇，乃受古文運動之影響而始臻於成體者。若謂韓柳古文運動乃受當時小說傳奇文體之影響，此則倒果為因，以偏概全，斷無是處也。

今有一事宜再申論者，即《姚書》何以於第四十三以至四十九卷之七卷，獨標古文之目，而於五十卷以下，碑銘記書序傳錄紀事諸類，又不稱之曰古文？若謂姚意以為碑銘書序諸體皆承襲舊有，故仍標舊目，則記之一體，顯為《蕭選》所無，其最後傳錄紀事之目，亦《姚書》所新增。何不將古文一目，與記述傳錄兩類，共相連綴，以承一切舊有文體之後，以見惟此為新創，而其餘則舊有乎？此實無說以通。

再推姚編之意，實以其書所收古文一類，凡諸文體，皆與前兩編論議兩體相近，如韓愈之五原，〈原道〉、〈原性〉諸篇，實即論體也。又如韓愈之〈師說〉，杜牧之〈罪言〉諸篇，亦皆論體也。《姚書》古文一類中之子目，有辯，有析微，此亦論體也。在《姚書》論之一類中，本有辨析一子目，特以原題標出一論字者，始以歸入論之一類，而原文未標出論字者，遂以另編為古文一類，而仍立辨與析微兩子目，然則如韓愈之〈諱辨〉，豈始得為古文，而韓愈之〈省試顏子不貳過論〉收入《姚書》論文類辨析一子目者，便不得謂之為古文乎？故曰《姚書》之文體分類，實多可議。

然大體言之，姚氏亦未嘗不知其所收古文一類，其文體實與其所編之論議兩類大體相近，特以姚氏拘於本文原題之標名，凡原以論字標題者，即歸入論類，凡原以議字標題者，即歸入議類，而凡不以論與議字標題者，始為特立古文一目，而即以緊承論議兩類之後。而不知凡其所收論議兩類之文，其文體實已皆是古文，此則《姚書》分類標目之未當也。

抑且不僅姚氏所收論議兩類之文皆已是古文。即此下碑銘記書序傳錄紀事諸類，其文體亦皆已是古文。此在姚氏，亦不得謂其於此全無知，故姚編即以此諸類緊承於論議古文三類之後。其間有舊自有之者，如碑銘書序之類是也。有舊傳所無，體屬新創者，如記與傳錄紀事之類是也。姚氏不再於此加以區別，故以記體羼雜於碑銘之後，書序之前，而以傳錄紀事一類為其全書之殿。然則在姚氏心中，亦並不以此兩類文獨為新創，而謂其與碑銘書序有別，可知矣。

通觀《姚書》一百卷，當可分為兩大部分。即自三十四卷論文一類之前，大體承襲《蕭選》，其所收文字，大體可代表韓柳唱為古文以前唐文之舊風格。自三十四卷以下，大體乃代表韓柳以下唐文之新體製。雖其篇題標名，有大體仍襲前傳之舊者，而其為文之風格體製，則已迥然不同。此其大較也。

然復有不盡然者。於其書自第三十一以至第三十三卷之所謂文之一類目者最可見。試問全書既標名《文粹》，何一篇而非文，何獨於此三卷而獨標一類，目之曰文乎？通觀《姚書》分類，獨於古文一目最為無理。蓋因姚氏於文章分體，太過拘於篇題之命名，此三卷莫非以文字命題，故姚氏總為立一類而名之曰文，此則姚氏之失也。文之一目，《蕭選》亦有之，然所收皆策秀才文，與《姚書》文類大不同。實則《姚書》此三卷中，有吉文，有哀文，有朝廷廟堂之文，有私家民間之文。其三十一三十二兩卷，適為朝廷廟堂文字，此可謂之王官文。而第三十三卷則盡屬家人言，乃可謂之私家文。尤其是三十三卷之下卷，傷悼哀辭之類，所收正多韓柳古文運動以下之新文。然則如我前之所謂韓柳古文運動乃古者家言之復起，其用重在社會，在私家，不重在廟堂，在政府，此又其一徵矣。下迄宋代，韓柳古文，既已風行一世，然仍不為廟堂所采用。縱如歐陽修王安石蘇軾，皆一代古文大師，然當其為朝廷廟堂文字，則仍必遵時王之制，用四六體，可見其中消息矣。

漢代詔令，不求古而氣體自古，後世無可模擬，即漢人之奏議亦然。《蕭選》僅錄表與上書，而兩漢奏議獨擯不與，何者？因《蕭選》尚文，而奏議重質，必先實事而後文采，故《蕭選》不之取也。《姚書》乃頗及奏議，然其所收，多在韓柳唱為古文之前。若以韓柳所創古文之法度氣體繩律之，此等皆非文章之上乘。抑《韓》、《柳》集中亦殊無好奏議。《韓集》中此類文字為後世傳誦者，如〈佛骨表〉，仍是表而非奏。唐人奏疏文最佳者必推陸贄。然陸氏奏疏，固不以古文為之。宋代蘇氏父子，好作奏進之文，東坡尤號為傾慕賈陸，然東坡奏疏一類，正因其以古文義法出之，亦不見佳。又如荊公東坡之萬言書，雖上師賈誼〈治安策〉，然亦非奏疏中正規文字也。蓋古人文以備用，無專自求工於文之意，故其時尚文質合。後世乃始有專意為文者，故文之與質，有時合，有時離。不僅漢人之賦，魏晉以下之詩為然，即韓柳以下之古文，亦何嘗不然。故以古文為奏議，即不能有佳作。因奏議貴於就事論事，又限於時王體制，不得專意為文也。

明乎此，則知韓柳以下之古文，正為與漢人之賦爭席而代興。韓柳亦有時偶為小賦，然殊不足重。李漢編《韓集》，不瞭此意，赫然冠一編之首者，曰〈感二鳥賦〉，此與《蕭選》之首兩都兩京，可謂跡似心違。即《姚書》賦為第一類，亦以李華〈含元殿賦〉李白〈明堂賦〉作冠冕。宋人傳刻《柳集》，仍亦以賦列前茅。然嫌如〈佩韋〉〈瓶賦〉之類，若不足以壓卷，乃復以雅詩歌曲弁其前，此亦正與姚氏同一見解耳。然姚氏薈萃全唐一代之文，又略以時代先後分卷，以賦為弁，猶尚可說。今為韓柳私家編集，奈何亦效其例，此則徒見其為無識矣。

抑《柳集》雖不重為賦，而頗有意於續騷，《集》中此類佳構極多。今《姚書》於楚騷體，獨采皮日休，不及柳作，此亦可議。下至晁無咎乃始多以《柳集》續騷。是知文字創作固不易，而識解評騭他人文字，亦殊難耳。

然余讀《姚書》自序，其人雖在宋初，其時文運尚未融，要亦不可謂其乃無識者。清四庫館臣亦極稱之，謂其於歐梅未出以前，毅然矯五代之弊，與穆修柳開相應。又謂論唐文者，終以是書為總匯，不以一二小疵掩其全美。所論允矣。然《提要》所指摘，則尤為其書小疵中之小者，余故專就其書編纂分類之大節而稍稍論列之，以見有唐一代文運之所以必以韓柳唱為古文為其轉捩之點之大概焉。

神會與《壇經》

上篇

《胡適之論學近著》第一集，有好幾篇關於考論中國初期禪宗史料的文章，根據敦煌寫卷，頗有發現。但亦多持論過偏處，尤其是關於神會和《壇經》一節。此在中國思想史上，極屬重要。《胡書》出版以來，國內學人，對此尚少論及。病中無俚，偶事繙閱，聊獻所疑，以備商榷。

胡氏不僅認為《六祖壇經》的重要部分是神會所作，抑且認為《壇經》裏的思想，亦即是神會的思想，故謂神會乃「新禪學的建立者」。又說：「凡言禪皆本曹溪，其實皆本於荷澤」。這一斷案，實在很大膽，可惜沒證據。

胡氏根據韋處厚〈興福寺大義禪師銘〉，以為是「一個更無可疑的證據」，其實是胡氏誤解文義。韋文云：

> 在高祖時，有道信叶昌運。在太宗時，有弘忍示元珠。在高祖時，有惠能筌月指。自脈散絲分，或遁秦，或居洛。秦者曰秀，以方便顯，普寂其胤也。洛者曰會，得總持之印，獨耀瑩珠。習徒迷真，橘柘變體，竟成《壇經》傳宗，優劣詳矣。

胡氏云：「韋處厚明說《壇經》是神會門下的習徒所作，可見此書出於神會一派。」又云：「傳宗不知是否〈顯宗記〉。」今按：韋文所謂《壇經》傳宗，猶云《壇經》嗣法。韓愈〈送王秀才序〉云：「孔子沒，獨孟軻之傳得其宗」，即用此傳宗二字。明人周海門著《聖學宗傳》，宗傳猶傳宗也。今俗語猶云傳宗接代。莊周論墨徒，所謂「冀得為其後世」，此即傳宗也。傳宗亦可稱紹祖。元僧德異〈壇經序〉云：「受衣紹祖，開闢正宗。」韋文之意，習徒迷真，橘柘變體，竟成《壇經》傳宗，乃指曹溪以下，專宗《壇經》，成為教外之別傳者。其謂習徒，乃指曹溪南宗，絕不指神會。更主要者，當如馬祖之流。其謂：「惠能筌月指，神會得總持之印，獨耀瑩珠。」是謂惟神會能承襲惠能。總持者，謂教與宗能兼持而得其總會也。傳宗不離教，此徵神會之優。離教傳宗，乃見習徒之劣。而胡氏乃謂《壇經》成於神會之習徒，又謂《壇經》乃神會所假託揑造。豈不誤解之甚乎。韋文在神會死後五十八年，洪州石頭諸禪已盛行，韋文則謂惟神會瑩珠獨耀。今考敦煌本《壇經》亦云：持此經以為依承，是亦以《壇經》為傳宗也。此又見敦煌本《壇經》絕非神會偽造，即可據韋文以為證。

又按：《神會語錄》有云：

> 若欲得了達甚深法界，直入一行三昧者，先須誦持《金剛般若波羅蜜經》。

此意乃承《壇經》，亦見敦煌本《壇經》中。但惠能雖有此說，其教人則只令依承《壇經》。今神會教人，則承惠能，先須誦持《金剛經》，卻不教人誦持《壇經》。這顯示神會主張由教通宗，不主張依宗立教。神會又特著《頓悟最上乘論》，編入《南宗定是非論》以申其意。故神會乃從惠能上溯之《金剛經》，不從惠能而下，一依《壇經》，此韋處厚所以稱其獨耀瑩珠，與習徒迷真之以《壇經》傳宗者見優劣也。故自惠能不立文字，以《壇經》傳宗，固是在禪宗史上開展出一番革命精神，而神會仍主總持宗教，獨耀瑩珠，則仍是對惠能別有其一番意味。韋處厚乃在此上欣賞神會。胡氏不明韋文之意，乃謂神會與其習徒以《壇經》傳宗，斯失之遠矣。

胡氏除上述一條「更無可疑的證據」外，又有兩條「最明顯及很明顯的證據」。《壇經》云：

上座法海向前言，大師去後，依法當付何人？大師言，法即付了，汝不須問。吾滅後二十餘年，邪法繚亂，惑吾宗旨，有人出來，不惜身命，第佛教是非，豎立宗旨，即是吾正法，衣不合傳。（按：此引《壇經》乃古寫敦煌本，大英博物館藏本，日本《大正新修大藏》第四十八卷諸宗部五。下不別注者均同。）

胡氏說：「這是最明顯的證據，可為此經是神會一派所作的鐵證。因為神會在開元二十二年在滑臺定宗旨，正是惠能死後二十一年。」今按：此一段，當然不是惠能生前之懸記，然亦儘可謂是震於神會定南北是非後人所私羼。是時「曹溪了義大播於洛陽，荷澤頓門流派於天下」。（宗密語）一時學人，群尊神會。唐帝室並立荷澤大師為七祖。（見宗密《禪門師資承襲圖》）當時北方僧人，儘可於他們同所崇奉的《壇經》裏私加此節，用相誇耀，藉增神秘。當知「有嬀之後將育於姜」的占辭，自可為陳氏所偽造，但亦可為卜人所假託。若定要說此為惠能生前預言，固屬怪妄，而謂《壇經》乃神會所作，更屬荒誕。今所發現之敦煌本《壇經》開首即有「兼受無相戒弘法弟子法海集記」一行十三字，臨末又云：

此《壇經》，法海上座集。上座無常，付同學道漈。道漈無常，付門人悟真。悟真在嶺南曹溪山法興寺，見今傳授此法。

據此明文，顯見敦煌本《壇經》之祖本，乃由法海集錄。而敦煌本之傳鈔與更動，乃在法海後第三代門徒悟真之時。其時悟真固尚在嶺南曹溪山，而增此條者又顯屬一北方僧人也。

《壇經》又云：

大師先天二年八月三日滅度，七月八日喚門人告別，法海等眾僧聞已，涕淚悲泣，惟有神會，不動亦不悲泣。六祖言神會小僧，卻得善等，毀譽不動，餘者不得。

胡氏說：「《壇經》古本中，無有懷讓行思之事，而單獨提出神會得道，餘者不得，這也是《壇經》為神會傑作一個很明顯的證據。」今按：胡氏此說，更可商榷。《論語》孔子獨稱「顏回好學」，屢嘆「賢哉回也」，又云：「惟我與爾有是夫」。但後人並不疑《論語》乃顏回傑作。《壇經》記惠能臨滅稱讚神會，此條亦見法海所錄《壇經》之祖本，安知非確有其事。必說其為神會偽造顯證，豈不太輕視了神會，抑且又太輕視了惠能與法海。似乎惠能絕不能先見神會之特出，而法海也絕不肯記載他的老和尚欣賞同門後輩。以此衡量古德，太似無情。

上述胡氏所謂「更無可疑的」「最顯明的」「很顯明的」幾條證據，其實都靠不住。胡氏為何定要作此大膽的翻案文章？我想其間最大動機，恐是胡氏發現了《壇經》和《神會語錄》裏有很多相同處。胡氏說：「我相信《壇經》主要部分是神會所作，我的根據完全是考據學所謂內證。《壇經》中有許多部分和新發現的《神會語錄》完全相同。這是最重要的證據。」又說：「至少《壇經》的重要部分是神會作的。如果不是神會作的，便是神會弟子採取他的語錄裏的材料作成的。但後一說不如前一說盡情理，因為《壇經》中確有很精到的部分，不是門下小師所能造作。」對此問題，讓我們先試檢討《神會語錄》的作者。今按：胡氏所編《神會和尚遺跡語錄》第二殘卷《菩提達摩南宗定是非論》獨孤沛序文云：

弟子於會和上法席下見與崇遠法師論義便修。從開元十八、十九、二十年，其論本並不定。為修未成，言論不同。今取二十一載本為定。後有《師資血脈傳》，亦在世流行。

此段文字，據胡氏解釋，以為「獨孤沛的意思，似是要說他先後共有三部記錄神會的書。一是記錄神會在滑臺大雲寺和崇遠法師辨論的，二是開元十八年至二十一年的《神會語錄》，三是《師資血脈傳》」。胡氏此釋，信否暫不論，然亦正見《神會語錄》並不由神會親手寫成。至少此卷開元二十二年滑臺大雲寺大會席上定南北宗旨一番辨論，無疑為獨孤沛所撰集。並據獨孤沛說：

「從開元十八、十九、二十年，其論本並不定，為修未成，言論不同。」可見當時已有幾種言論不同的《神會語錄》，遂使獨孤沛有無所適從之苦。若神會當時早有親手編撰語錄行世，獨孤沛不至如此為難。獨孤沛又說：「今取二十一載本為定」。可見其未能當面取決於神會。是否因獨孤沛修集《神會語錄》時神會已死，今亦無從判斷。我們試再看《神會語錄》第一殘卷，其開始殘脫的幾行，所記便與第二殘卷《南宗定是非論》大略相同。又卷中另有與遠法師問答語，可見第一殘卷之編集，亦在滑臺定宗旨後，而非出於獨孤沛。否則卷首便不必複載滑臺定宗旨的問答。而第一殘卷亦絕非神會自記，如卷中有「荷澤和尚與拓拔開府書」等字樣。又如「和尚云：神會今說與忠禪師又別」之類可知。至第三殘卷，胡氏說他「或許即是《南宗定是非論》的一部分」，今亦無法判定。但玩其文體與語氣，知亦非神會自撰。根據上論，我們可以說，今所得《神會語錄》，尚無一種可斷定為神會所自撰。然則又如何說現在《壇經》的幾部分，卻「大致是神會雜採他的語錄湊成的」呢？

而且《神會語錄》與《六祖壇經》有顯相衝突處。最著者如關於菩提達摩以前傳世法系的說法。《語錄》第三殘卷云：

遠師問：「唐國菩提達摩既稱其始，菩提達摩西國復承誰後？又經幾代？」和尚曰：「唐國以菩提達摩為第八代，自如來付西方與唐國，總經有一十三代。」

但敦煌本《壇經》卻說達摩為第三十五代，惠能為四十代。胡氏既主「《壇經》出於神會一系」，因此又說「《壇經》的四十代說，大概也是神會所倡，起於神會的晚年，用來代替他在滑臺所倡的八代說」。但如我們回看獨孤沛的序文，若果《南宗定是非論》作於開元二十二年，親經神會之手或眼，何以又說：「從開元十八年到二十年，其論並不定，為修未成，言論不同」呢？在此卻不能說獨孤沛的序文又是神會的傑作。假使胡氏因此否認他所疑第三殘卷乃是第二殘卷之一部分，則我們不妨再問，如何神會在開元二十二年早已親手寫定了一本《南宗定是非論》，而且外間已有流傳，甚至使他無法改正，而獨孤沛卻不憚煩勞，再要來修一遍《南宗定是非論》呢？這又難於自圓其說。

今再看敦煌本《壇經》與曹溪本《壇經》，均有達摩以前印度傳世法系之記載，似乎遠法師問神秀時，對此尚無所知。而神會所答，也不知其根據所在。但在佛門中既已起了此問題，於是隨後續有四十代之詳細敘述。其實神會答遠法師之七代，乃從釋迦往下，則至達摩東來，其間斷不止七代。後人改其說，乃從釋迦溯而上之至釋迦共七代，而迦葉以下，又有三十三代，明是承襲神會而有所改定。亦可證今傳兩種《壇經》關於此條，皆在神會後所增入，較之認為神會所偽造，似乎近情。古籍有疑處，宜可推闡，卻不必斷定皆由某一人偽造，而其人又先後不斷屢自偽造也。

現在我們試再回到《語錄》與《壇經》有內容相同的問題上來再作討論。兩書內容相同，非有其他證據，本亦無法確定誰抄誰。若說《神會語錄》由他親手撰成，在他及身早已流傳，而在他晚年，忽又把此流傳在外的語錄「七拼八湊」地來填進《壇經》裏去，或說由他來偽造《壇經》，試問此舉所為何來？神會當時如此不憚煩地偽造，又是如何的一種心情？但胡氏偏要如此說，亦有他一番理由。據《神會語錄》：

> 遠師問：「嵩岳普寂禪師，此二大德教人，凝心入定，住心看淨，起心外照，攝心內證，指此以為教門。禪師今日何故說禪不教人凝心入定，住心看淨，起心外照，攝心內證。何名為坐禪？」和尚答曰：「若教人凝心入定，住心看淨，起心外照，攝心內證者，此是障菩提。今言坐者，念不起為坐。今言禪者，見本性為禪。」（尚有幾節大意相似，不再錄。）

此處神會駁普寂降魔的一段話，大體又見於《壇經》。《壇經》云：

> 善知識，又見有人教人坐，看心看淨，不動不起，從此置功。迷人不悟，便執成顛。

又云：

若言看心，心原是妄，妄是幻，故無所看也。若言看淨，人性本淨，為妄念故，蓋覆真如。離妄念本性淨，不見自性本淨。心起看淨，卻生淨妄。妄無處所，故知看者，看卻是妄也。

胡氏說：「我們必須先看神會的話，然後可以了解《壇經》裏所謂看心看淨之說是普寂和降魔藏的學說，則惠能生時不會有那樣嚴重的駁論。因惠能死時，普寂領眾不過幾年，他又是後輩，惠能豈會用力批評？但若把《壇經》中這些話看作神會駁普寂的話，一切困難便可以解釋了。」胡氏此一證據，似較堅明。只有此一條夠得上他自己所謂的內證。但我們不妨再問，看心看淨工夫，固然普寂降魔等人有此主張，但是不是由普寂降魔諸人始創此主張的呢？儻使普寂以前，早有人主張看心看淨工夫，則《壇經》裏的話，不妨是在批評普寂降魔以前的人，而神會則不過承襲惠能來批評普寂，這又何嘗不可呢？今即據楞伽本宗言之。《楞伽經・卷一》：

大慧菩薩問：「世尊，云何淨除一切眾生自心現流，為頓為漸耶？」佛告大慧，「漸淨非頓，如菴羅果，漸熟非頓，如來淨除一切眾生自心現流，亦復如是，漸淨非頓。」

此即是楞伽宗心淨雙提之遠源。又《師資記》二祖慧可有云：

一切眾生，清淨之性，亦復如是。只為攀緣妄念諸見，煩惱重雲，覆障聖道，不能顯了。

若妄念不生，默然淨坐，大涅槃日，自然明淨。……妄淨而真現，即心海澄清，法身空淨也。……若了心源清淨，一切願足，一切行滿。

此即是一種看心看淨法了。又四祖道信云：

離心無別有佛，離佛無別有心。念佛即是念心，求心即是求佛。所以者何，識無形，佛無相貌。若知此道理，即是安心。常憶念佛，攀緣不起，則泯然無相，平等不二。入此位中，憶佛心謝，更不須徵。即看此等心，即是如來真實法性之身。……亦名淨土，……名雖無量，皆同一體，亦無能觀所觀之意。如是等心要令清淨，常現在前，一切諸緣，不能干亂。（一切諸緣，不能干亂，即不動也。）

又曰：

如來法性之身，清淨圓滿，一切像類悉於中現，而法性身無心起作。如頗梨鏡懸在高堂，一切像悉於中現，鏡亦無心，能現種種。

云何能悟解法相，心得明淨。信曰，亦不捉心，亦不看心。直任運。亦不令去，亦不令住，獨一清淨。究竟處心自明淨，或可諦看，心即得明淨。……眾生不悟心性本來常清淨，故為學者取悟不同。

又曰：

以此空淨眼，注意看一物，無問晝夜時，專精常不動。其心欲馳散，急乎還攝來。……終日看不已，泯然心自定。（心定即是不動不起。）《維摩經》云：「攝心是道場，此是攝心法。」《法華經》云：「從無數劫來，除睡常攝心。」

若初學坐禪時，於一淨處，直觀身心，……從本以來空寂。（此即看心看淨法。）不生不滅，平等無二。……從本以來清淨解脫，不問晝夜，行在坐臥，常作此觀。

又云：

初學坐禪看心，獨坐一處，……身心調適，……徐徐斂心。……心地明淨，照察分明，內外空靜，即心性寂滅。

凡捨身之法，先定空空心，使心境寂靜。……凝淨心虛，則夷泊恬平。……初起心失念，不免受生也。

如右諸條，正是禪門坐法，亦即是禪門看心法。至於是否真屬慧可道信之言，今暫不論。要之禪家自有此一套看心看淨法，為惠能所駁斥。若徑看此一套看心看淨法，只是普寂降魔所主張，則上引諸條，豈不又即是普寂降魔所偽造假託乎？如是則從來佛門中人，豈不盡都是造謠騙人之能手？神會亦何以自異於普寂降魔諸人乎？

又按：五祖弘忍，據玄賾〈楞伽人法志〉（即見《楞伽師資記》中）稱其「緘口於是非之場」。因此他的思想，現在無從推測。但又據〈賾傳〉，說他：

> 七歲即奉事道信，役力以資供養。

又說他：

> 生不矚文而義符玄旨。

則五祖與惠能同樣是一位很少文字基礎的人。他又親對玄賾宣示《楞伽》義，說：

> 此經惟心證了知，非文疏能解。

此等處早是惠能路子。故弘忍能欣賞惠能，只似不如惠能銳利。故惠能遂為禪宗開新，而弘忍只是新舊禪中間的一過渡人。神秀普寂從弘忍處直接舊統，惠能從弘忍處另茁新芽。因此兩家對弘忍同樣尊崇。我們若如此推想，亦可謂《壇經》裏批評的教人坐，看心看淨，不動不起，或許正指的是道信以來的舊禪。《壇經》又云：

此法門中坐禪，元不看心，亦不看淨，亦不言不動。

此是新禪，卻不能說惠能以前舊禪盡如此，要待普寂降魔來創新。

淨覺《楞伽師資記》又述及普寂敬賢義福惠福諸人，說他們「宴坐名山，澄神邃谷」。可見淨覺作記時，普寂尚在。記中所載道信諸說，縱出後人傳述，但亦如何證其定出惠能之後？而惠能對此等事，必一無聞知？

今再退一步，縱謂《師資記・道信傳》皆後出不足信，但我們還有別的證據來說看心看淨之說，絕非到普寂時始有。更顯著的可看天台宗的典籍。佛門禪學，本不止達摩一宗。天台尤顯赫，在惠能以前早已盛行。他們的止觀法門，正講的看心看淨法。智者大師的六妙法門，一數，二隨，三止，四觀，五還，六淨，淨是禪學最深最後的一級。智顗說：

淨為妙門者，行者若能體識諸法本性清淨，即便獲得自性禪也。

又曰：

淨亦有二，一者修淨，二者證淨。譬要言之，若能心如本淨，是名修淨。三界垢淨，故名證淨。

又曰：

觀眾生空，名為觀。觀實法空，名為還。觀平等空，故名為淨。一切外觀名為觀，一切內觀名為還，一切非內非外觀，名為淨。

還禪既進，便發淨禪，此禪念想觀已除，言語法皆滅，無量眾罪除，清淨心常一，是名淨禪。淨若不進，當去卻垢，心體真寂，虛心如虛空，無所倚依，爾時淨禪漸深寂，豁然明朗，發真無漏。

又曰：

行者當觀心時，雖不得心及諸法，而能了了分別一切諸法。雖分別一切法，不著一切法。成就一切法，不染一切法。以自性清靜，從本以來，不為無明惑倒之所染故。故經云：心不染煩惱，煩惱不染心，行者通達自性清淨心，故入於垢法而不為垢法所染，故名為淨，當知心者即是淨名。

又《觀心論》云：

問觀自生心，云何四不說，離戲論執淨，心淨如虛空。

又曰：

問觀自生心，云何知此心，法界如虛空，畢竟無所念。
問觀自生心，云何無文字，一切言語斷，寂然無言說。

又《四念處》云：

今諦觀心中三句，實不縱不橫，不前不後，畢竟清淨廣大法界，究竟虛空，觀心實心，無有微塵知覺，即是法名不覺。煩惱是道場，斷煩惱不名涅槃。不生煩惱，乃名涅槃，煩惱即菩提，生死即涅槃。

此等理論與方法，尚可證之南嶽慧思。《續高僧傳》記：

思禪師於夏，束身長坐，繫念在前，始三七日，發少靜觀，見一生來善惡業相，因此驚嗟，倍復勇猛，遂動八觸，發本初禪。自此禪障忽起，四肢緩弱，不勝行步，身不隨心，即自觀察，我今病者皆從業生，業由心起，本無外境。反見心源，業非可得。身如雲影，相有體空。如是觀已，顛倒想滅，心惟清淨，所苦消除。

又其所著《諸法無淨三昧法門》云：

復次欲坐禪時，應先觀身本。身本者，如來藏也。亦名自性清淨心。是名真實心，不在內，不在外，不在中間，不斷不常，亦非中道，無名無字，無相貌，無自無他，無生無滅，無來無去，無住處，無愚無智，無縛無解，生死涅槃，無一無二，無前無後，無中間，從昔已來無名字，如是觀察真身竟。

可見觀心觀淨之理論與方法，原本天台。如來禪與祖師禪，理論上本無大區別。六祖雖為佛學中革命人物，其思想理論亦有依據，並非特然而起。（遠溯可以上推及於達摩與竺道生。）當其時，天台一宗之禪法既極盛行，六祖以前之禪宗諸祖師，宜有染涉，六祖必亦聞到此等理論。惟天台諸大德到底不脫學究氣，不脫文字障，六祖因文字纏縛少，不走向學究路，故能擺脫淨盡，直吐胸臆，明白簡捷，遂若與天台截然不同。今《壇經》中屢屢言心言淨，正當從天台著眼，尋其根源。看心看淨，正是觀。不動不起，正是止。只一輩俗僧尋不到天台宗旨，故遭六祖呵斥。又豈得謂六祖當時僧界沒有做看心看淨工夫的，用不著六祖用氣力駁？

至普寂降魔教人「凝心入定，住心看淨，起心外照，攝心內證」，亦只是承襲舊禪法，絕說不上是他們新創。但他們對舊說似乎稍有變動，故於凝心住心之外，忽來一個「起心外照」，此固可說其亦從天台觀法來，但恐早已受了惠能南宗影響。至於神會駁普寂，有些是直鈔《壇經》，如「若以坐為是，舍利弗宴坐林間，不應被維摩詰訶」等語是也。有些是把《壇經》裏的話再加以凝練而成。如《壇經》敦煌本：

> 此法門中無障無碍，外於一切境界上念不去（起）為坐，見本性不亂為禪。

《壇經》明藏本：

> 此法門中無障無碍，外於一切善惡境界，心念不起名為坐，內見自性，不動，名為禪。

《神會語錄》：

今言坐者，念不起為坐，今言禪者，見本性為禪。

又如《壇經》敦煌本：

若言看心，心元是妄，妄如幻，故無所看也。若言看淨，人性本淨，為妄念故，蓋復真如。離妄念，本性淨。不見自性本淨，心起看淨，卻生淨妄。妄無處所，故知看者卻是妄也。

《神會語錄》：

問何不看心，答看即是妄，無妄即無看。問何不看淨，答無垢即無淨，淨亦是相，是以不看。

何以神會寫《語錄》時，下筆如此凝鍊，待他晚年，再「七拼八湊」填入《壇經》時，下筆卻又如此繚繞？

又按：《神會語錄‧卷一》有一條云：

今言佛法不同者，為有凝心取定，或有住心看淨，或有起心外照，或有攝心內證，或有起心觀心而取於空，或有取覺滅妄，妄滅住覺為究竟，或有起心而同於空，或覺妄俱滅，不

> 了本性，住無託空。如此之輩，不可俱說。

據此，則凝心取定，住心看淨，起心外照，攝心內證，亦是神會述說當時人幾種不同的見解與工夫，與第三卷謂普寂降魔以此四項教人又不同，此正獨孤沛所謂言論不同之一證。第一卷又一條云：

> 若有坐者，凝心入定，住心看淨，起心外照，攝心內證者，此障菩提。

此條亦不見是專說普寂等人教人如此，又卻不是說種種人主張不同，此該又是一番言論不同。從此等處，均可證明今傳《神會語錄》並非神會手定。又如第一卷記王維澄慧與神會共論定慧等義，連有兩則，文字略異。又相州別駕馬擇問僧道自然之辨，同卷亦有兩處，語亦略異。此均證今《語錄》非神會手定。

抑且將《神會語錄》與《壇經》通體比較，尤有一大不同處。如《壇經》云：

> 自性迷，佛即眾生。自性悟，眾生即佛。但識眾生，即能見佛。若不識眾生，覓佛，萬劫不得見也。

又曰：

> 不悟，即佛是眾生。一念若悟，即眾生是佛。
>
> 前念迷即凡，後念悟即佛。
>
> 自心自性真佛。
>
> 一切萬法，盡在自身心中，何不從於自心頓覺真如本性。
>
> 各自觀心，今自本性頓現。

此等語，是《壇經》最明白直捷處，最見六祖開山精神。《神會語錄》中則尋不到此等語。《神會語錄》與《壇經》相同處，如論定慧等義，皆見經典氣，皆見文字障。全部《神會語錄》之精神更如此，處處都討論經典，剖析文句。神會究竟是一個學僧，與惠能不同。神秀先通《莊》、《老》及儒家經典，神會亦然。故六祖說：此子向後設有把茆蓋頭，也只成得個知解宗徒也。我們只細讀《壇經》與《神會語錄》，便知此兩書非惠能與神會手筆，均由許多人纂集，並各經歷一段相當時期。但由此兩書還可辨出惠能與神會當日精神意境之皎然不同處。如何卻隨便說《壇經》是神會晚年用他的語錄拼湊而成？

今按：明刻本《壇經》有一條云：

一日，師告眾曰：吾有一物，無頭無尾，無名無字，無背無面，諸人還識否？神會出曰：是諸佛之本源，神會之佛性。師曰：向汝道無名無字，汝便喚作本源佛性。汝向去有把茆蓋頭，也只成箇知解宗徒。祖師滅後，會入京洛，大弘曹溪頓教，著〈顯宗記〉盛行於世。

此條顯是後人增入，而增入此條者仍自有據。可見向後禪宗，實不認神會乃曹溪嫡嗣，故曰只成個知解宗徒也。

抑且神會云：

修習即是有為諸法。

又云：

生滅本無，何假修習。

其告王維亦說：

眾生若有修，即是妄心，不可得解脫。

只重見解，不重修習，尤見是神會走了偏鋒，與惠能《壇經》中教言絕不相似處。

杜詩有云：「流落人間者，泰山一毫芒。」史料記載，盡都如是。六祖神會亦然。若我們只根據一些書籍上的材料，偶爾見到一些小破綻，便輕生疑猜，正如凝視毫芒而疑泰山。泰山究竟怎般大，自然難說，但我們如肯承認人所共認的事，則泰山大而毫芒小，亦可不辨自明。

《壇經》裏文句還有好多與《神會語錄》相同的，如《壇經》敦煌本：

定慧能一不二，即定是慧體，慧是定用。即慧之時定在慧，即定之時慧在定。

《神會語錄》：

即定之時是慧體，即慧之時是定用。即定之時不異慧，即慧之時不異定。即定之時即是慧，即慧之時即是定。

《壇經》明藏本：

定慧一體不是二，定是慧體，慧是定用。即慧之時定在慧，即定之時慧在定。

此等處，神會承用惠能語，事屬平常。即如《壇經》煩惱即菩提，即是承用智顗語。如《宋子語類》中承用二程及北宋諸賢語，真是指不勝屈。

因此我們儘不妨再回到歷史傳統與歷史常識方面來，惠能到底是南宗開山，是新禪宗的創立者。神會到底是惠能門下，他不過到北方去放了一大炮，把南宗頓義在北方宣揚。正如陽明門下有一泰州，泰州在北方宣揚王學，成績沒有神會大，但泰州後來自成一學派卻勝過了神會。神會在當時雖則放了一大炮，究因他太過大驚小怪，轉為多數人不滿，亦如泰州當時亦為一般人不滿。而後來神會不能如泰州樣自成一學統，因此漸漸為人所遺忘。直到最近，敦煌古物出現，神會當時一大炮的聲威，始再為世所知，這是胡氏的功績。只可惜胡氏又為他所發現太過渲染了，卻如我們驟見《王心齋集》，卻說陽明《傳習錄》乃王艮揑造，這到底是一種戲論。

我們再根據常識推想，六祖既有其人，「《壇經》這當也有一部分是惠能在時的記載，而且他裏面幾個重要部分，也許是有幾許歷史根據的」。這都是胡氏承認的。現在我們試想一個「不識字的盧行者」，忽然在嶺南曹溪大開宗門，轟動一時，我們那位「南宗急先鋒」「在中國佛教史上沒有第二人有這樣偉大功勛永久影響」的神會和尚，也遠從襄陽前來受法，可見惠能當時定有些吸引人的地方。雖則儘說古本《壇經》裏沒有懷讓行思的事，但當時曹溪寶林寺，定集有十方僧眾，法門廣大。儻使「《壇經》只是神會的傑作，《壇經》存在一日，便是神會的思想存在一日」（胡氏語），試問除去《壇經》外，惠能的思想又在那裏？神會儘可無忌憚地把自己思想倒裝成惠能思想，那時在嶺南曹溪一帶不是說沒有僧眾了，難道亦可說「死人無對證」，對神會的偽師說，會全部默認嗎？而且懷讓行思諸人的名字，雖則古本《壇經》裏沒有，但他們曾在六祖門下，亦無可否認。試問他們的思想還是親炙於六祖的呢？還是間接從「神會的傑作」《壇經》裏的偽師說襲取的呢？胡氏硬要把惠能的思想地位奪給神會，這實在是到處難通。

下篇

現在再談到袈裟傳法的事。胡氏說此等全是「神會自由捏造」。神會說：

> 達摩傳一領袈裟，以為法信，授與惠可。惠可授僧璨，璨傳道信，道信傳弘忍，弘忍傳惠能。六代相傳，連綿不絕。

又說：

> 秀禪師在日，指第六代傳法袈裟在韶州，口不自稱為第六代。

胡氏云：「其實惠能神秀都久已死，死人無可對證，故神會之說無人可以否證。」又更進一步說：「傳法袈裟在惠能處，普寂的同學廣濟曾於景龍三年十一月到韶州去偷此法衣，此時普寂尚生存，但此等事也無人可以否證，只好聽神會自由捏造。」今按：袈裟傳法，見於古本《壇經》。《壇經》絕非「神會傑作」，上文已說過。胡氏謂「〈行由品〉等是神會用氣力撰著的，也許有幾分歷史根據」。但神會在六祖門下本只是一「小僧」，（胡氏考神會年歲均誤，詳後。）《壇經》明由法海上座所集記，豈能無端說由神會「用氣力撰著」。當知「在中國佛教史上沒有第二人比得上他功勛之大影響之深的」「這樣偉大的一個人物」，至少在他內心精神方面也應有幾許支撐他自己人格信心的規律。宗教精神究竟並不是江湖撞騙，他將不容許他自己因死人無可對證而信口胡說，自由捏造。怎麼說「袈裟傳法說，完全是神會捏造出來的假歷史」呢？依據常識判斷，當日在曹溪，定都早知有袈裟傳法的事。因此神會遂得有此信心與勇氣，來鼓勵他做「北伐急先鋒」。他先在神秀門下三年之久，但他現在卻北上申辨：說神秀「師承是傍，法門是漸」。又說：「我今弘揚大乘，建立正法，令一切眾生知聞，豈惜生命。」胡氏說他是一種「大膽的挑戰」。我則說他是一種誠懇的爭辨。試問一切只是信口胡說，自由捏造，那膽又如何大得起來？

到此，更回到是否有弘忍袈裟傳法的問題上來。胡氏說：「神秀與惠能，同做過弘忍的弟子，當日既無袈裟傳法的事，也沒有旁嫡的分別」。這又如何說呢？無論如何，從最低限度的可能來推想，惠能既到過弘忍門下，弘忍是東山法門一代大師，不是一個平常俗僧，對此「嶺南獦獠」「不識字的盧行者」，至少亦特具隻眼，加以賞識。因此在〈玄賾傳〉裏記載弘忍談話，也把惠能列為傳道十大弟子之列。我們若認〈玄賾傳〉裏的話可靠，亦儘可設想那位不識字的盧行者，以他那樣的富於革命性，在五祖門下，自然不能久居。一旦辭祖南旋，弘忍對此行者，自然可有一番惜別之情。自然可以送他一些作紀念的信物如袈裟之類。（當然，很可能此袈裟，還是道信傳下的。更據舊先傳說，則是達摩傳下，乃係西域的屈眴布，乃縫木棉花心織成。見高麗傳本《壇經》以下遞注。）將來惠能在南方剃度，在曹溪寺開山，自然會時時提到這件袈裟。一面是他紀念老和尚，一面證明他「東山得法」一段因緣。當知惠能頓義雖是南宗開山，新禪學之創建，但他自己說：「我於弘忍和尚處一聞言下大悟，頓見真如本性。」到底惠能是於弘忍言下悟入，又經弘忍印可認許，那袈裟即是信物，不容惠能不鄭重提及。但以後他門下僧眾，漸漸將此一段故事更莊嚴化，神秘化，而且傳奇化了，遂成為《壇經》所云云。我們最多也只能如此說，不能說《壇經》全屬神會捏造，而袈裟傳法則全無其事。惠能說他自己是「東山得法」，弘忍也說他傳法十大弟子中有韶州惠能。最多弘忍只沒有說東山淨法只惠能一人得，但惠能也沒有這等話，此在古本《壇經》裏有極顯明的證據。《壇經》說：

> 世人盡傳南能北秀，未知根本事由。且秀禪師於南荊府堂陽縣玉泉寺住，惠能大師於韶州城南三十五里曹溪山住。法即一宗，人有南北，因此便立南北。何以漸頓，法即一種，見有遲疾，見遲即漸，見疾即頓。法無漸頓。人有利鈍，故名漸頓。（亦見明藏本〈頓漸第八〉，古本此下即接敘神秀喚門人僧志誠去曹溪山一節。明藏本又添入吾師五祖又親傳衣法云云。由此可證古本此節必為神會《南北宗定是非論》以前之記載，並未經神會一派人改動。）

在久視元年武則天詔請神秀到東京之前。神會尚未到曹溪，或已在神秀門下。直到神秀去東京，神會才南遊。那時神會還只十四歲，雖則弘忍生前，自說有傳法十大弟子，但他死後二十年間，南能北秀對抗之勢已成，而神秀為兩京法主三帝國師，只有嶺南惠能聲名勢力足以相抗，因此那時在神秀門下的，往往想到惠能這裏來聽一個究竟。這正如南宋朱陸門人常通往來一般。《壇經》裏記載的〈志誠〉即是一例。神會亦在這個南能北秀頓漸分宗的風聲與形勢下，自神秀赴京後即轉來曹溪。當時神會心中對此南北頓漸問題，必特受刺激，甚感興趣，因此他後來忍不住要做北伐急先鋒，要在滑臺大雲寺開無遮大會，定南北宗旨。這是神會早在他幼年心中常常激動的問題，卻不能說他晚年忽然來「自由控造」「大膽挑戰」。

但惠能生時，究不曾與神秀分宗派。故他說：「法本一宗，人有南北。」又說：「法無漸頓，人有利鈍。」可見他並不曾說「東山得法」只他一人，亦絕不說神秀「師承是傍，法門是漸」。據《神會語錄》，神秀被召入京，告門徒云：「韶州有大善知識，元是東山忍大師付囑，佛法盡在彼處，汝等諸人如有不能自決了者，向彼決疑，必是不可議，即知佛法宗旨。」此番話也未必不可信。正如朱晦翁說：「八字立腳，只有我與象山兩人也。」神會所以轉往曹溪，也未必不是這番話的影響。可能當時南能北秀，雖則漸頓教法各自不同，在他們自己卻都沒有自分宗派，自別門戶。

又按：《全唐文・卷十七・召曹溪惠能入京御札》有云：

朕請安秀二師，宮中供養，二師並推讓云：南方有能禪師，密受忍大師衣法。

此則明說道安神秀亦稱惠能得弘忍傳衣。胡氏乃謂《曹溪大師別傳》稱此乃神龍二年高宗之勅，由契嵩改正。今《全唐文》所收，即契嵩改本。又謂《別傳》出一個俗僧之手，謬誤百出。然何從證此勅乃契嵩無據妄改。契嵩乃北宋中葉一博學僧人，亦不能證其為一喜於作偽之人。《別傳》有誤，契嵩所據本不誤，事亦可有。豈《別傳》偽造在前，契嵩又妄改於後。凡涉六祖事，盡出偽造偽改，效神會之所為乎？胡氏又謂：果此勅是真，則傳衣付法的公案，早已載在朝廷詔勅之中，更何用後來的爭論，更何用神會兩度定宗旨，四次遭貶謫的奮鬥。如胡氏說，必證此勅是偽，乃可證神會之偽。以偽定偽，何不如依真釋真之更近情理乎？武后有此勅召，而惠能不至，此勅未必天下皆知。即神會當時，亦不據此為爭。惟後來所得，乃可證神會言袈裟傳法之不偽，如此而已。今必先定神會所爭袈裟傳法乃偽造，乃憑之以證此外袈裟傳法之說皆偽造。則何天下之愛偽！

今姑重作推想，神秀惠能雖未自分宗派，但神秀死後，普寂義福諸人，漸漸接不上神秀氣魄。而南方曹溪宗風卻愈來愈盛。惠能的門徒未免要認為只有他們能大師才是東山法門唯一傳人，那件袈裟則是唯一信物。這樣的空氣煽揚到北方，始有普寂同學僧廣濟在景龍三年到韶州去察看那傳法袈裟。今《神會語錄》既不是神會手筆，中間自然也可有渲染，遂成廣濟夜偷袈裟，惠能說此袈裟在弘大師處三度被偷，在信大師處一度被偷之事。當知此非神會對普寂當面誣衊，信口胡謅，自由造謠，而是《壇經》與《語錄》各有經後人羼入處。而神會則親到北方公開說：

> 秀禪師在日，指第六代傳法袈裟在韶州，口不自稱為第六代，今普寂禪師自稱為第七代，妄豎和尚為第六代，所以不許。

這裏便可見禪宗世系說，最多也只能說創自北宗普寂諸人。在此以前，南能北秀，一則說「法本一宗，人有南北」，一則說「東山佛法，盡在彼處」，大家推尊師傅，卻沒有分誰嫡誰傍。只因神秀成了兩京法主，三帝國師，而他門下普寂義福玄賾諸人，又繼續領眾受宮廷尊崇，由是遂推溯而上，造成他們的七葉世系。亦因此激起南方曹溪一派之不平。神會滑臺大雲寺無遮大會定南北宗旨的軒然大波，竟把神秀六代祖師資格，奪歸南宗。至於弘忍以上五代世系，則仍照北宗成說，並未牽動。以上所說，只照胡氏翻案文字，說其最多只可如此而已。實則還是舊說比較可信，卻不煩如此更動。

又按：宗密《師資承襲圖》有曰：

> 能和尚滅度後，北宗漸教大行，因成頓門弘傳之障。曹溪傳授碑文，已被磨換。故二十年中，宗教沉隱。

又宗密〈惠能神會略傳〉有曰：

> 法信衣服，數被潛謀。傳授碑文，兩遇磨換。

是惠能死後，北宗日盛，我上面所推測，均可援宗密話來作證。惟胡氏又云：惠能死後，未必有碑誌。王維作碑，不提及舊有碑文，更沒有磨換的話。不知惠能曹溪傳法，神會亦曾從北方神秀門下渡江遠來，一時講席必盛，何以知其死後未有碑誌。且文章自有體製，王維作碑，何以必提

及舊碑。豈能因王碑不及，遂斷定其更無前碑。《歷代法寶記》亦云：惠能死後，

太常寺丞韋據撰碑文，至開元七年，被人磨改，別造碑文。近代報修，侍郎宋鼎撰碑文。

宋鼎為碑，又見《宋僧傳》，亦神會所主，其文收趙明誠《金石錄》，此碑作於天寶十一載，或說七載，此碑之是真是偽，胡氏不復辨，亦可怪。

今再論神會辨頓漸，其主要證據，便在袈裟傳法。但《壇經》六祖明說：

法無頓漸，人有利鈍。

又說：

迷人漸修，悟人頓契。（此二語古本誤作「明即漸勸，悟人頓修。」）自識本性，自見本性，即無差別，所以立頓漸之假名。（古本此節多誤字，今從明藏本。）

可見惠能還是頓漸兼顧，並不爭其是非。神會則意在爭傳統，便兼顧不得兩面，竟斥神秀「法門是漸」了。這是《壇經》與《語錄》理論上之大不同處。若《壇經》是「神會傑作」，對漸頓理論便不如此持平。

此意再還證之於《壇經》所載弘忍之說神秀一偈，亦云：

但留此偈，與人誦持。依此偈修，免墮惡道。依此偈修，有大利益。

又令門人炷香禮拜，云：

盡誦此偈，即得見性。

此皆明見於敦煌本《壇經》。弘忍雖面告神秀，汝作此偈，未見本性。只到門外，未入門內。但並未如神會之斥神秀，師承是旁，法門是漸。《神會語錄》又曰：約斯經義，只題頓門，唯存一念相應，實非更由階漸。是神會之意，乃若佛法只許有頓悟，不許有漸修。

厥後宗密《圓覺大疏鈔》亦兼采頓漸，謂：

寂知之性舉體隨緣。寂知如鏡之淨明，諸緣如能現影像。如對未識鏡體之人，唯云淨明是鏡。不言青黃是鏡。

此乃針對神會唯宗無念不立諸緣之意見而發。神會不立諸緣，即其輕視修習。然宗密一尊神會，故曰：

但揀後人局見，非揀宗師。

賈餗〈大悲禪師靈坦碑〉亦云：聞荷澤有神會大師，即決然蟬蛻萬緣，誓究心法。此宜是宗密之所謂局見矣。宗密自於修習諸緣有極深工夫。又曰：

於七宗中，若統圓宏為一，則七皆是。若各執一宗，不通餘宗者，則七皆非。

荷澤特七宗之一，宗密縱所深尊，然局此一宗，宗密亦不以為然。蓋宗密上承神會由教通宗之旨，而不為《壇經》之傳宗，惟於神會為又一轉手。而胡氏不知，乃謂南宗革命事業，後來只靠馬祖石頭荷擔。到德山臨濟而極盛。德山臨濟，都無一法與人，只教人莫向外求，無事休息去，這纔是神會當日革命的深意，不是宗密一流學究和尚所能了解。不知馬祖石頭德山臨濟正都是《壇經》傳宗，直承惠能，與神會有別。教人休息去，即教人在諸緣上自修習。此層細讀《壇經》自知。宗密之為學究和尚，正承神會之為知解和尚來。而在知解上，較神會更進一層。胡氏於此昧然，宜乎其無往而不誤。

又按：《皎然集・卷八》，〈能秀二祖讚〉（又見《全唐文・九一七》）有云：

二公之心，如月如日。四方無雲，當空而出。三乘同軌，萬法斯一。南北分宗，亦言之失。

是皎然在當時，對於普寂神會南北分宗之爭，並不贊同。又同卷〈二宗禪師讚〉有云：

> 安讚天后，寂佐玄宗。卷道就迹，與時從容。邈邈安公，行越常致。高天無言，九有咸庇。不異六宗，無慚七祖。

又同卷〈唐湖州佛川寺故大師塔銘並序〉謂：

> 我釋迦本師，首付飲光。飲光以下二十四聖，降及菩提達摩繼傳心教，有七祖焉。第六祖曹谿能公，傳方巖策公，乃永嘉覺荷澤會之同學也。即佛川大師。諱惠明，俗姓陳氏。受具時，開元七年。建中元年，報舉八十四，僧臘五十一。

是皎然當時又認南北兩方同可有七祖。安指嵩山道安或慧安，具人在弘忍十大弟子中，與神秀同輩行，又同膺武后之召，乃安順退避位，推美於秀（見《全唐文．宋儋碑銘》）。皎然在南方不知底細，故遂目安為承秀，無慚七祖也。又惠明在湖州，宜非《壇經》住袁州之惠明。方巖策乃玄策，惠能弟子，是惠明乃惠能再傳。皎然既誤道安於前，又誤惠明於後。又謂達摩前二十四聖與《壇經》及神會說各不同，此等皆無足細辨。

再說到傳法袈裟，惠能本只說他的頓義亦從東山得法，那件袈裟便是物證。神會則主東山法門只有頓義，那件袈裟，則是東山嫡嗣惟一信據。依惠能《壇經》說法，頓義本為利根人設，人又誰不願為利根人？正如後來陽明門下天泉橋證道，龍谿的四無論到底占了勝利，神會在當時也自然戰勝了普寂。在物證上，則惠能那件袈裟，也確是獨一無二的，弘忍並未同樣贈一與神秀或別人。因此普寂也無可辨難。是神會既未捏造袈裟故事，更不曾傑作了一部《壇經》，只其明宗旨，辨是非，硬分南頓北漸，則顯違了能秀兩師之本意。

據王維〈能禪師碑〉云：

> 忍大師臨終，遂密授以師祖袈裟，而謂之曰：「物忌獨賢，人惡出己，吾且死矣，汝其行乎？」禪師遂懷寶迷邦，銷聲異域，如此積十六歲。

王維碑文受神會之託而作，此處言袈裟傳法，亦與《壇經》微別。蓋《壇經》主要在記弘忍傳衣之由來，而王維所述則在此衣不傳之因緣。又古本《壇經》有「韶州刺史韋據立碑，至今供養」，而王維碑文有「則天太后孝和皇帝並勅書勸諭，徵赴京師」云云，此亦證古《壇經》早於王維碑文，亦即不出神會偽撰。

又按：劉禹錫〈佛衣銘〉，謂：

吾既為僧琳撰曹溪第二碑，且思所以辨六祖置衣不傳之旨，作〈佛衣銘〉。曰：

惟昔有梁，如象之狂。達摩救世，來為醫王。以言不痊，因物乃遷。如執符節，行乎復關。民不知官，望車而畏。俗不知佛，得衣為貴。壞色之醫，道不在茲。由之信道，所以為寶。六祖未彰，其出也微。既還狼荒，憬俗蚩蚩。不有信器，眾生曷歸。是開便門，非止傳衣。初必有終，傳豈無已。物必歸盡，衣胡久恃。先終知終，用乃不窮。我道不朽，衣於何有？其用已陳，孰非芻狗。

劉氏此銘，雖力辨袈裟傳法無甚意義，但仍信傳法袈裟事，並謂之遠從達摩以來，此自是當時傳說，而劉氏謂六祖出身既微，初還狼荒，若無信器，俗眾不信，此說卻甚有理。且更有進者，何以惠能在碓坊呈偈後，弘忍即當夜命其離去，此層尤值深思。在弘忍已云：十大弟子各是一方人物，固不限只一人傳法。待其晚年，令門人各呈一偈，意態顯自不同。而其於秀能兩人間，屬意特在惠能，亦無可疑。孔門四科十哲，孔子亦何嘗有傳法只限一人之意。但顏回之死而孔子特發天喪予之歎，則在其心中，顏回自特占重要性。我們若從此推想，可見若定要說袈裟傳法絕無此事，係出偽造，則勢非將偽造罪名，推上六祖本身不可。如此則六祖既偽袈裟傳法在前，神會又偽造《壇經》在後。當時如此一番驚天動地之大事，卻全出幾個和尚信意作假偽造，試問如何便能驚動得來。胡氏好隨便疑古，但古代那些真實事，卻不易隨便如此。

又按：《唐文粹・卷六四》有賈餗〈楊州華林大悲禪師碑銘〉云：

及曹溪將老，神會曰：衣所以傳信也，信苟在法，衣何有焉。他日請秘之於師之塔廟，以息心競。傳衣由是遂絕。

大悲乃神會弟子靈坦，乃說成六祖置衣不傳，事由神會獻議，明與《壇經》不合。究竟此說係神會告之靈坦，抑靈坦自己撰說以尊神會，可不論。然可證《壇經》不出神會偽造，亦可證神會門人如靈坦即頗不誦《壇經》，不如韋處厚之所謂以《壇經》傳宗也。

又宗密《禪門師資承襲圖》有云：

惠能將入涅槃，默授密語於神會。語云：從上已來，相承准的，只付一人。內傳法印，以印自心。外傳袈裟，標定宗旨。然我為此衣，幾失身命。達摩大師懸記云：至六代之後，命如懸絲，即汝是也。是以此衣宜留鎮山。汝機緣在北，即須過嶺，二十年外，當弘此法，廣度眾生。

宗密此條，與敦煌本《壇經》大意相符，不傳袈裟乃惠能意，非神會所請，較靈坦云云為信矣。

然王維碑弘忍告惠能，物忌獨賢，人惡出己。若神會真會此意，亦將不為定宗旨辨是非之舉。細讀《壇經》弘忍惠能兩祖行事何等慎密。神會只仗知解，不重修習，其滑臺辨是非定宗旨大會，意氣神情，何等豪放。在印度乃及中華全部佛教徒出家人行徑上，殆少其匹。惠能六祖洵為開創中國禪，在佛教史上堪稱一大革命，然何嘗有如圭峯之稱神會所謂龍鱗虎尾殉命忘軀之依稀彷彿乎？故神會在當時，雖於傳播南宗若有大貢獻，然南宗諸祖師真得六祖精神，為《壇經》傳宗者，於神會轉少稱道。遂使其人其事，除卻靈坦宗密少數人外，未到百年，若湮若晦，消散淨盡。在《景德傳燈錄》諸書，亦僅有一極不重要的地位。胡氏謂是歷史上一最不公平之事。不知其間自有公平。今當謂當時禪學，本可曹溪荷澤分宗。後之禪者，盡從曹溪，不從神會，此不可謂不公平。今不論神會之主張與意見，即專從其人其事方面言，便知與惠能不同。而《壇經》非神會偽撰，袈裟傳衣故事非神會捏造，亦可從而論定。

胡氏書中對於惠能神會行事年歷考釋亦多誤，茲再略加比緝，以為此文之佐助。

貞觀十二年（西元六三八）惠能生。

永徽二年（西元六五一）道信卒（年七十二）。

龍朔元年（西元六六一）惠能年二十四，聞經有省，往黃梅參弘忍。宗密《圓覺大疏鈔》作二十二，蓋字譌。又按：是時神秀亦在黃梅。據張說神秀碑文，神龍二年神秀卒，僧臘八十，生於隋末，百有餘歲，未嘗自言，故人莫審其數也。又云：「逮知天命之年，企聞蘄州有忍禪師，禪門法胤，不遠遐阻，翻飛謁詣，服勤六年，不捨晝夜。」今按：若以神秀卒時年百歲計，則隋末時神秀年十三，顯慶元年年五十，至是適六年，大致相差不甚遠。疑神秀俗壽或尚不足百齡，而張說誤說之。又按：是年惠能即南歸，神秀稍後不久當亦歸去。

又按：高麗傳本《六祖法寶壇經》有附註云：王維〈祖師記〉云：師混勞侶，積十六載。柳宗元碑云：師受信具，遁隱南海上十六年。則師至黃梅實龍朔元年，至儀鳳丙子得十六年。他本或作師咸亨中至黃梅者非。

咸亨元年（西元六七〇）玄賾至雙峯山謁弘忍。按：是時神秀惠能俱已離去，據玄賾〈弘忍傳〉可知。

咸亨五年（西元六七四）弘忍卒，年七十四。《宋僧傳》作上元二年，蓋上元元年之譌，即咸亨五年也。又按：王維〈能禪師碑銘〉，忍大師臨終遂密授以祖師袈裟云云，蓋誤據神會之說。其時惠能正避難四會懷集兩縣界，不在黃梅。《宋高僧傳》亦謂咸亨中至黃梅，俱誤。

儀鳳元年（西元六七六）惠能年三十九。印宗為師祝法。明藏本《壇經》云：惠能至曹溪，又於四會避難獵人隊中凡經一十五載是也。《曹溪大師別傳》云：在廣州四會懷集兩縣界中避難經十五年，若連龍朔元年計之，則前後十六年。王維碑文：禪師懷寶迷邦，銷聲異域，雜居止於編氓，農混商於勞侶。如此積十六載是也。

儀鳳二年（西元六七七）惠能年四十，至曹溪。按：《曹溪大師別傳》（《續藏經・二篇乙》）開法度人三十六年，即自此起算。又按：張說〈大通禪師碑銘〉：「儀鳳中始隸玉泉，名在僧錄。」是神秀至玉泉，正與惠能曹溪開山略同時。

久視元年（西元七〇〇）武后詔召神秀，神會南遊，謁惠能於曹溪。按：宗密《圓覺大疏鈔・卷三下》，「神會先事神秀三年，秀奉勅進入，神會遂往嶺南，謁惠能，時年十四。」又云：「神會卒乾元元年（西元七五八），年七十五。」今計僅獲七十三，疑五乃誤字。《景德傳燈錄》作上元元年卒，蓋據七十五之文移後兩年也。《宋高僧傳》作乾元元年卒，年九十三，蓋不足憑。又明藏本《壇經》云，神會年十三，自玉泉來參禮。差一歲。《曹溪大師別傳》云，荷澤寺小沙彌神會年始十三，答師問云云，在儀鳳元年四月八日，此必誤。若依《別傳》則下到乾元元年，應得九十五，《宋高僧傳》誤蓋由此。

大足元年（西元七〇一），神秀至東京。今按：宋之問〈為洛下諸僧請法事迎秀禪師表〉云：「玉泉寺僧道秀，年過九十，形彩日茂。」當以今年神秀年九十三四為近是。

又按：越後四年，宋之問貶瀧州，有〈自衡陽至韶州謁能禪師〉詩，此亦時人對能秀二師同樣尊重之證。其時神會當在西京受戒。

神龍二年（西元七〇六）神秀卒。按：今年神秀壽當九十八九為近是。

景龍二年（西元七〇八）玄賾勅召入京。

景龍三年（西元七〇九）廣濟到韶州偷傳法袈裟。按：此事見《神會語錄》，未知信否。據宗密《圓覺大疏鈔》：「神會既謁惠能，嗣又北遊於西京受戒，景龍中卻歸曹溪」。則是時神會在南方。

先天二年（西元七一五），惠能卒，年七十六。按：惠能卒在八月，是年十二月改元開元。高麗藏本有注，謂先天無二年，因改太極元年。又按：是年神會年二十七，王維〈能禪師碑銘〉謂其聞道於中年，而《壇經》惠能臨卒，稱神會為小僧，論其年事俱合。

開元七年（西元七一九）韋璩碑文被磨改別造。此據《曹溪大師別傳》，謂北宗俗弟子武平一磨卻自著。又《歷代法寶記》亦云：「太常寺丞韋璩造碑文，至開元七年，被人磨改，別造碑文，近代報脩，侍郎宋鼎撰碑文。」惟古本《壇經》云：「韶州刺史韋璩之碑，至今供養。」可證敦煌本《壇經》當在開元七年以前成書，又未經此後神會一系改動。

開元八年（西元七二〇）神會勅配南陽龍興寺，時年三十四歲。今按：此數年內，似曹溪佛法頗受北宗逼害。宗密《禪門師資承襲圖》有云：「能和尚滅度後，北宗漸教大行，因成頓門弘傳之障。曹溪傳授碑文，已被磨換。故二十年中，宗教沉隱。」又《圓覺大疏鈔．卷三下》，「能大師滅後二十年中，曹溪頓旨沉廢於荊吳，嵩嶽漸門熾盛於秦洛。」皆其證。未知神會勅配南陽，與此有關否。

開元二十二年（西元七三四）神會在滑臺大雲寺定南北宗旨，是年神會年四十八歲。

開元二十四年（西元七三六）義福卒。

開元二十七年（西元七三九）普寂卒。

天寶四年（西元七四五）兵部侍郎宋鼎請神會入東都。按：是年神會五十九。《歷代法寶記》，曹溪碑文，韋璩之後有宋鼎續撰，當在此時。

天寶八年（西元七四九）神會在荷澤定南北宗旨，時年六十三。

天寶十二年（西元七五三）御史盧奕劾奏神會，勅召赴京，尋勅黜弋陽，又移武當。按：是年神會年六十七。宗密《圓覺大疏鈔》有云：「法信衣服，數被潛謀，傳授碑文，兩過磨換。」此指韋璩與宋鼎曹溪碑文也。宋鼎碑文磨換，當在此時。

天寶十三年（西元七五四）神會量移襄州，又勅移荊州開元寺。按：王維〈能禪師碑銘〉有云：「先師所明，有類獻珠之願。世人未識，猶多抱玉之悲。謂余知道，以頌見託。」應在此時。

至德二年（西元七五七）郭子儀收復兩京，神會主洛陽度僧租緡事。時年七十二。

乾元元年（西元七五八）神會卒。年七十三。又按：是年郭子儀請賜達摩謚號，蓋出神會生前主張。又《曹溪大師別傳》云：「上元二年（此應為乾元元年之訛。）十二月，勅曹溪山六祖傳法袈裟及僧行滔赴上都。乾元二年正月一日，滔和上有表辭老疾，遣上足僧惠象及家人永和送傳法袈裟入內。滔和上正月十七日身亡，春秋八十九。」此事應亦由神會生前主之。（或如《景德傳燈錄》神會卒在上元元年。）《別傳》又云：「六祖卒，眾請上足弟子行滔守所傳衣，經三十五年。」若自開元二年下迄至德二年應為四十五年。越年即勅召行滔與袈裟之年。則行滔守此袈裟實歷四十七年。《別傳》係傳寫本，多有誤字，然正可見其非偽。

讀《六祖壇經》

日本刊《大正大藏》所收《六祖壇經》凡兩部，一曰《南宗頓教最上大乘摩訶般若波羅蜜經，六祖惠能大師於韶州大梵寺施法壇經》一卷，兼受無相戒弘法弟子法海集記，乃據古寫敦煌本大英博物館藏本。又一為《六祖大師法寶壇經》，風幡報恩光孝禪寺住持嗣祖比丘宗寶編，乃據增上寺報恩藏明本，及宮內省圖書寮藏寫本。此兩本詳略懸殊。然多顯有後人竄入，非原始《壇經》之真相。如法海本云上座法海向前言大師，大師去後，衣法當付何人？大師言：法即付了，汝不須問。吾滅後二十餘年，邪法遼亂（遼疑當作撩）。惑我宗旨，有人出來，不惜身命，弟佛教（弟疑當作第）是非，豎立宗旨，即是吾正法。衣不合轉（轉疑當作傳）。今按：此條疑非原文，當係神會後人所竄，神會聲勢煽於北方，故此竄亂本，亦遂流傳於敦煌也。所以知是竄入者，《壇經》既是法海集記，不當自稱上座。上文云：大師遂喚門人法海志誠法達智常志通志徹志道法珍法如神會，大師言：汝等拾弟子近前。又云：拾僧得教授已，寫為《壇經》，則法海顯是六祖門下弟子之上座，然不特加上座字。又如云：惠能大師於大梵寺講堂中，昇高座，說摩訶般若波羅蜜法，刺史（韋璩）遂令門人僧法海集記，流傳後代。亦僅稱門人，不稱上座。故知問衣法當傳何人一條，法海上特加上座字，定非法海之原本，顯由後人竄入。又此經有《壇經》傳授一條云：此《壇經》法海上座集。上座無常，付同學道漈。道漈無常，付門人悟真。悟真在嶺南漕溪山法興寺，見今傳授此法云云，此條亦顯係後人所加。法海身後以《壇經》付道漈，道漈身後又付悟真，在悟真時稱法海為上座可也，然此條絕非悟真所加，又非當時南方禪門所加，觀其云現今在嶺南漕溪山法興寺傳授云云可知。亦可即此知今傳《壇經》敦煌本自有祖本在南方，即出法海編集，而傳之道漈悟真者，而神會一條之竄入則當在悟真之後也。而今傳《壇經》敦煌本之絕非神會及其信徒偽造亦可知。

宗寶本，前有德異一序，亦云：韋使君命海禪者錄其語，目之曰《法寶壇經》，此語當遠有傳述，則《壇經》出於法海集記，當為敦煌本之祖本可知。德異序又云：惜乎《壇經》為後人節略太多，不見六祖大全之旨。德異幼年嘗見古本，自後遍求三十餘載，近得通上人尋到全文。竊疑此古本全文當從北宋契嵩來，故宗寶本亦首附契嵩〈法寶壇經贊〉一文。其所謂節略太多者，或反較近《壇經》之祖本。惜今乃無可詳考也。

宗寶本之多有增入，即在附錄宗寶跋語中已明白言之，曰：余初入道，有感於此，續見三本不同，互有得失，其板亦已漫滅。因取其本校讎，訛者正之，略者詳之，復增入弟子法益機緣，庶幾學者得盡曹溪之旨。按察使雲公從龍，深造此道，一日過山房，睹余所編，謂得《壇經》之大全。則宗寶跋明明自承多有增入矣。惟宗寶謂見三本不同，互有得失，則在前，《壇經》至少有三種不同之本，而據宗寶本，並無上引敦煌本吾滅後二十餘年，有人出來，不惜身命，第佛教是非，豎立宗旨一段，此或宗寶所見三本中，並無此條。亦可宗寶所見三本中有此條而將其刪去，此亦不可詳考。惟就宗寶跋文，明云訛者正之，僅係校正訛字，不涉考辨刪定之範圍。則敦煌本又在宗寶所見三本不同之外可知。

今若謂宗寶所見不同之三本中本無此條，則更見乃神會之徒之竄入，其本僅傳於北方，最後僅存於敦煌，故為宗寶所未見。若謂此一條或由宗寶刪去。則因當宗寶時禪宗流衍情形已與神會時大不同，故宗寶認此一條不合存在，而徑自刪去，又不再提及也。兩說固皆可通，而似以前說所猜測者為尤近情理耳。

宗寶本另有一條云：吾去七十年，有二菩薩，從東方來，一出家，一在家，同時興化，建立吾宗，締緝伽藍，昌隆法嗣。此條預言七十年後事，明見是後人加入，不煩詳論。惟其禪宗流衍，越後變化越大，故宗寶改編本，特於弟子請益機緣一門，有甚多之增入。宗寶本〈機緣篇第七〉，記弟子請益機緣，首法海，次法達，又次智通智常智道，又次為行思禪師，懷讓禪師，永嘉玄覺禪師，禪者智隍及方辯。法海乃六祖門下弟子之上座，又為集記《壇經》之主要人，而考敦煌本則並無法海請益之特別記載。其次法達智通智常智道，皆在敦煌本十弟子之列，然敦煌本記其請益語者則僅法達智常兩人。至於行思懷讓以下，則顯是宗寶增入。宗寶之跋文有曰：此經非文字也。達摩單傳直指之指也。南嶽青原諸大老，嘗因是指以明其心，復以之明馬祖石頭諸子之心。今之禪宗，流布天下，皆本是指。則宗寶之特意增入行思懷讓，乃據後以定前。禪宗自六祖以下，得南嶽青原之兩大支而宗風大暢。其事略如《論語・下論》有〈子張篇〉，所記如子張子夏子游有子諸人語，皆孔門後起之秀，而顏淵子路諸人轉不與，此必宗寶采自南嶽青原以後所傳述。當法海編錄《壇經》時或尚未有也。而宗寶特曰：此經非文字，此一語尤重要。因南嶽青原以後，皆主不立文字，而特以《壇經》傳宗也。

宗寶本於懷讓一條云：懷讓禪師初竭嵩山安國師，安發之曹溪參扣。讓至禮拜師曰：甚處來？曰：嵩山。師曰：什麼物？恁麼來？曰：說似一物即不中。師曰：還了修證否？曰：修證即不無，污染即不得。師曰：只此不污染，諸佛之所護念，汝既如是，吾亦如是。西天般若多羅讖，汝足下出一馬駒，踏殺天下人。應在汝心，不須速說。讓豁然契會，遂執侍左右一十五載，日臻玄奧。

後往南嶽，大闡禪宗。今按：此條足下出一馬駒踏殺天下人，顯指南嶽門下出一馬祖而言，其為後人竄入，自無可疑。一本或無自西天以下二十七字，即是此二十七字為隨後竄入之證。然即除去此二十七字不論，此條前文疑亦後人竄入，非《壇經》祖本所有。

於此更堪注意者，宗寶本〈機緣篇〉既多有增入，而獨不見有神會之請益。神會事見於宗寶本之〈頓漸篇〉，有一條云：一日，師告眾曰：吾有一物，無頭無尾，無名無字，無背無面，諸人還識否？神會出曰：是諸佛之本源，神會之佛性。師曰：向汝道無名無字，汝便喚作本源佛性，汝向去有把茆蓋頭，也只成箇知解宗徒。祖師滅後，會入京洛，大弘曹溪頓教，著〈顯宗記〉盛行於世。此一條亦為敦煌古本所無，然亦絕非法海祖本所有。不僅祖師滅後數語顯係後人增入，即就全條論之，亦出後人所增。惟同篇此一條前尚有一條云：神會問：和尚坐禪見與不見。師以柱杖打三下云：吾打汝，痛不痛？對曰：亦痛亦不痛。師曰：吾亦見亦不見。神會問：如何是亦見亦不見？師云：吾之所見，常見自心過愆，不見他人是非好惡，是以亦見亦不見。汝言亦痛亦不痛如何？汝若不痛，同其（按其疑當作於）木石。若痛，則同凡夫，即起恚恨。汝向前，見不見是二邊。痛不痛是生滅。汝自性且不見，敢爾弄人。神會禮拜悔謝。師又曰：汝若心迷不見，問善知識覓路。汝若心悟，即自見性，依法修行。汝自迷不見自心，卻來問吾見與不見。吾見自知，豈代汝迷。汝若自見，亦不代吾迷。何不自知自見，乃問吾見與不見。神會再禮百餘拜，求謝過慾，服勤給侍，不離左右。此一條，敦煌本亦所同有。惟字語略有異同。若謂《壇經》係出神會或其徒所偽造，則神會與其徒又何必偽造此條以見神會之深為六祖所呵。抑且疑此條亦非法海祖本所有。此條明言神會年十三，觀其與祖相語，已極見機鋒，故疑未可信。又此條前尚有一節云：師曰：知識遠來艱辛，還將得本來否。若有本，則合識主，試說看。會曰：以無住為本，見即是主。以此比較之六祖初見弘忍時問答，遠為深至。若法海祖本有此節，敦煌本又為何刪去不錄？而今宗寶本於此條後又增入汝向去有把茆蓋頭，也只成箇知解宗徒一條。又列此兩條於〈頓漸篇〉，不入〈機緣篇〉，皆可知乃此下宗門排拒神會，不許其為六祖之真傳，故斥之為知解宗徒。蓋宗門主張不立文字，而神會造詣，則終是在知解一邊也。而前面以無住為本，見即是主云云，則殆是神會聲氣大張時，南方宗門在法海祖本中先增此條，以自光門楣。至於最後祖師滅後，神會在京洛大弘頓教一節，則更見為後人竄入，而敦煌本又無之，則可見敦煌本在此等處見其更近祖本之真相。

又六祖十弟子，神會名居末，而宗寶本〈付囑篇〉，師一日喚門人法海志誠法達神會智常智通志徹志道法珍法如，神會名次升在第四，此殆由神會京洛弘宗，於禪門有大功，又其事為舉世所知，故後人將其名轉提在前。然敦煌本此條神會名仍在最後，由此更可知《壇經》自有祖本，確有來歷，神會在六祖門下，最為一小僧，故當時名刊十弟子之最後。今傳敦煌本縱對祖本有所竄人，然此條十弟子之名次則尚一仍祖本之舊，而法海則褎然為上座，《壇經》由其所編集，事更無疑。宗寶本於〈機緣篇〉特增行思懷讓諸人，而於〈付囑篇〉十弟子名字，亦終不能將思讓諸人竄入，可見《壇經》傳本，縱是逐有增竄，逐有改動，而大節依然，仍可想見也。

又清代有真樸重梓本，前有〈重刻法寶壇經凡例〉，其一條云：

得法弟子志誠志徹神會，皆在付囑之列，而前所編得法之人，則以此三人揭於〈頓漸品〉中，不預悟道機緣。蓋誠因稟秀命，竊法於曹溪，徹因北宗門人，使為南來之刺客。至若神會禪師。即為荷澤，乃襄陽人。童真出家，可謂正信。自來參禮，可謂正見。況生平未登北宗之門。且傳末云：會入宗洛，大弘曹溪頓教，何得列於誠徹之後。而墮闡提之類哉。

今按：志誠志徹神會三人，皆從神秀門下來，故同列〈頓漸品〉，且於神會下明云從玉泉來，真樸乃謂神會生平未登北宗之門。誤也。惟真樸此條，實說明了《壇經》今傳本以此三人同列〈頓漸品〉之用意。〈機緣章〉既隨後所加，而敦煌本三九南能北秀下，志誠，法達，智常，神會來參，於志誠神會中間又加進了法達智常，其義反不可說。蓋以志誠直承南能北秀條，法達條則申心行轉法華，不行法華轉，智常條則申佛說三乘，又言最上乘義，而神會一條，則申其嚴受呵斥，便為門人，不離漕溪山中，常在左右。此皆見六祖法門之廣大。是則敦煌本與今通行本神會此條之用意顯有不同，而即觀敦煌本神會來參此條，亦不見即是神會偽造也。

抑且《壇經》之本有異本，即在初期宗門，亦有指摘。南陽慧忠國師問禪客從何方來。禪客曰：南方來。師曰：南方有何知識。曰：彼方知識直下示學人即心是佛。離此之外，更無別佛。此身即有生滅，心性無始以來未曾生滅。身生滅者，如龍換骨，蛇蛻皮，人出故宅，即身是無常，其性常也。南方所說大約如此。師曰：若然者，與彼先尼外道，無有差別。吾比遊方，多見此色，近尤盛矣。聚卻三五百眾，目視雲漢，云是南方宗旨，把他《壇經》改換，添糅鄙請，削除聖意，惑亂後徒，豈成言教。苦哉！吾宗喪矣。慧忠與馬祖同在肅宗時，其時禪宗正大盛，卻已有改換《壇經》之說。上舉敦煌本有神會之徒竄亂之跡，當距馬祖慧忠時不遠，或出同時前後，而宗寶本足下出一馬駒踏殺天下人云云，顯然尚在後。則《壇經》流傳，自始即多有改換，豈不據慧忠之言而益資可信乎？《宋僧傳》云：慧忠論頓不留朕跡，語漸返常合道。則慧忠與神會馬祖意見各不同。其所指添糅鄙語，惑亂後徒，究是今傳《壇經》中何等話，則尚待參究。豈今傳〈機緣章〉如行思懷讓諸人當時已有增入乎？

余讀日本黑田亮所著《朝鮮舊書考》，內有朝鮮流傳之《壇經》一篇，引及高麗沙門知訥一跋文，論及慧忠語，謂南陽忠國師謂禪客曰：我此間身心一如，心外無餘，所以全不生滅。汝南方身是無常，神性是常，所以半生半滅，半不生滅。又曰：把他《壇經》云是南方宗旨，添糅鄙談，削除聖意，惑亂後徒。子今所得，正是本文，可免國師所訶。然細詳本文，亦身生滅心不生滅之義。如云：真如性自起念，非眼耳鼻舌能念等，正是國師所訶之義。老僧曩者依此經心，翫味忘斁，得祖師善權之意。何者？祖師為懷讓行思等密傳心印外，為韋據等道俗千餘人說無相心地戒。故不可以一往談真而逆俗，又不可一往順俗而違真，故半隨他意，半稱自證。說真如起念，非眼耳能念等語，要令道俗等先須返觀身中見聞之性，了達真如，然後方見祖師身心一如之密意耳。若無如是善權，直說身心一如，則緣目覩身生滅故，出家修道者尚生疑惑，況千人俗士，如何信受。是乃祖師隨機誘引之說也。忠國師訶南方佛法之病，可謂再整頹綱，扶現聖意。今按：知訥所辨，可謂極調解之苦心。然若就禪宗思想之主要精神言之，弘忍告惠能即曰：有情來下種，因地果還生。無情既無種，無性亦無生。惠能亦曰：師法在世間，不離世間覺，離世覓菩提，恰如求兔角。又曰，一切經書皆因人說有。世間即是有情，人即指此無常之身。不能離卻世情來講佛性，亦不能離卻生滅來講真如。若論此等即是南方宗旨，則除卻此等，《壇經》中復有何等聖意，經人削除，此處實屬大有研究。據說慧忠之無情說法無情有性之說，則只可謂慧忠見解自與惠能不同。但卻不知慧忠所見《壇經》未經添糅前之原本，固是如何也。惟《壇經》宗旨，自經神會馬祖慧忠以下，宗風所煽，愈見分歧，已非《壇經》宗旨之所能範圍，於是而有超佛越祖之談，呵佛罵祖之風，一發而不可制。而溯其淵源所自，則要之由《壇經》啟之。慧忠因不滿於《壇經》，乃謂《壇經》經人改換，添糅鄙談，削除聖意，其意固尚不至於呵佛罵祖，然已見此端倪矣。則慧忠所謂把他《壇經》改換者，實未必是真改換。然若非確有此《壇經》，又確有人把《壇經》改換，異本雜出，想慧忠亦不為此語。故根據上述，《壇經》確自有一祖本，其字句章節，確曾不斷經後人之竄改，而大體言之，可謂仍不遠違於其祖本之真面目，此則應可大體推知也。

又按：宗寶所編本又附契嵩所撰〈六祖大師法寶壇經贊〉一文，其文略曰：《壇經》者，至人之所以宣其心也。何心邪？佛所傳之妙心也。不得已況之，則圓頓教也，最上乘也，如來之清淨禪也，菩薩藏之正宗也。《壇經》曰：定慧為本者，趣道之始也。定也者，靜也。慧也者，明也。明以觀之，靜以安之。一行三昧者，法界一相之謂也。無相為體者，尊大戒也。無念為宗者，尊大定也。無住為本者，尊大慧也。夫戒定慧者，三乘之達道也。夫妙心者，戒定慧之大資也。以一妙心而統乎三法，故曰大也。無相戒者，戒其必正覺也。說摩訶般若者，謂其心之至中也。般若也者，聖人之方便也，聖人之大智也。今按：契嵩此文，一面提示《壇經》主要內容所在，由其所舉，下窺馬祖石頭以下諸祖師之語錄，即可知馬祖石頭以下，宗門提示所重，已顯較《壇經》中所討論者有大不同。又據契嵩此贊，似可推知《法寶壇經》乃其簡名，而敦煌本於《施法壇經》之前又題稱《南宗頓教最上大乘摩訶般若波羅蜜經》云云，契嵩此贊，已一一提及。又稱兼受無相戒弘法弟子法海云云，契嵩此贊似亦注意顧到。然兼受無相戒云云，只見於敦煌本，而宗寶本無之。則當時《壇經》本有詳略兩種題名，敦煌本雖流傳不廣，而敦煌本《壇經》之題名，則或不僅敦煌本如此，下及宋代，契嵩所見之《壇經》，亦可有同於如今所見敦煌本之詳題者，此亦可微辨而推也。

又按：敦煌本《壇經》有云：

刺史遂令門人僧法海集記，流行後代，與學道者承此宗旨，遞相傳授，有所依約，以為稟承，說此《壇經》。

又曰：

若論宗旨，傳授《壇經》，以此為依約。若不得《壇經》，即無稟受。無《壇經》稟承，非南宗弟子也。未得稟承者，雖說頓教法，未知根本，終不免諍。

又曰：

大師言，十弟子，已後傳法，遞相教授一卷《壇經》，不失本宗。不稟受《壇經》，非我宗旨。如今得了，遞代流行。得遇《壇經》者，如見吾親授。

依此諸條，乃說法海集記此《壇經》，得惠能親所同意。惠能不再以弘忍袈裟傳人，特以此一卷《壇經》相傳。惠能生前說法，固亦時時稱古經典中語，然此下即以此《壇經》傳法。佛教諸經典，陳義紛紜，稟承此《壇經》，即知根本，便可免諍。此即《壇經》宗旨，亦即可謂是南方宗旨，亦即韋處厚〈興福寺大義禪師銘〉所謂《壇經》傳宗也。惠能自以《壇經》傳宗，惟神會爭南頓北漸，不稱引《壇經》，而特稱袈裟，是神會特以袈裟證惠能之傳宗也。此亦證今傳敦煌本《壇經》，非出神會偽造，而神會亦未可確認其為南宗真傳矣。至胡適〈壇經考〉，既謂《壇經》由神會偽造，又謂法海集記云云，亦神會之偽託，則神會又何不稱引《壇經》，自居傳宗乎？韋處厚〈大義禪師銘〉明明特斥以《壇經》傳宗之迷真習徒，而盛稱神會得總持之印，獨耀瑩珠，是即推尊其不專承《壇經》耳。此據敦煌本上引諸條，而義旨自顯。胡氏誤解韋文，又豈止於郢書之燕說乎？

數年前，余既據日刊《大正大藏》寫有〈讀六祖壇經〉一篇，頃又得日人柳田聖山編《六祖壇經諸本集成》一冊，所收《壇經》凡十一種。

一、敦煌本。

二、興聖寺本。

今按：此本首有紹興二十三年六月晁子健記一篇，敘述自其七世祖即寶觀此經，乃寫本，至是始鏤版，今觀此本，頗與敦煌本為近。

三、金山天甯寺本。

今按：此本有政和六年隆慶菴比丘存中序。

四、大乘寺本。

按：此本同為政和六年隆慶菴比丘存中所序。

五、高麗傳本。

按：此本首有至元二十七年古筠比丘德異序。有所南翁跋，知訥跋等。

六、明版南藏本。

按：此本首有宋契嵩〈六祖大師法寶壇經贊〉一篇，宗寶編。

七、明版正統本。

按：此本在正統四年，上距德異本又一百又二年矣。

八、清代真樸重梓本。

按：此本有宋郎簡序，乃據契嵩所得曹溪古本鏤版，時在至和三年三月，又有〈重刻凡例〉，於宗寶本頗有辨難。蓋承李見羅本之意也。

九、曹溪原本。

按：此本有萬曆改元歲在癸酉李見羅序一篇，又有〈重鋟曹溪原本法寶壇經緣起〉，於宗寶本嚴加辨難，故自稱曹溪原本也。

一〇、流布本。

按：此本首載德異序，後載宗寶跋。

一一、金陵刻經處本。

按：此本亦稱曹溪原本，民國十八年重刊。

會合而觀，《壇經》曹溪本皆出北宋之契嵩，溯其最先當在致和。德異宗寶承之。而宗寶本乃特有所增，明萬曆後之曹溪原本，亦出同源，惟於宗寶本文字上多有覈正而已。至唐本現存者，則惟有敦煌一本，契嵩所據之曹溪祖本，無可尋究矣。

《六祖壇經》大義

在後代中國學術思想史上有兩大偉人，對中國文化有其極大之影響，一為唐代禪宗六祖惠能，一為南宋儒家朱熹。六祖生於唐太宗貞觀十二年，卒於玄宗先天二年，當西曆之七世紀到八世紀之初，距今已有一千兩百多年。朱子生於南宋高宗建炎四年，卒於寧宗慶元六年，當西曆之十二世紀，到今也已七百八十多年。惠能實際上可說是唐代禪宗的開山祖師，朱子則是宋代理學之集大成者。一儒一釋，開出此下中國學術思想種種門路，亦可謂此下中國學術思想莫不由此兩人導源。言其同，則惠能是廣東人，朱子生卒皆在福建，可說是福建人，兩人皆崛起於南方，此乃中國文化由北向南之大顯例。言其異，惠能不識字，而朱子博極群書，又恰成一兩極端之對比。

學術思想有兩大趨向互相循環，一曰積，一曰消。孟子曰：「所存者神，所過者化」。存是積，化是消。學術思想之前進，往往由積存到消化，再由消化到積存。正猶人之飲食，一積一消，始能營養身軀。同樣，思想積久，要經過消化工作，才能使之融會貫通。觀察思想史的過程，便是一積一消之循環。六祖能消能化，朱子能積能存。所以中國傳統文化的儒釋融合，如乳投水，經惠能大消化之後，接著朱子能大積存，這二者對後世學術思想的貢獻，也是相輔相成的。

自佛教傳入中國，到唐代已歷四百多年。在此四百多年中，求法翻經，派別紛歧。積存多了，須有如惠能其人者出來完成一番極大的消的工作。他主張不立文字，以心印心，直截了當的當下直指。這一號召，令人見性成佛，把過去學佛人對於文字書本那一重擔子全部放下。如此的簡易方法，使此下全體佛教徒，幾乎全向禪宗一門，整個社會幾乎全接受了禪宗的思想方法，和求學路徑，把過去吃得太多太膩的全消化了。也可說，從惠能以下，乃能將外來佛教融入於中國文化中而正式成為中國的佛教。也可說，惠能以前，四百多年間的佛教，犯了「實」病，經惠能把它根治了。

到了宋代，新儒學興起，諸大儒如周敦頤、程顥、程頤、張載諸人，他們都曾參究佛學，其實他們所參究的，也只以禪宗為主。他們所講，雖已是一套新儒學，確乎與禪宗不同。但平心而論，他們也似當時的禪宗，同樣犯了一個虛病，似乎肚子喫不飽，要待朱子出來大大進補一番。此後陸王在消的一面，明末顧王諸大儒，在積的一面。而大體說來，朱子以下的中國學術界，七八百年間，主要是偏在積。

佛教有三寶，一是佛，一是法，一是僧。佛是說法者，法是佛所說，但沒有了僧，則佛也沒了，法也沒了。佛學起於印度，而後來中斷了，正因為他們沒有了僧，便亦沒有了佛所說之法。在中國則高僧大德，代代有之，綿延不絕，我們一讀《歷代高僧傳》可得其證，因此佛學終於成為中國文化體系中之一大支。而惠能之貢獻，主要亦在能提高僧眾地位，擴大僧眾數量，使佛門三寶，真能鼎足並峙，無所軒輊。

讓我們再來看一看當前的社會，似乎在傳統方面，已是蕩焉無存，又犯了虛病。即對大家內心愛重的西方文化，亦多是囫圇吞棗，亂學一陣子，似乎又犯了一種雜病，其實則仍還是虛病。既試問高唱西化的人，那幾人肯埋首繙譯，把西方學術思想，像惠能以前那些高僧們般的努力。既無積，自也沒有消。如一人長久營養不良，虛病愈來愈重。此時我們要復興中國文化，便該學朱子。把舊有的能好好積。要接受西方文化，便該學惠能，把西方的能消化融解進中國來。最少亦要能積能存。把西方的移地積存到中國社會來，自能有人出來做消化工作。到底則還需要有如惠能其人，他能在中國文化中消化佛學，自有惠能而佛學始在中國社會普遍流傳而發出異樣的光采。

講佛學，應分義解、修行兩大部門。其實其他學術思想，都該並重此兩部門。如特別著重在義解方面而不重修行，便像近世中國高呼西化，新文化運動氣焰方盛之時，一面說要全部西化，一面又卻要打倒宗教，不知宗教亦是西方文化中一大支。在此潮流下，又有人說佛教乃哲學，非宗教，此是僅重義解思辨，卻蔑視了信奉修行。兩者不調和，又成為近代中國社會一大病痛。

稍進一層講。佛教來中國，中國的高僧們早已不斷在修行義解兩方面用力，又無意中不斷把中國傳統文化滲進佛教，而使佛法中國化。惠能以前，我且舉一竺道生為例。竺道生是東晉南宋間人，他是第一個提倡頓悟的。所謂「頓悟」，我可簡單把八個字來說，即是：「義由心起，法由心生」。一切義解，不在外面文字上求，都該由心中起。要把我心和佛所說法迎合會一，如是則法即是心，心即是法。但須悟後乃有此境界，亦可謂得此境界乃始謂之悟。悟到了此境界，則佛即是我，我即是佛。信法人亦成了說法人。如竺道生說一闡提亦得成佛，明明違逆了當時已譯出之小品《泥洹經》之所云。但竺道生卻說，若我錯了，死後應入拔舌地獄；若我說不錯，則死後仍將坐獅子座宣揚正義。此後惠能一派的禪宗，正是承此「義由心起，法由心生」之八字而來。

此前佛門僧眾，只知著重文字，宣講經典，老在心外兜圈子，忽略了自己根本的一顆心。直到不識一字的惠能出現，才將竺道生此一說法付之實現。固然竺道生是一博學僧人，和惠能不同，兩人所悟亦有不同。然正為竺道生之博學，使人認為其所悟乃由一切經典文字言說中悟。惟其惠能不識一字，乃能使人懂得悟不自一切經典文字言說中悟，而實由心悟，而禪宗之頓悟法乃得正式形成。

今天我將偏重於惠能之「修」，不像一般人只來談他之悟。若少注意到他的修，無真修，又豈能有真悟？此義重要，應大家注意。惠能是廣東人，在他時代，佛法已在中國漸漸地普及民間。佛法從兩條路來中國：一從西域到長安，一從海道到廣州。當惠能出世，在廣州聽聞佛法已早有此機緣。

據《六祖壇經》記載，惠能是個早喪父的孤兒，以賣柴為生。他亦是一個孝子，以賣柴供養母親。一日背柴到城裏賣，聽人念《金剛經》，心便開悟。此悟正是由心領會，不藉旁門。惠能便問此誦經人，這經從何而來，此人說：是從湖北黃梅縣東山禪寺五祖那裏得來。但惠能身貧如洗，家有老母，要進一步前去黃梅聽經是不易之事，有人出錢助他安置了母親，獨自上路前往黃梅。我們可說，他聽到其人誦《金剛經》時是初悟，此後花了三十餘天光陰從廣東到黃梅，試問在此一路上，那時他心境又如何？他自然是抱著滿心希望和最高信心而前去，這種長途跋涉的艱苦情況，無疑是難能可貴的。我們可想知他在此三十餘天的路程中，實有他的一番修，此是真實的心修。

到了黃梅，見到五祖弘忍。弘忍問他：「你何方人，前來欲求何物？」他說：「惟求作佛，不求餘事。」這真是好大的口氣呀！請問一個不識字人如何敢如此大膽？當知這正與他三十餘天一路前來時的內心修行有大關係，不是臨時隨口能出此大言。他那時的心境，早和在廣東初聞人誦《金剛經》時，又進了一大步，此是他進一步之悟。

當時弘忍再問：「你是嶺南人，又是獠獦，若為堪作佛？」他答說：「人雖有南北，佛性本無南北。獠獦身與和尚不同，佛性有何差別。」此一語真是晴天霹靂，前無古人。想見惠能一路上早已自悟到此。在他以前，固是沒人說過，在他之後，雖然人人會說，然如鸚鵡學舌，卻不能如惠能般之由心實悟。弘忍一聽之下，便知惠能不是泛泛之徒，為使他不招意外，故將明珠暗藏，叫他到後院去做劈柴舂米工作。惠能眼巴巴自廣東遙遠來黃梅，一心為求作佛，卻使他去廚下打雜做粗工，這真是所為何來？但他毫不介意，天天在廚下劈柴舂米，此時他心境應與他到黃梅初見五祖時心境又大不同。這些工作，好像與他所要求的毫不相干，其實他亦很明白，五祖叫他做此雜工，便正是叫他「修」，也便是做佛正法啊！

惠能在作坊苦作已歷八個月，一天，弘忍為要考驗門下眾僧徒工夫境界，叫大家寫一偈，自道心得。大家都不敢寫，只有首座弟子神秀不得不寫，在牆壁上寫一道偈說：「身是菩提樹，心是明鏡臺，時時勤拂拭，勿使惹塵埃。」這首偈卻又不敢直陳五祖，但已立時傳遍了東山全寺，也傳到了惠能耳中。惠能一時耐不住，也想寫一偈，但不識字，不能寫，只好口念請人代筆寫道：「菩提本無樹，明鏡亦非臺，本來無一物，何處惹塵埃？」我們又當知，此「本來無一物」五字，正指心中無一物言，這是他在磨坊中八個月磨米磨出來的。只此一顆清清淨淨的心，沒有不快樂，沒有雜念，沒有渣滓，沒有塵埃，何處再要拂拭？此正是惠能自道心境，卻不是來講佛法。此時則已是惠能到家之悟了。

五祖弘忍見了惠能題偈，對於他身後傳法之事，便有了決定。他到磨坊問惠能：「米熟了沒有？」答稱：「早已熟了。」弘忍便以杖擊碓三下，背手而去。有這老和尚這一番慈悲心與其一代宗師之機鋒隱語，配上惠能智慧大開，心下明白。叫他劈柴就劈柴，教他舂米就舂米，不折不扣，潛心暗修，時機一到，便知老和尚有事要他去，他便於三更時分，由後門進入老和尚禪房。弘忍便把宗門相傳衣缽付給與惠能，囑他趕快離開黃梅以防不測。惠能說：深夜不熟路徑，五祖遂親自把他送到江邊，上了渡船，離開了黃梅。我們讀《壇經》看他們師弟間八個月來這一番經過，若不能直透兩人心下，只在經文上揣摩，我們將會是莫明其妙，一無所得。由上說來，我們固是非常佩服六祖，亦不能不佩服到五祖。但五祖也不是一個博學僧人呀！

兩個月後，六祖到了大庾嶺，但在黃梅方面，衣缽南去的消息也走漏了，好多人想奪回衣缽，其中一人腳力健快，趕到大庾嶺見到了惠能。所謂善者不來，來者不善，這位曾經是將軍出身的陳惠明追趕六祖的目的，無非是在衣缽上。即時六祖便把衣缽放置石上，陳惠明拿不動衣缽，轉而請教六祖，問：「如何是我本來面目？」六祖說：「你既然為法而來，可屏息諸緣，勿生一念。」良久又說：「不思善，不思惡，正與麼時，那個是明上座本來面目。」陳惠明言下大悟。

這是《壇經》的記載。但以我個人粗淺想法，惠能本不該把五祖傳授衣缽輕易交與陳惠明，可是逼於形勢，又不能堅持，所以置之石上。意謂我並無意把衣缽給你，你如定要強搶，我也不作抗拒。另一方面的陳惠明，本意是在奪回衣缽，待一見到衣缽置於石上，卻心念一轉，想此衣缽不好奪取，所以又轉向惠能問他自己本來面目，這正由要衣缽與不要衣缽這一心念轉變上來請問。若說衣缽在石上，惠明拿不動，似乎是故神其辭，失去了當時實況，但亦同時喪失其中一番甚深義理，這也待我們心悟其意的人來善自體會了。我們當知，見衣不取，正是惠明心中本來面目，而惠能此一番話，則成為其第一番之初說教。

惠能承受衣缽之後，又經歷了千辛萬苦，他自說那時真是命如懸絲。他是一不識字的人，他在東山禪寺，也未正式剃髮為僧，他自知不得行化太早，所以他只是避名隱跡於四會獵人隊中，先後有十五年之久。每為獵人守網，見到投網的生命，往往為牠們放出一條生路。又因他持戒不吃葷，只好吃些肉邊菜。惠能在此漫長歲月中，又增長了不少的潛修工夫。比之磨坊八月，又更不同。

後來到了廣州法性寺，聽到兩個僧人在那裏爭論風動抑是旛動。惠能想，我如此埋藏，終不是辦法，於是他上前開口說：「不是風動，不是旛動，而是仁者心動。」此語被該寺座主印宗聽到，印師也非常人，早已傳聞五祖衣缽南來，如今一聽惠能出語，便疑他是受五祖衣缽的人。一問之下，惠能也坦白承認了。諸位又當知，此「仁者心動」四字，也並不是憑空說的。既不如後來一般禪師們之浪作機鋒，也不如近人所想，如一般哲學家們之輕肆言辨。此乃惠能在此十五年中之一番真修實悟。風動旛動，時時有之。命如懸絲，而其心不動，這純是一摑一掌血的生活經驗凝鍊而來。惠能只說自己心情，只是如實說法，不關一切經典文字。自五祖傳法，直到見了印宗，在此十五年中，惠能始終還是一個俗人身分，還沒有受比丘的具足戒。自見印宗後，才助他完成了出家人和尚身分。此下纔是他正式設教度人的開始。

六祖不識字，在他一生中所說法，只是口講給人聽。今此一部《六祖壇經》之所有文字，乃是他門人之筆錄。他門人也把六祖當時口語，盡量保存真相，所以《六祖壇經》乃是中國第一部白話作品。宋明兩代理學家之語錄，也是受了此影響。依照佛門慣例，佛之金口說法始稱「經」，菩薩們的祖述則稱「論」。只有惠能《壇經》卻稱「經」，此亦是佛門中一變例，而且是一大大的變例。這一層，我們也不該忽略過。若說《壇經》稱「經」，不是惠能之意，這又是一種不必要的解說。

我們必要明白了惠能東山得法此一段前後十六年之經過，纔能來談惠能之《壇經》。《壇經》中要點固多，但在我認為，所當注意的以下兩點最重要。

其一，是佛之自性化：竺道生已說，一切眾生都有佛性，此佛性問題不是惠能先提出。惠能講「心即是佛」，反轉來說則成為佛即是心。此與竺道生所說也有些區別。惠能教我們見性成佛，又說言下見性，又說佛向性中作，莫向身外求。自性能含萬法，萬法在人性中。能見性的是我此心。故說萬法盡在自心，何不從自心中頓見真如本性。他說：但於此心常起正念，煩惱塵勞常不能染，即是見性。又說：能識自心見性，皆成佛道。他強調自修心，自修身，自性自度。又說自修自行自成佛道。此乃惠能之獨出前人處，亦是惠能所說中之最偉大最見精神處。

其二，是佛之世間化：他說「萬法皆由人興」，「三藏十二部皆因人置」。「若無世人，一切萬法本自不有」。「欲求見佛，但識眾生。不識眾生，則萬劫覓佛難逢」。這樣講得何等直截痛快！

總而言之，惠能講佛法，主要只是兩句話，即「人性」與「人事」。他教人明白本性，卻不教人屏棄一切事。所以他說：「恩則孝養父母，義則上下相憐，讓則尊卑和睦，忍則眾惡無喧」。所以他又說，「若欲修行，在家亦得，不由在寺。」又說：「在家能行，如東方人心善。在寺不修，如西方人心惡。」又說：「自性西方。」他說：「東方人造罪念佛，求生西方，西方人造罪念佛，又求生何國？」又說：「心平何用持戒，行直何用修禪。」這些卻成為佛門中極革命的意見。惠能講佛法，既是一本心性，又不屏棄世俗，只求心性塵埃不惹，又何礙在人生俗務上再講些孝弟仁義齊家治國。因此唐代之有禪宗，從上是佛學之革新，向後則成為宋代理學之開先，而惠能則為此一大轉捩中之關鍵人物。

現在我再講一則禪門寓言來作此文之結束。那寓言云：有一個百無一失的賊王，年老預備洗手不幹了，他兒子請老賊傳授做賊技巧。某夜間，老賊帶他兒子到一富家行竊，命兒上樓入室，他卻在外大叫捉賊。主人驚醒，兒子無法躲入櫃中。急中生智，故自作聲，待主人掀開櫃門，他便一衝逃走。回家後，埋怨老賊。這時賊王卻向他說，他可以單獨自去做賊了。這是說法從心生，真修然後有真悟。牢記這兩點，卻可幫助我們了解惠能以下禪門許多故事和其意義之所在。

民國五十八年三月《中央日報・副刊》

記《壇經》與《大涅槃經》之定慧等學

六祖係一不識字人，其創禪家南宗頓教，實為遙符南朝晉宋間高僧竺道生頓悟義。而生公之孤明獨發，乃自主張一闡提亦得成佛說來。此一辨論起於《大涅槃經》。後人論禪學，多注意在《楞伽經》與《金剛經》。顧考六祖始末，亦不能謂與《涅槃經》無關。略著其說，以備談禪者作參考。

《傳燈錄・卷五》，廣州法性寺印宗和尚者，吳郡人，姓印氏，從師出家，精《涅槃》大部。曾行蘄州謁忍大師。後於廣州法性寺講《涅槃經》，遇六祖能大師，始悟法理，以能為傳法師。今按：印宗亦吳人，其治《涅槃經》，或可與生公有關。其在廣州法性寺講《涅槃經》，六祖預聽眾之席。因論風動旛動，而得印宗敬禮，因問如何是佛法不二之法，六祖云：法師講《涅槃經》，明佛性是佛法不二之法。凡夫見二，智者了達，其性無二。無二之性即是佛性。印宗聞說，歡喜合掌，言某甲講經，猶如瓦礫。仁者論義，猶如真金。於是為六祖薙髮，願事為師。此事見《壇經．行由品》。據此知六祖曾聞印宗講《涅槃經》，雖歷時幾日，所聞幾何，今不可知，要之六祖從頭聽人講經，殆惟此一次。然此事大可注意。至印宗云佛性是佛法不二之法，此即承生公說來。惟印宗只能依文作解，故自云猶如瓦礫。六祖則直透奧義，故印宗尊之，謂其猶如真金也。

又《壇經．機緣品》，師自黃梅傳法，回至韶州曹侯村，人無知者。時有儒士劉志略，禮遇甚厚。志略有姑為尼，名無盡藏，常誦《大涅槃經》。師暫聽，即知妙義，遂為解說。尼乃執卷問字，師曰：字即不識，義即請問。尼曰：字尚不識，焉能會義。師曰：諸佛妙理，非關文字。尼驚異之，遍告里中耆德云，此是有道之士，宜請供養。有曹叔良及居民競來瞻禮，遂於寶林古寺故基，重建梵宇，延師居之。住九月餘日，又為惡黨尋逐。此事又見《傳燈錄》、《五燈會元》、《正宗記》諸書。惟謂在六祖去黃梅之前，今作在黃梅回至韶州之後，當以後說為是。劉志略據《萬姓統譜》，乃劉志道之子，此事殆無可疑。是六祖先曾於無盡藏口誦中獲聞《大涅槃經》，後又參印宗之講會也。

〈定慧品〉師示眾云：善知識，我此法門，以定慧為本。大眾勿迷言定慧別，定慧一體不是二。定是慧體，慧是定用。即慧之時定在慧，即定之時慧在定，若識此義，即是定慧等學。按：

《涅槃經・北本・三十一》，善男子，十住菩薩，智慧力多，三昧力少，是故不得明見佛性。聲聞緣覺，三昧力多，智慧力少，以是因緣，不見佛性。諸佛世尊定慧等，故明見性佛。又云：定慧等學，明見佛性。是六祖言見佛性，固本諸《涅槃》。其言定慧等，亦出《涅槃》。〈頓漸品〉六祖告志徹，《涅槃經》吾昔聽尼無盡藏讀誦一遍，便為講說，無一字一義不合經文。是則六祖曾聽《涅槃經》一遍，此故事六祖門下殆無不知之也。

〈機緣品〉法海初參六祖，問即心即佛，曰：前念不生即心，後念不滅即佛。成一切相即心，離一切相即佛。又示以偈曰：即心名慧，即佛乃定，定慧等持，意中清淨。悟此法門，由汝習性。用本無生，雙修是正。法海以偈讚曰：即心元是佛，不悟而自屈。我知定慧因，雙修離諸物。近人胡適見《神會語錄》亦言定慧等，因疑《壇經》此等處皆神會所造。不知六祖與《涅槃經》有因緣，豈無盡藏與印宗之故事皆出神會揑造乎。又若出神會揑造，何為獨揑造六祖與法海之兩偈，法海固是《壇經》著錄人也。

六祖既主定慧等學，則自不贊成由定得慧之坐禪法。〈機緣品〉禪者智隍初參五祖，自謂已得正受，庵居長坐，積二十年。六祖弟子玄策告以非是，智隍遂謁六祖。是則先從遊於五祖之門者，亦仍以坐禪為要可知。

又〈頓漸品〉神秀命其門人志誠去曹溪參決，六祖問曰：汝師若為示眾。對曰：常指誨大眾，住心觀淨，長坐不臥。師曰：住心觀淨，是病非禪。是神秀亦以住心觀淨為教。《宋高僧傳》神秀遇忍師，以坐禪為務，乃歎伏曰：此真吾師。是則坐禪之教，正是東山法門。圭峯《禪源詮・二》有云：息妄者，息我之妄。修心者，修唯識之心。故同唯識之教。既與佛同，如何毀他漸門。息妄看靜時拂拭，凝心住心，專注一境，及跏趺調身調息等，種種方便，悉是佛所勸讚。淨名云：不必坐，不必不坐。坐與不坐，任逐機宜。凝心運心，各量習性。當高宗大帝乃至玄宗朝時，圓頓本宗，未行北地，惟神秀禪師大揚漸教，為二京法主，三帝門師，全稱達摩之宗，又不顯即佛之旨。曹溪荷澤恐圓宗滅絕，遂呵毀住心、伏心等事，但是除病，非除法也。況此之方便，本是五祖大師教授，各皆印可，為一方師。達摩以壁觀，教人安心，外止諸緣，內心無喘，心如牆壁，可以入道，豈不正是坐禪之法。又廬山遠公與佛陀耶舍二梵僧所譯《達摩禪經》兩卷，具明坐禪門戶漸次方便。與天台及神秀門下意趣無殊。故四祖數十年中脅不至席，即知了與不了之宗。各由見解深淺，不以調與不調之行而定法義偏圓。但自隨病對治，不須讚此毀彼。宗密此言，甚為圓通。胡氏不察，乃謂〈定慧品〉有人教坐，看心觀靜，不動不起，此種禪出自北宗門下的普寂，可知此種駁議，不會出於惠能生時，乃是神會駁斥普寂的話。不知普寂降魔等教人凝心入定，住心看淨，起心外照，攝心內證，此皆遠有來歷。胡氏於佛門故事不細查考，猶可說，乃既盛推神會，而不細看宗密之書，則不得不謂是一大輕率也。

讀《少室逸書》

研討唐代禪宗思想，必以六祖惠能為其先後轉捩之中心人物。六祖以前雖經衣缽相傳，要可謂之是舊禪。六祖以後，諸宗競起，始為新禪。新禪諸祖師之思想義理，皆可於《壇經》溯其源。若在《壇經》以前，已有此後新禪諸祖師之意見，又為之詳闡細述，一若成為《壇經》思想之所從出，實則乃《壇經》思想盛行以後所偽託。若於此不加辨別，則一部唐代禪宗思想史全成顛倒紊亂，將難條理，而此後新禪諸祖師血脈精神所在，亦均無可把握矣。

姑舉一例言之。

《壇經》云：

善知識，摩訶般若波羅密是梵語，此言大智慧，到彼岸。此須心行，不在口念。

何名摩訶，摩訶是大。心量廣大猶如虛空。……心如虛空，名之為大，故曰摩訶。善知識，迷人口說，智者心行。

善知識，何名般若。般若者，唐言智慧也。一切處所，一切時中，念念不愚，常行智慧，即是般若行。一念愚，即般若絕。一念智，即般若生。世人愚迷，不見般若。口說般若，心中常愚。

何名波羅密，此是西國語。唐言到彼岸。解義離生滅，著境生滅起。如水有波浪，即是於此岸。離境無生滅，如水常通流，即名為彼岸。故號波羅密。

又曰：

惠能與諸人移西方如剎那間，目前便見，各願見否？眾皆頂禮云：若此處見，何須更願往生。願和尚慈悲，便現西方，普令得見。師言：大眾，世人自色身是城，眼耳鼻舌是門。外有五門，內有意門。心是地，性是王。王居心地上。性在，王在。性去，王無。性在，身心存。性去，身心壞。佛向性中作，莫向身外求。自性迷，即是眾生。自性覺，即是佛。慈悲即是觀音，喜捨名為勢至。能淨即釋迦，平直即彌陀。人我是須彌，邪心是海水。煩惱是波浪，毒害是惡龍，虛妄是鬼神，塵勞是魚鼈，貪嗔是地獄。愚癡是毒生。

上引《壇經》，粗看只是譯梵語成唐言，實是將佛法歸入日常人生中，而一本之於自心自性。所謂一切萬法不離自性。何期自性本自清淨，本不生滅，本自具是，本無動搖，能生萬法也。惠能當日碓坊一悟，三鼓入五祖室，親受衣缽，主要精詣只在此。當知此等意本不從文字得來。若謂上來諸僧早有此等說法，並各已見之文字著作，則何以謂東山法門，乃為一新州獦獠獨得，而新禪諸宗之競起，亦不待曹溪開山之後。此所謂截斷眾流語。此下長江大河，則全從此一滴真源流出，故不得不鄭重認取也。

余讀《少室逸書・修心要論》而感其有可疑者。〈要論〉有云：

夫修道之本體，須識當身心本來清淨，不生不滅，無有分別。自性圓滿清淨之心，此是本師，乃勝念十方諸佛。

又五祖弘忍說《最上乘論》，亦謂：

夫修道之本體，須識當身心本來清淨，不生不滅，無有分別。自性圓滿清淨之心，此是本師，乃勝念十方諸佛。

兩書取名不同，而內容則一。惟一屬達摩，一屬五祖弘忍。時間上大不同。但不論為達摩抑弘忍，要之先有持此論者，抑且見之撰造。惠能不識字，特把此改用口語複述一遍，試問其他識字僧人何俱於此茫然，乃並不知六祖所說僅只是達摩乃及弘忍之緒言陳論乎？

又《少室逸書》中有達摩和尚〈觀心破相論〉，由慧可問，達摩答。

慧可問云：經中所說六波羅密者，亦名六度，所謂布施持戒忍辱精進禪定智慧。今言六根清淨，六波羅密，若為通會。又六度者其義云何？達摩答曰：欲修六度，當淨六根。欲淨六根，先降六賊。能捨眼賊，離諸危境，心無顧恪，名為布施。能禁耳賊，於彼聲塵，勿令縱逸，名為持戒。能除鼻賊，等諸香臭，自在調柔，名為忍辱。能制舌賊，不貪邪味，讚詠講說，無疲厭心，名為精進。能降身賊，於諸觸欲，其心湛然不動，名為禪定。能攝意賊，不順無明，常修覺惠，樂諸功德，名為智慧。若能永除六賊，常修淨六根，是名六波羅密行。又度者運也。六波羅密喻如船筏，能運眾生達於彼岸，故名六度。

今按：《壇經》只說波羅密唐言到彼岸，六波羅密，指布施持戒忍辱精進禪定智慧，乃是舊說。今云六波羅密即六根清淨，無怪有難為會通之問。答語顯屬強說，不必一一致辨。今所欲辨者，是否達摩以前已有六波羅密即指六根清淨之說而始引起慧可之問。又是否達摩真曾作此強解以答?此一條即可證〈觀心破相論〉之可疑，為後人之妄託。

〈觀心破相論〉繼此後續問：

經中說佛言眾生修伽藍、鑄形象、燒香散花、然長明燈、晝夜六時繞塔行道。持齋禮拜種種功德，皆成佛道。若唯觀心，總攝諸行，說如是事，應虛妄也。達摩答：言伽藍，西域梵音，此地翻為清淨處地。若身心湛然，內外清淨，是名為修伽藍。又鑄寫形象，豈道鑄寫金銅之作。求解脫者，以身為鑪，以法為火，智慧為工匠，三聚淨戒六波羅密以為畫樣，鎔鍊身心真如佛性，遍入一切戒律模中，如教奉行，以無缺漏?自然成就真容之像。所謂究竟常住微妙法身。燒香者，亦非世間有相之香，乃薰諸穢惡業悉令消滅。散花者，所謂演說正法諸功德花。佛所稱歎，究竟常住，無凋落期。長明燈者，正覺心也。常然如是真如正覺燈，照破一切無明癡暗，能以此法轉相開悟，即是一燈然百千燈，以燈續明，明終不盡，以無盡故，號曰長明。六時行道者，長時不捨，名曰六時行道。又持齋，所謂齊整身心，不令散亂。言斷食者，斷於無明惡業之食。又禮拜，若能惡情永斷，善念恒存，雖不見相，常名禮拜。又念佛者，在口曰誦，在心曰念。念從心起，名為覺行之門。誦在口中，即是音聲之相。執相求福，終無是處。

凡其所答，較之《壇經》所謂：慈悲即是觀音，喜捨名為勢至。能淨即釋迦，平直即彌陀，一屬正解，一為曲說。雙方高下判然。豈惠能如此豁達，而達摩顧如此庸劣乎？較之將來與汝安六字亦復有霄壤之別。又修伽藍、鑄形象、燒香散花、然長明燈、晝夜繞塔、持齋禮拜等，在達摩時應是佛門普通法事，此下新禪盛行，對此等多肆譏斥，何得謂於達摩時，已對慧可作此破相之論。則試問慧可以下至於弘忍，歷代山門法規，究是如何，豈於此等早已全不理會，全成廢棄乎？故知〈觀心破相論〉，斷係後人偽造，非真達摩慧可當年有此問答。

既定〈觀心破相論〉之偽，〈修心要論〉與《最上乘論》亦可例推。蓋《壇經》重在捨棄經論直指本心，而〈修心要論〉則重在就此本心再於經論求證說，此在思想路線之進展上，孰在前，孰在後，自可不煩深辨而知。今粗舉其要如次：

問曰：何知自心本來清淨？
答曰：《十地論》云：眾生身中有金剛佛性云云。
問曰：何知自心本來不生不滅？
答曰：《維摩經》云：如無有生如無有滅云云。
問曰：何名自心為本師？

答曰：此真心者，自然而有，……故知三世諸佛，以自心為本師。

故論云：眾生者，依妄識波浪而有，體是虛妄。了然守心，妄念不起，即到彼無生。故知心為本師。

問曰：云何凡心得勝佛心？

答曰：《金剛般若經》云：若以色見我，以音聲求我，是人行邪道，不能見如來。

問曰：眾生與佛，真體既同。何故諸佛不生不滅，受無量快樂，自在無碍。我等眾生，墮生死中，受種種苦。

答曰：《心王經》云：真如佛性，沒在知見六識海中，沉淪生死，不得解脫。努力會是，守本真心，妄念不生，我所心滅，自然與佛平等。

問曰：真如法性，同一無二，迷應俱迷，悟應俱悟，何故佛獨覺悟，眾生昏迷？

答曰：《維摩經》云：無自性，無他性。法本無生，今則無滅。此悟即離二邊，入無分別智。若解此義，但於行住坐臥，恒常凝然，守本淨心。妄念不生，我所心滅，自然證解。欲知法要，守心第一。此守心者，乃是涅槃之根本，入道之要門。十二部經之宗，三世諸佛之祖。

問曰：何知守心是入道之要？

答曰：《經》云：制心一處，無事不辦。故知守心是入道之要。

問曰：何知守真心是十二部經之宗？

答曰：《涅槃經》云：知佛不說法者，是名具足多聞。故知守真心者，是十二部經之要。

觀上引，凡諸發問，如自心本來清淨，心為本師，凡心得勝佛心，眾生與佛真體同，真如法性，同一無二，守心是涅槃根本，守心是入道之門，是十二部經之宗，是三世諸佛之祖云云，此諸觀念，多自《六祖壇經》擺棄經論，直指心性，新禪諸宗既盛以後，乃始流傳。若成為佛法門中一種普遍討論之話題。在弘忍時（《最上乘論》）或達摩東來時（〈修心要論〉）已有人提出此等話題，則試問此等話題又何自而來？若人人早已知得此等話題，惠能不過以不識字人亦預聞知而已。《壇經》所云，轉成無聊，不致轟動一世。

又且弘忍（《最上乘論》）與達摩（〈修心要論〉）之答此諸話題，既已全部承許，又必雜引諸經論以作證明與解說之用。一若表示此諸話題在經論中全已涵有，凡諸答語，雜引經論，最多不過憑問者之話題而為經論增重，則試問提出此諸話題者，達摩弘忍以外又屬何人？

今按：《續高僧傳》達摩以四卷《楞伽》授慧可，《六祖壇經》弘忍以《金剛經》指點惠能。具後宗密乃謂《金剛》、《楞伽》，此二經是我心要。而此論所引有《十地論》，有《維摩經》，有

《金剛般若經》，有《心王經》，有《涅槃經》，有《法華經》，此豈亦是禪宗自達摩下迄弘忍相傳，以為彼宗傳法之主要經典乎？

又〈修心要論〉與《最上乘論》之最後同有一跋云：

上來集此論者，直以信心，依文取義，作如是說，實非了了證知。若乖聖理者，願懺悔除滅。若當聖道者，願迴施眾生。願皆識本心，一時成佛。

可見集此論者，乃出依文取義之徒，又自承實非了了證知。諸話題早盛行，集論者自承非能了了證知，只依文取義，雜引經論以證說此諸話題，如此著述，又豈真出於達摩弘忍之手乎？可知集此論者，不僅非自身有聞於達摩弘忍，抑且亦非後起新禪諸宗之嫡裔，真能透悟到新禪諸宗所提出之義理深處。特習聞新禪緒言，而依文取義，向諸經論中求證，故自承於此諸義未能了了證知也。

且同此一書，既云出於達摩，又云為五祖弘忍說。真不俱真、偽可俱偽。《師資記》有云：其忍大師，蕭然淨坐，不出文記，口說玄理，默授與人，在人間有禪法一本，云是忍禪師說者謬言也。今不知此人間禪法一本，是否即指《最上乘論》。要之弘忍不出文記，則據《師資記》而可知。今果謂弘忍實無《最上乘論》，又豈得謂達摩有〈修心要論〉乎？

又《師資記・慧可傳》有云：

《十地經》云：眾生身中有金剛佛性，猶如日輪，體明圓滿，廣大無邊，只為五陰重雲覆障，眾生不見。若逢智風，飄蕩五陰，重雲滅盡，佛性圓照，煥然明淨。《華嚴經》云：廣大如法界，究竟如虛空。

又曰：

亦如世間雲霧，八方俱起，天下陰暗，日光豈得明淨。日光不壞，只為雲霧覆障。一切眾生清淨之性亦復如是。只為攀援妄念諸見，煩惱重雲，覆障聖道，不能顯了。默然靜坐，大涅槃日自然明淨。

又曰：

若了心源清淨，一切願足，一切行滿，一切皆辦，不受後有。得此法身者，恒沙眾生莫過有一。億億劫中時有一人與此相應耳。

又曰：

若精誠不內發，三世中縱值恒沙諸佛，無所能為。是知眾生識心自度，佛不度眾生。佛若能度眾生，過去逢無量恒沙諸佛，何故我等不成佛？只是精誠不內發。

上列諸節，皆見今〈修心要論〉與《最上乘論》中。豈《師資記》所云人間有禪法一本，謬託弘忍者，即指此言乎？抑其時有〈修心要論〉，而尚未有《最上乘論》，《師資記》所謂人間有禪法一本者係別有所指乎？然若《師資記》作時，先見有〈修心要論〉，豈《師資記》作者認為是慧可之說乎？向來稱禪宗不立文字，以心傳心，語錄傳世，亦是不立文字，豈慧可當時，已有〈要論〉之著述乎？凡此固無確實反證可資推斷，要之此等語皆出後人偽託，則大體可定。

又按：《少室逸書》第一篇〈雜錄第一〉有一條云：

修道法，依文字中得解者，氣力弱。若從事上得解者，氣力壯。從事中見法者，即處處不失念。從文字中解者，逢事即眼闇。經論談事與法疎，雖口談事，耳聞事，不如身心自經事，若即事即法者深。

此一條乃頗有當於《壇經》及此下新禪諸宗之要旨。據第一篇達摩大師〈二入四行論〉記達摩言理入，重凝住壁觀，寂然無為。行入，則列舉四行，報怨行，隨緣行，無所求行，稱法行。惟六祖以下新禪諸宗則更偏重於事入，即達摩之言凝住壁觀亦所不取，更何論於依文字中得解乎？若把握得此要旨，始可以讀《壇經》，可以讀此下諸宗語錄，而上列〈修心要論〉，《最上乘論》與〈觀心破相論〉之為晚出偽書，又非真得新禪嫡傳者之所偽，自可定論，不煩多為文字版本之辨證也。

又按：《少室逸書》共六篇，一達摩大師〈二入四行論及略序〉云：

吾恒仰慕前哲，廣修諸行。常欽淨土，渴仰遺風。……向涉多載，未遑有息。始復端居幽寂，定境心王。但妄想久修，隨情見相，其中變化，略顧難窮。末乃洞監法性，粗練真如。……故寫幽懷，聊顯入道方便偈等，用簡有緣同悟之徒，有暇披覽坐禪，終須見本性。

據此，知第一篇作者之身分，斷非跟隨達摩親有聞見之徒。又〈雜錄〉中有問云何名為大道甚易知易行，而天下莫能知能行，又問：老經云：慎終如始，必無敗事。據此，知作者亦兼信道家言。殆是居士，非僧人。又〈雜錄〉兼引志法師，緣法師，楞禪師，以下共十二人語，此諸禪師年世皆難考，疑當不與慧可弘忍同時，稱禪師顯是後起。又分別法師禪師，知作者非新禪諸宗之嫡徒。

其第二篇〈修心要論〉下有〈證心論〉，篇末云：

一乘既悟，大道無窮略證心路，聖會經文。雖非如來諸言，亦用菩薩之說。請上聖王，伏願善思本心一義，無為正登正覺云云。

此亦可證作者身分絕非禪宗嫡嗣傳法之人。

又第三篇〈和尚頓教解脫禪門直了性壇語〉，即觀書名，絕知不出達摩弘忍之時，必出六祖惠能以後。

又第四篇〈觀行法無名上士集〉，知作此集者，是一學佛人而兼治道家言。後附沙門知嵩述，寂和尚說偈，〈慧達和尚頓悟大乘秘密心契禪門法〉，此諸人殆亦如第一篇志法師以下之類，皆晚起無名僧人也。

讀寶誌〈十四科頌〉

抗戰時在成都，病中成〈神會與壇經〉一篇，又成〈禪宗與理學〉三篇，後遂久不理此業。五十二年在港偶閑，戲繙佛書，又成〈讀壇經〉、〈讀少室逸書〉及〈讀寶誌十四科頌〉諸篇，不足云有發現，特聊資遣日而已。

宗門好稱寶誌，黃檗《宛陵錄》引誌公語凡兩則，一云：誌公云：本體是自心作，那得文字中求。又一云：未逢出世明師，枉服大乘法藥。觀所引，似語錄體，不似從成篇著作中拈來。誌公遠在梁武帝時，何以其時已有語錄，此大可疑。

相傳誌公有〈十二時頌〉，洪覺範已云：誌公〈十二時歌〉，大明佛祖要妙，然年代寖遠，昧者故改易其語以徇其私。其大害意者如曰云云，幻寄非之，曰：覺範於文字轉接處求誌公語脈，既其華，未既其實。竊謂誌公〈十二時頌〉，恐尚不止如洪覺範之所指摘，因年代寖遠而多改易，或是後人假託為之也。如禺中巳，未了之人教不至，假使通達祖師言，莫向心頭安了義。試問誌公時，達摩初來，禪宗未確立，何有祖師之稱？此非一真贓實據乎？

又如人定亥，勇猛精進成懈怠，不起纖毫修學心，無相光中常自在。超釋迦，越祖代，心有微塵還窒礙，放蕩長如癡兀人，他家自有通人愛。此尤可疑。超佛越祖語，應更起在祖師一辭之後，余不能遍檢諸祖師語錄，然似祖佛平提齊稱，多見於臨濟。如云：山僧今日見處，與祖佛不別。又云：堪與祖佛為師。又云：若能歇得念念馳求心，便與祖佛不別。要與祖佛不別，但莫外求。又曰：逢佛說佛，逢祖說祖，逢羅漢說羅漢，逢餓鬼說餓鬼。又曰：逢佛殺佛，逢祖殺祖，逢羅漢殺羅漢，逢父母殺父母，逢親眷殺親眷。同時德山乃有呵佛罵祖之說。而超佛越祖，則見於某僧之問雲門。豈有在南朝蕭梁之代，而可有超釋迦越祖代之語？其出後人偽造，可不煩辨。

又如半夜子，心住無生即生死，生死何曾屬有無，用時便用無文字。祖師言，外邊事，識取起時還不是。作意搜求實沒蹤，生死魔來任相試。洪覺範曰：言則工矣，然下句血脈不貫。既云生死不屬有無，又曰用時便用，何哉？幻寄曰：心法不屬有無，又何可用時便用。誌公諸讚詠，拔善惡刺，裂凡聖網，苟會其旨，則踏毘盧頂顊上行。一以情求，則入地獄。如箭射真，龍象蹴踏，非驢所堪也。二人所辯，儘著義理一邊，義理所爭在是非，與真偽無關。即拈祖師一辭，便可斷其非寶誌真筆。考據之學，即讀禪門諸祖德語，亦尚可用。禪宗主張不立文字，惟既於文字上見，則即可於文字上作考據也。

誌公〈十四科頌〉，同樣有可疑。所謂十四科者，一、菩提煩惱不二。二、持犯不二。三、佛與眾生不二。四、事理不二。五、靜亂不二。六、善惡不二。七、色空不二。八、生死不二。九、斷除不二。十、真俗不二。十一、解縛不二。十二、境照不二。十三、運用無礙。十四、迷悟不二。即觀題目，後來禪門精義，都已包舉，下視《壇經》所陳法寶，實尚遠不如此〈十四科頌〉之詳盡而要簡。若謂在達摩北去嵩山同時，江南已有寶誌其人，提綱挈領，製此〈十四科頌〉，則達摩豈不徒勞東來？而循誦《壇經》以下禪門諸師語錄，亦將覺諸祖師多費唇舌，讀之如嚼蠟之無味矣。

今姑不詳述〈十四科頌〉之內容，單招一端言之。如云：一切無非佛事，何須攝念坐禪。又曰：聲聞執法坐禪，如蠶吐絲自縛。又曰：三毒本自解脫，何須攝念禪觀。又曰：煩惱即是菩提，何用別求禪觀。單就此言，曹溪開宗，竟是遠承寶誌，而達摩九年之嵩山面壁則誠如蠶之吐絲自縛也。

今另拈一節言。其〈真俗不二頌〉云：法師說法極好，心中不離煩惱。口說文字化他，轉更增他生老。真妄本來不二，凡夫棄妄覓道。四眾雲集聽講，高座論義浩浩。南坐北坐相爭，四眾為嫌為好。雖然口說甘露，心裏尋常枯燥。自己元無一錢，日夜數他珍寶。恰似無智愚人，棄卻真金擔草。心中三毒不捨，未審何時得道。此頌中四眾雲集四語，亦是宗門大盛後始有。竊疑南朝蕭梁時，佛寺講經情形，殆不如此。若論其文字，亦當與寒山拾得相先後，不當與梁昭明文選樓諸人同時。

誌公又有〈大乘讚〉十首，殆亦後人偽託。如云：向上看他師口，恰似失嬭孩兒。道俗崢嶸聚集，終日聽他死語。此等口吻，非在德山以後，亦不宜有。

〈大乘讚〉又云：有心取相為實，定知見性不了。此雖寥寥十二字，若不細誦宗門語錄，即不易得其意趣所歸。此乃偽託者凝縮宗門語而成此十二字，絕非寶誌先有了此十二字，而唐以下諸禪德乃將此十二字引伸演繹出許多話來，此亦據文字可以考訂思想先後之一例。余辨《莊》、《老》先後，辨《孟子》、《中庸》先後，皆頗用此例。辨禪宗思想演進脈絡，此例仍可援用。

治禪宗思想史者，《壇經》以前，所傳語言著作，出後人偽托，可資辨訂者甚多，偶舉寶誌為例，餘不多及。

讀寒山詩

豪雨絕往來，得半日閒，偶溫寒山詩，稍為鉤稽其身世。回憶弱冠，窺《荊公集》，始知有寒山，鄉居不易得書，閱四五年，乃見之，至是倏逾四十載矣。

寒山之詩曰：

重巖我卜居，鳥道絕人迹，……住茲凡幾年，屢見春冬易。

又曰：

吾家好隱淪，居處絕囂塵。踐草成三徑，瞻雲作四鄰。

知寒山子乃以隱士家居。

其詩又曰：

琴書須自隨，祿位用何為。投輦從賢婦，巾車有孝兒。風吹曝麥地，水溢沃魚池。常念鷦鷯鳥，安身在一枝。

則寒山有婦有兒，有麥地魚池，其為挈家隱居益顯。

又曰：

有才遺草澤，無藝閉蓬門。日上巖猶暗，煙消谷裏昏。其中長者子，箇箇總無裩。

則寒山非止一子，其卜隱之動機，與其生事之艱窘，亦盡可見。

其詩又曰：

弟兄同五郡，父子本三州，鄉國何迢遞，同魚寄水流。

則寒山有兄弟，分地異居，其先殆亦一大家庭也。

其詩又曰：

去年春鳥鳴，此時思弟兄。今年秋菊爛，此時思發生。綠水千場咽，黃雲四面平，哀哉百年內，腸斷憶咸京。

是寒山雖隱，仍未能忘情於家族。

又曰：

歲去換愁年，春來物色鮮，山色笑淥水，巖岫舞青煙。蜂蝶自云樂，禽魚更可憐。朋遊情未已，徹曉不能眠。

是寒山雖隱，亦未能忘情於朋遊之樂。

其詩又曰：

欲得安身處，寒山可長保。微風吹幽松，近聽聲逾好。下有斑白人，喃喃讀黃老。十年歸不得，忘卻來時道。

又曰：

寒山有躶蟲，身白而頭黑。手把兩卷書，一道將一德。

又曰：

家住綠巖下，庭蕪更不芟。新藤垂繚繞，古石豎巉嵒。山果獼猴摘，池魚白鷺銜。仙書一兩卷，樹下讀喃喃。

又曰：

生為有限身，死作無名鬼，……可來白雲裏，教爾〈紫芝歌〉。

是寒山隱居，喜道家言，治老子書，而尤喜神仙長生修鍊之術。其詩又曰：

茅棟野人居，門前車馬疎。林幽偏聚鳥，谿闊本藏魚。山果攜兒摘，皐田共婦鋤。家中何所有，唯有一牀書。

又曰：

少小帶經鋤，本將兄共居。緣遭他輩責，剩被自妻疎。拋絕紅塵境，常遊好閱書。誰能借斗水，活取轍中魚。

是寒山本業儒，身雖隱而書卷未拋。其終隱之心，初非堅定。

又曰：

天生百尺樹，翦作長條木。可惜棟梁材，拋之在幽谷。年多心尚勁，日久皮漸禿。識者取將來，猶堪柱馬屋。

又曰：

默默永無言，後生何所述。隱居在林藪，智境何由出。枯槁非堅衛，風霜成夭疾。土牛耕石田，未有得稻日。

又曰：

獨臥重巖下，蒸雲晝不消，夢去遊金闕，魂歸渡石橋。

皆可證其有用世心。

其詩又曰：

書判全非弱，嫌身不得官。銓曹被拗折，洗垢覓瘡瘢。必也關天命，今冬更試看。盲兒射雀目，偶中亦非難。

是寒山早年亦曾應科舉，並屢試不售。其詩曰：

徒勞說三史，浪自看五經。洎老檢黃籍，依前注白丁。

又曰：

箇是何措大，時來省南院。年可三十餘，曾經四五選。囊裏無青蚨，篋有中黃絹。行到食店前，不敢暫迴面。

又曰：

一為書劍客，二遇聖明君。東守文不賞，西征武不動。學文兼學武，學武兼學文。今日既老矣，餘何不足云。

據下引入塞紅塵起詩，是寒山亦曾作從軍遊。又曰：

一人好頭肚，六藝盡皆通。南見驅歸北，西逢趁向東。長漂如泛萍，不息似飛蓬。問是何等色，姓貧名曰窮。

又曰：

昨夜夢還家，見婦機中織。駐梭如有思，擎梭似無力。呼之迴面視，況復不相識。應是別多年，鬢毛非舊色。

此皆寒山未隱前情況。其詩又曰：

出生三十年，當遊千萬里。行江青草合，入塞紅塵起。鍊藥空求仙，讀書兼詠史。今日歸寒山，枕流兼洗耳。

前引年可三十餘，曾經四五選，知寒山初隱，年當逾三十。

其詩又曰：

一向寒山坐，淹留三十年。

是寒山之隱，至少亦逾三十年。

其詩又曰：

滿卷才子詩，溢壺聖人酒，行愛觀牛犢，坐不離左右。霜露入茅簷，月華明甕牖。此時吸兩甌，吟詩五百首。

又曰：

久住寒山凡幾秋，獨吟歌曲絕無憂。

又曰：

棲遲寒巖下，偏訝最幽奇。……當陽擁裘坐，閑讀古人詩。

是寒山所好所長尤在詩，故其隱，亦以詩為遣。

其詩又曰：

五言五百篇，七字七十九，三字二十一，都來六百首。一例書巖石，自誇云好手。若能會我詩，真是如來母。

又曰：

一住寒山萬事休，更無雜念掛心頭。閑書石壁題詩句，任運還同不繫舟。

又曰：

有人笑我詩，我詩合典雅。不煩鄭氏箋，豈用毛公解。不恨會人稀，只為知音寡。若遣趁宮商，余病莫能罷。忽遇明眼人，即自流天下。

又曰：

下愚讀我詩，不解卻嗤誚。中庸讀我詩，思量云甚要。上賢讀我詩，把著滿面笑。楊修見幼婦，一覽便知妙。

此寒山對其詩之自負，是寒山實以隱士兼詩人也。今所流傳，其詩僅約三百首，已逸過其半矣。

其詩又曰：

有箇王秀才，笑我詩多失。云不識蜂腰，仍不會鶴膝。平側不能壓，凡言取次出。我笑你作詩，如盲徒詠日。

此王秀才，或寒山未隱前交遊。寒山詩之獨具風格，亦自其未隱前已然矣。

其詩又曰：

客難寒山子，君詩無道理。吾觀乎古人，貧賤不為恥。應之笑此言，談何疎闊矣。願君似今日，錢是急事爾。

疑此詩亦未入山前作。既隱寒山，當甚少此等交遊。

其詩又曰：

憶得二十年，徐步國清歸。國清寺中人，盡道寒山癡。癡人何用疑，疑不解尋思。我尚自不識，是伊爭得知。低頭不用問，問得復何為。有人來罵我，分明了了知。雖然不應對，卻是得便宜。

此詩始提及國清寺。又曰：

慣居幽隱處，乍向國清眾。時訪豐干道，仍來看拾公。獨迴上寒巖，無人話合同。尋究無源水，源窮水不窮。

此詩始提及豐干與拾得。又曰：

閑自訪高僧，煙山萬萬層。師親指歸路，月掛一輪燈。

高僧或亦指豐干拾公。自隱寒山，因近國清寺，頗與僧徒往返，亦時讀佛書也。其詩曰：

自羡山間樂，逍遙無倚託，逐日養殘軀，閑思無所作，時披古佛書，往往登石閣。

於是道家言與佛理相會，而自有所悟，其詩曰：

本志慕道倫，道倫常獲親。時逢杜源客，每接話禪賓。談玄月明夜，探理日臨晨。萬機俱泯迹，方識本來人。

則寒山終自有一境界，而非專皈依於佛門者。其所接已為禪，非尋常高僧矣。其詩曰：

高高峯頂上，四顧極無邊。獨坐無人知，孤月照寒泉。泉中且無月，月自在青天。吟此一曲歌，歌終不是禪。

其實此詩已深具禪機，而自辨不是禪，知寒山生世，應在唐代禪學既盛之後。寒山詩深入禪境，集中如此類者，多不勝舉。如曰：

吾心似秋月，碧潭清皎潔，無物堪比倫，教我如何說。

又曰：

眾星羅列夜明深，巖點孤燈月未沉。圓滿光華不磨瑩，掛在青天是我心。

又曰：

寒山頂上月輪孤，照見晴空一物無。可貴天然無價寶，埋在五陰溺身軀。

又曰：

巖前獨靜坐，圓月當天耀。萬象影現中，一輪本無照。廓然神自清，含虛洞玄妙。因指見其月，月是心樞要。

又曰：

余家有一窟，窟中無一物。淨潔空堂堂，光華明日日。疏食養微軀，布裘遮幻質。任你千聖現，我有天真佛。

又曰：

世有多事人，廣學諸知見。不識本真性，與道轉懸遠。若能明實相，豈用陳虛願。一念了自心，開佛之知見。

又曰：

報汝修道者，進求虛勞神。人有精靈物，無字復無文。呼時歷歷應，隱處不居存。叮嚀善保護，勿令有點痕。

又曰：

我見利智人，觀者便知意。不假尋文字，直入如來地。心不逐諸緣，意根不妄起。心意不生時，內外無餘事。

又曰：

自古多少聖，叮嚀教自信。人根性不等，高下有利鈍。真佛不肯認，置功枉受困。不知清淨心，便是法王印。

又曰：

寄語諸仁者，復以何為懷。達道見自性，自性即如來。天真原具足，修證轉差迴。棄本卻逐末，只守一場獃。

又曰：

常聞釋迦佛，先受然燈記。然燈與釋迦，只論前後智。前後體非殊，異中無有異。一佛一切佛，心是如來地。

此等皆禪學極盛後語。故曰：家有寒山詩，勝汝看經卷也。若寒山生在貞觀世，似不應先有此造詣。

寒山具此理趣，故詩中常看不起出家人，而時加以嘲諷。其詩曰：

世間一等流，誠堪與人笑。出家弊己身，誑俗將為道。雖著離塵衣，衣中多養蚤。不如歸去來，識取心王好。

又曰：

語你出家輩，何名為出家。奢華求養活，繼綴族姓家。美舌甜唇嘴，諂曲心鉤加。終日禮道場，持經置功課。鑪燒神佛香，打鐘高聲和。六時學客春，晝夜不得臥。只為愛錢財，心中不脫灑。見他高道人，卻嫌誹謗罵。驢屎比麝香，苦哉佛陀耶。又見出家兒，有力及無力，上上高節者，鬼神欽道德。君王分輦坐，諸侯拜迎逆。堪為世福田，世人須保惜。下下低愚者，詐現多求覓。濁濫即可知，愚癡愛財色。著卻福田衣，種田討衣食。作債稅牛犂，為事不忠直。朝朝行弊惡，往往痛臀脊。不解善思量，地獄苦無極。一朝著病纏，三年臥牀席。亦有真佛性，翻作無明賊。南無佛陀耶，遠遠求彌勒。

又曰：

我見出家人，不入出家學。欲知真出家，心靜無繩索。澄澄孤玄妙，如如無倚託。三界任縱橫，四生不可泊。無為無事人，逍遙實快樂。

六祖有言，若欲修行，何必出家，寒山有此意。然其詩曰：

自從出家後，漸得養生趣。伸縮四肢全，勤聽六根具。褐衣隨春冬，糲食供朝暮。今日懇懇修，願與佛相遇。

則知寒山晚年，實自出家。惟曰自從出家後，漸得養生趣。又曰今日懇懇修，願與佛相遇。則寒山固是先慕道，後依佛。故曰：

白拂旃檀柄，馨香竟日聞。時時方丈內，將用指迷人。

又曰：

> 昨到雲霞觀，忽見仙尊士，余問神仙術，云道若為比。謂言靈無上，妙藥必神秘。余乃返窮之，推尋勿道理。饒你得仙人，恰似守屍鬼，心月自精明，萬像何能比。欲知仙丹術，身內元神是。莫學黃巾公，握愚自守擬。

此寒山出家終於捨道從佛之證也。其詩又曰：我家本住在寒山。又曰：余家本住在天台。則寒山出家後離去寒山之證。

知其出家在晚年者，其詩云：

> 一向寒山坐，淹留三十年。昨來訪親友，太半入黃泉。漸減如殘燭，長流似逝川。今朝對孤影，不覺淚雙懸。

寒山既年逾三十始隱，入寒山又三十年，此當逾六十。觀此詩，似其時尚未出家。然又似一人獨居。其詩又曰：

> 昔日經行處，今復七十年。故人無來往，埋在古冢間。余今頭已白，猶守片雲山。為報後來子，何不讀古言。

此詩與前引詩正相足。昔日經行處，即前詩昨來訪親友之所在，蓋指未隱前之居處。故人無來往，埋在古冢間，即前詩所云太半入黃泉也。是寒山過七十後曾一返隱前故居。其重返寒山，似已妻亡子散。其詩曰：

竟日常如醉，流年不暫停，埋著蓬蒿下，曉月何冥冥；骨肉消散盡，魂魄幾凋零。遮莫齩鐵口，無因讀老經。

寒山之終於出家，殆在此後，蓋已過七十之年矣。知寒山生世絕不在貞觀者，其詩曰：

自聞梁朝日，四依諸賢士。寶志萬迴師，四仙傅大士。顯揚一代教，作時如來使。造建僧伽藍，信心歸佛理。雖乃得如斯，有為多患累。與道殊懸遠，拆西補東爾。不達無為功，損多益少利。有聲而無形，至今何處去。

近人余嘉錫《四庫提要辨證》云：

《宋高僧傳・卷十八・釋萬迴傳》，所敘事皆在武后中宗朝。《太平廣記・卷九十二・萬迴》

條引《兩京記》云：太平公主為造宅於己宅之右，景雲中卒於此宅。寒山果為貞觀時人，

安得以萬迴與古之寶誌傅大士並稱？

釋贊寧《宋高僧傳》，萬迴在〈感通篇〉，屢見神異。並記博陵崔玄暐母盧氏言，萬迴僧寶誌之流。又《景德傳燈錄・卷二十七》，敘禪門達者十人，首寶誌，其下即有萬迴豐干寒山拾得。蓋慧皎《高僧傳》，寶誌即列〈神異〉，唐人以萬迴上擬誌公，寒山所慕在此一流。復引傅大士，可知寒山興趣嚮往，仍在仙佛之間也。又按：《景德傳燈錄》卷首有西來年表，於達摩至梁前後，獨敘傅大士誌公兩人，則唐代禪林，好言寶誌傅翕，又非寒山一人之詩為然矣。惟此詩明言梁朝諸賢，何得於寶誌傅翕兩人間橫插一萬迴，此則終可疑。蓋是寒山信筆拈來，乃以武后時人上廁梁賢，只證寒山之生則尚在其後而已。

其詩又曰：

余見僧繇性希奇，巧妙間生梁朝時，道子飄然為殊特，二公善繪手毫揮。

余氏云：

吳道子為玄宗開元時人，《歷代名畫記・卷九》紀之甚詳。寒山於貞觀中自瘞山穴死，安知

天下有吳道子者。

吳興張氏《擇是居叢書》用慶福院藏本重雕《寒山子詩集》，此詩只作余見僧繇性希奇，巧妙間生梁朝時，饒邈虛空寫塵跡，無因畫得誌公師，而無道子飄然語，是宋人亦知寒山若果在貞觀時，便不應下及道子，而徑為刪去也。

今按：慶福院藏宋本《寒山子集》書前附〈陸放翁與明老帖〉曰：

有人兮山陘，雲卷兮霧纓。秉芳兮欲寄，路漫兮難征。心惆悵兮猶疑，蹇獨立兮忠貞。此寒山子所作楚辭也。今亦在集中。妄人竄改附益，至不可讀。放翁書寄天封明公，或以刻之此中也。

今檢集中有此詩。詩云：

有人坐山陘，雲卷兮霞瓔，秉芳兮欲寄，路漫兮難征。心惆悵狐疑，年老已無成，眾喔咿斯蹇，獨立兮忠貞。

此即放翁所謂妄人竄改附益至不可讀者。殆是鋟版已成，獲放翁書，懶於改刻，可知宋本亦儘多潦草。至《四部叢刊》影宋本，此詩亦與慶福院本同，而路漫兮難征又作路漫漫長征，則更失之。據此知今傳寒山詩，縱是宋版，已多經妄人竄改附益，上引兩詩即其例，而後一詩竄改之跡更顯。惟不知詩中牽涉吳道子語，為後人所增入抑刪去乎。故若專就此兩詩而確判寒山子之生世，所據似仍嫌不足。

余氏又引《宋高僧傳．卷十一》記大溈遇寒山事，略云：

> 釋靈祐，冠年鬀髮，三年具戒。及入天台，遇寒山子於途中，謂祐曰：千山萬水，遇潭即止。旋造國清寺，遇異人拾得。遂詣溈潭，謁大智師，頓了祖意。元和末，隨緣長沙，因過大溈山，遂欲棲止，群信共起梵宇。以大中癸酉歲正月歸滅，享年八十二，僧臘五十九。

余氏曰：以其卒年推之，蓋生於代宗大曆六年，下數至德宗貞元九年，年二十三，遇寒山拾得在此年。

又宋釋普濟《五燈會元．卷二》記：

> 趙州遊天台，路次逢寒山，見牛迹，問州曰：上座還識牛否？

余氏曰：唐趙州東院僧從諗，《傳燈錄．卷十》云：唐乾寧四年十一月二十日寂，壽一百二十，則當生於代宗大曆十一年，與靈祐遇寒山時代約略相當。

又《宋高僧傳・卷十三》，〈梁撫州曹山本寂傳〉云：

注對寒山子詩，流行寓內。

又卷十九〈寒山子傳〉云：「寒山集人多諷誦，後曹山寂禪師注解，謂之對寒山子詩。」余氏曰：對寒山子詩者，本寂注解之名也。寂蓋以其頗含玄理，懼人不解，遂敷衍其義，與原詩相應答，如〈天問〉之有〈天對〉，故謂之對。

又《太平廣記・卷五十五》引《仙傳拾遺》曰：

寒山子者，不知其名氏，大曆中隱居天台翠屏山。其山深邃，當暑有雲，亦名寒巖。因自號寒山子。好為詩，每得一篇一句，輒題於樹間石上，有好事者隨而錄之，凡三百餘首，多述石林幽隱之興，或譏諷時態，能警勵流俗。桐柏徵君徐靈府序而集之，分為三卷，行於人間。十餘年，忽不復見。

余氏曰：從大歷中下數十餘年，正當貞元間，與靈祐以貞元九年遇寒拾適相合。蓋寒山即以此時出天台。又曰：《傳燈錄・卷十七》，本寂以天復辛酉季夏告寂，壽六十二，則實死於唐昭宗之世。由此上推六十二年，當生於文宗開成五年。徐靈府於元和十年已至天台，寂注寒山詩，當即根據徐本。輯寒山詩者，當莫早於靈府也。

今按：代宗年號大曆，凡十四年，（七六六—七八〇）縱謂寒山子以大曆元年卜隱寒山，上推三十年，應為開元二十四年。惟據《宋高僧傳・卷十九》，封干於先天年中在京兆行化，則尚在睿宗時，猶應在此前二十四年。豐干行化於京兆，則其在天台國清寺，猶應在前。若寒山於睿宗景雲年間在天台國清寺晤及豐干，則由此再上推三十年，寒山子之生，應在唐高宗之末葉矣。由此再下數至德宗九年，靈祐遇寒山，其時寒山應已年過百歲。而趙州生代宗大曆十一年，若其晤寒山，尚在靈祐後數年，則趙州方年三十左右，而寒山已近一百二十歲。寒山素重道家長生修鍊之術，杜光庭列之入仙傳，其獲躋高壽，亦非不可信。若寒山卒順憲間，據《嘉定赤城志》徐靈府居天台雲蓋峯，會昌初，頻詔不起。大中咸通中，與道士葉藏質重修天台桐柏崇道觀，是靈府初居天台，應在會昌前。其輯寒山詩，當距寒山之卒約略四十年左右，宜大體無扞格。然則靈府謂寒山於大曆中隱居天台者，其時寒山當已八九十。此亦證之寒山之詩而大體可無扞格也。然則寒山之離天台，其將垂及百齡之際乎？

上所稱引，多出禪林傳說，或未可盡信，欲求考覈明確，事有難能。要之寒山詩極富禪理，其人亦為禪門所樂引重，其生世當在大曆貞元間，不能上出貞觀，即就禪學發展及其詩風格言，亦斷可無疑。今傳閭丘胤一序，顯為唐末人偽撰，余氏《四庫提要辨證》已詳論之，此不贅。

中華民國四十八年四月在九龍鑽石山寓廬

讀宗密《原人論》

遠自南梁達摩東來，迄於唐初惠能崛起，佛門中爆出了教外別傳之禪宗。從此掩脅一世，越五代，傳兩宋，幾乎整個佛門，全成禪宗天下。而影響所及，則普遍全社會。此在中國宗教信仰乃及學術思想史上，實具有莫大之意義與地位。禪宗雖稱不立文字，直指人心，但其所指示者，究該有一套先後承襲的思想系統。以現代哲學術語言之，應可謂是一套絕對的唯心論。所謂達摩傳上乘一心之法是也。何以達此境界，則達摩已分別揭示理入行入兩門。其言理入曰藉教悟宗。可見達摩雖為禪宗創始，但仍主藉教得悟。其言行入之四，則曰：信解此理，應當稱法而行。（見達摩《大乘入直四行觀》）信解此理，仍得藉教。惟理入貴悟，必以頓。行入貴修，必以漸。既言二入，則必兼頓漸。亦斷無只悟不修，有頓無漸之理。如達摩在嵩山少林寺面壁，此屬悟後事，故曰行解相應。面壁屬行不屬解，屬漸不屬頓。二祖慧可，外覽墳索，內通藏典，乞達摩安心。達摩曰：將心來，與汝安。可良久，曰：覓心了不可得。達摩曰：我與汝安心竟。慧可由此悟入。後住鄴都，化導四種，皈依三十四載。遂韜光混跡，變易儀相，或入酒肆，或過屠門，或習街談，或隨廝役。或問之，何故如是。可曰：我自調心，何關汝事。此亦悟後之修行也。

神秀與惠能各在五祖弘忍門下呈偈，秀之偈曰：身是菩提樹，心如明鏡臺。時時勤拂拭，勿使惹塵埃。依此偈，心外有塵埃來惹，須勤拂拭，則猶心塵對立，與禪門相傳宗旨未合。悟解未到，僅賴修行。故弘忍謂其未見自性，只到門外。依此偈修，免墮惡道也。能之偈曰：菩提本無樹，明鏡亦非臺。本來無一物，何處惹塵埃。此偈於禪門宗旨已徹悟解，但偈中不見修行，故弘忍曰亦未見性。是夜三鼓，召惠能入室，為說《金剛經》應無所住而生其心。惠能言下大悟，一切萬法，不離自性。遂啟祖言，何期自性本身清淨，何期自性本不生滅，何期自性本自具足，何期自性本無動搖，何期自性能生萬法。至是乃真得悟解，因悟後復有行。此心能無住，自無塵埃之惹。而又能不斷生，則自見萬法隨起。人生一切，全在此心，此即所謂絕對的唯心論也。故惠能又告祖，迷時師度，悟了自度。蒙師傳法，今已得悟，只合自性自度。自度，亦即悟後之修也。

惠能在大庾嶺，告陳惠明曰：不思善，不思惡，正與麼時，那個是明上座本來面目。後來禪師們在本來面目上又多加了父母未生以前幾字。辭有多寡，義旨則一。《壇經》言，性在身心存，性去身心壞。身心連言，此是父母生後心。至如生萬法之自本心，則不隨身壞，亦不因身起。禪宗不認心只在腔子裏。在父母未生我此身以前，此心早有。始是我此心之本來面目。三世諸佛，密密相傳，便要悟此心。宋代理學家，則必明白交代此心只在腔子裏，父母未生前，可謂之性，卻非有心。心屬氣，性屬理。此一分別，乃是理學與禪宗絕大相異處。陸復齋在鵝湖會前有詩云：千古相傳只此心。象山認為未是，和詩云：斯人千古不磨心。千古不磨，即是歷劫常存。故曰：此心同，此理同。心理不容有二。象山此處，只用理字來換去佛家法字。其實象山言心即理，即猶禪宗言心生萬法。後來陽明言，良知生天生地，成鬼成帝，是造化的精靈，真是與物無對。此始符合了禪宗絕對唯心論的最要法印。故陸王言心不言性，或說心性無別，程朱學派必斥之為近禪。

惠能自別弘忍，避難四會獵人隊中，時與獵人隨宜說法，此亦其悟後之修。一日，在廣州法性寺印宗講會上，時有風吹旛動。一僧曰風動，一僧曰旛動，惠能曰：不是風動，不是旛動，仁者心動。佛家相傳，本有風吹鈴聲，非風鈴鳴，乃心鳴之說。惠能此處即是禪宗絕對唯心論的具體引用。依宋代理學家言，當說風與旛鈴皆是物，屬氣。氣之動，其後必有理，乃性而非心。此又是理學與禪宗一絕大相異處，而惠能於此遂受印宗薙髮，在廣州光孝寺開東山法門。

惠能此下所講，法海所錄全部《壇經》，主要不出前引兩義。惠能宗旨，主要在導人悟，但悟了還得修。故曰：法無頓漸，人有利鈍。迷即漸契，悟人頓修。漸契是由行入悟，頓修是由悟啟行。又曰：世人盡言南能北秀，法即一宗，人有南北。因此便立南北。何以頓漸，法即一種，見有遲疾。見遲即漸，見疾即頓。法無頓漸，人有利鈍，故名頓漸。可見頓漸皆在一法中，有漸無頓，有頓無漸，皆與此法不合。其告智常曰：法無四乘，人心有等差。見聞讀誦是小乘，悟法解義是中乘，依法修行是大乘。萬法盡通，萬行俱備，一切無雜，且離法相，作無所得，是最上乘。乘即行義。不在口諍，汝須自修，莫問吾也。惠能又曰：摩訶般若波羅蜜者，西國梵語，唐言大智慧到彼岸。此法須行，不行如幻如化。又曰：無《壇經》稟承，非南宗弟子。雖說頓教法，未知根本，終不免諍。但得法者，只勸修行。諍是勝負之心，與道違背。《壇經》中類此之言，不勝列舉。可證宗教究與哲學有不同。哲學憑語言文字思辨議論，總不免有異同，終不脫一諍字。宗教於悟解後更貴修行。人皆說禪宗頓法重悟，其實從自心中頓見真如本性，當下便悟，此是頓。但須依此修，即又是漸。惠能說，一行三昧，當於一切處行住坐臥，常行一直心，此則亦頓亦漸。故曰法無頓漸。惟惠能主張由頓歸漸，更要於由漸入頓而已。

禪宗自達摩以下，迄於惠能，此一宗旨，迄未有變，而又日益顯豁。達摩尚要藉教悟宗，而惠能則教人稟承《壇經》，自識本心，自見本性，不再上溯諸經典，遂以確成其為教外之別傳，即所謂《壇經》傳宗是也。此下禪宗諸祖師，可謂其著精神處盡在行上。神會定南北宗旨，力辨南頓北漸，似乎偏重悟解，卻於修行上不免忽了。故後來禪門，終說神會是一知解宗徒。今姑舉一例，惠能於延和七月，集徒眾，曰：吾至八月，欲離世間。法海等聞，悉皆涕泣。惟有神會，神情不動，亦無涕泣。惠能當時雖加稱許，但昔釋迦逝去，諸大弟子亦無不涕泣。弘忍告惠能曰：有情來下種，因地果還生。無情既無種，無性亦無生。神會久在惠能座下，惠能將離世，而獨不悲泣，此證其在文字知解上縱有悟，但在性情修行上終有缺。知師將去，而神情不動，則慈悲之謂何。今果細讀《神會語錄》，取與《壇經》相比，一在知解上，一在修行上，此一差別，亦非難覩。自神會後下迄宗密，此一差別乃益見。

宗密幼業儒典，遇神會法嗣第三傳道圓，遂從剃染。其學該於內外，宗說兼通。著有《華嚴》、《圓覺》等諸經論疏鈔，又為《禪源諸詮集》，其序文自言，所集諸家述作，多談禪理，少談禪行。則其宗旨所在，偏重知解，即理入一邊可知。又宗密有《禪門師資承襲圖》，謂達摩之心流至荷澤，又謂荷澤宗是釋迦降出達摩遠來之本意。將前望此，此乃迥異於前。將此攝前，前即全同於此。則其於禪宗自惠能下獨所推尊於神會者亦可知。今即觀於宗密之所從事，而神會之終不得預於曹溪之嫡傳正宗亦可知矣。

今當特一提出者，則為宗密之《原人論》。此書可謂近似一純粹哲學性的論著，專意討論人類原始，而思辨所及，亦可謂其乃偏涉在宇宙論方面，而明白揭出其絕對唯心論之主張。雖其大義，亦一本佛學與禪宗。然論其趨勢所歸，則顯已有自宗教折入於哲學之傾向。而求其血脈淵源，則不得不謂其乃出於神會。今即就宗密此書，亦可證禪宗一脈，自達摩迄於惠能，此下五家分宗，其精神意態，顯不與自神會以至宗密者相似。此亦治禪宗思想者不可不注意之一端。而自另一面言，則宗密《原人論》所主張之絕對唯心，自哲學意味方面言，亦不得謂其於禪宗諸祖師遠自達摩以下，一脈所悟，無所闡發。然自惠能以下禪宗諸祖師，終於宗密此書，頗少稱道。蓋禪宗諸祖師，幾乎無不從其日常修行上啟悟，而宗密之書，則顯從文字言說之思辨上得來，此與《壇經》傳宗不立文字直指本心之大統不得謂無違背。其書中所持之絕對唯心論，亦只可謂是一種哲學思辨，與禪宗諸祖師頓然之悟，其間亦大有徑庭？惟此書通論全部佛說，又兼及於中國儒道兩家與佛法之異同，實已遠啟此下宋代理學諸儒所探討。雖宋代理學家亦絕少稱引此書，但此書在唐宋之際之思想史上，要當有其一加注意之價值也。今姑為撮述如次。

《原人論》凡分四篇，第一篇〈斥迷執〉，專對儒道兩家作批評。大意謂：

> 儒道二教說，人畜等類，皆是虛無大道生成養育。謂道法自然，生於元氣。元氣生天地，天地生萬物。故愚智貴賤貧富苦樂，皆稟於天，由於時命。死後卻歸天地，復其虛無。

宗密折之曰：

所言萬物皆從虛無大道生，大道即是生死賢愚之本，吉凶禍福之基。基本既其常存，則禍亂凶愚不可除，福慶賢善不可益。何用老莊之教耶？又道育虎狼，胎桀紂。夭顏冉，禍夷齊，何名尊乎。又言萬物皆自然生化，則一切無因緣處，悉應生化。石應生草，草或生人。又應生無前後，起無早晚。神仙不藉丹藥，太平不藉賢良，仁義不藉教習，老莊周孔，何用立教為軌則乎？又言皆從元氣生成，豈得嬰兒便能愛惡驕恣，五德六藝，何待因緣學習而成。又若生是稟氣而欻有，死是氣散而欻無，則誰為鬼神。

又曰：

聖人設教，責人不責天，罪物不罪命，是不當也。《詩》刺亂政，《書》讚王道，《禮》稱安上，《樂》號移風，豈是奉上天之意，順造化之心乎？是知專此教者，未能原人。

今按：宗密斥老莊自然之教，其言皆屬常識範圍。孔孟儒家固不然，持論並不限於一氣與自然。五德六藝，必藉教習，太平必藉賢良，責人不責天，罪物不罪命，以及鬼神之事，儒家別有深義發明。宗密皆未能詳辨。至佛家提出因緣義，南北朝時，竺道生已多言及理字，宋代理學家，亦於道家氣外加入理，此所言理，即猶佛家之言因緣也。唐代道家盛行，於宇宙論方面，尚多闡說，儒家則僅退居在社會人事間，不能與釋道抗衡。宋代理學家，起而闢佛，其所宗主者，是儒非道，即觀宗密此論之〈斥迷執〉，實已透露此中之消息矣。

《原人論》第二篇，〈斥偏淺〉，指習佛之不了義者。宗密分佛教為五等，一斥人天教三世業報善惡因果之說，其言曰：

我此身心能造業，此身已死，誰受苦樂之報。若言死後更有身，豈有今日身心造罪修福，令他後世身心受苦受樂。據此則修福者屈甚，造罪者幸甚。故知但習此教，雖信業緣，不達身本。

次斥小乘教說，形骸之色，思慮之心，從無始來因緣力故，念念生滅，相續無窮，身心假合，似一似常。凡愚不覺，執之為我。即起貪嗔癡等三毒，造一切業。造業受報。身則生老病死，死而復生。界則成住壞空，空而復成。劫劫生生，輪迴不絕。宗密詰之曰：

經生累世為身本者，自體須無間斷。今五識闕緣不起，意識有時不行。無色界天無此四大，如何持得此身世世不絕。是知專此教者，亦未原身。

三斥大乘法相教說，一切有情，無始以來，有八種識。第八阿賴耶識是其根本。轉生七識，緣此執為實我實法。宗密說之曰：

悟解此理，方知我身唯識所變，識為身本。

四斥大乘破相教說：破前大小乘法相之執密顯後真性空寂之理。宗密詰之曰：

所變之境既妄，能變之識豈真。若言一有一無，則夢想與所見物應異。夢不是物，物不是夢。寤來夢滅，其物應在。物若非夢，應是真物。夢若非物，以何為相。故知夢時則夢想夢物，似能見所見之殊。據理則同一虛妄，都無所有。諸識亦爾。以皆假託眾緣，無自性故。

又引〈破相論〉之說曰：是知心境皆空，方是大乘實理。若約此原身，身原是空，空即是本。

宗密又詰之曰：

若心境皆無，知無者誰。又若都無實法，依何現諸虛妄。現見世間虛妄之物，未有不依實法而能起者。虛妄之夢，必因睡眠之人。故知此教，但破執情，亦未明顯真靈之性。

宗密又綜說之曰：

上之四教，前淺後深。若且習之，自知未了。名之為淺。若執為了，即名為偏。

以上《原人論》第二篇，歷破佛教四等偏淺之執。已顯屬一種哲學思辨，與宗教信徒意態迥異。《原人論》第三篇，〈直顯真源〉，即指習佛之了義實教者。此教說，一切有情，皆有本覺真心，無始已來，常住清淨。昭昭不昧，了了常知。亦名佛性，亦名如來藏。從無始際，妄想翳之，不自覺知。故躭著結業，受生死苦。大覺愍之，說一切皆空。又開示靈覺真心清淨全同諸佛。宗密評曰：

我等多劫未遇真宗，不解反自原身。但執虛妄之相，甘認凡下，或畜或人。今約至教原之，方覺本來是佛。返本還源，斷除凡習。當知迷悟同一真心。大哉妙門，原人至此。

此為《原人論》第三篇大義，提出本覺真心，全同諸佛，無一眾生而不具有如來智慧。迷悟同一真心為大妙門。此證宗密持論，全同禪宗。取與《壇經》同讀，自可互相發明。

《原人論》第四篇，〈會通本末〉。會前所斥，同歸真源，皆是正義。其言曰：

真性雖為身本，生起蓋有因由，不可無端忽成身相。但緣前宗未了，所以節節斥之。今將本末會通，乃至儒道亦是。

此下宗密乃為前斥佛教四等及儒道兩家各各解說，明其各有是處，惟未臻了義而已。今不詳引，姑舉一端。宗密曰：

> 所稟之氣，展轉推本，即混一之元氣。所起之心，展轉窮源，即真一之靈心。究實言之，心外的無別法。元氣亦從心之所變。屬前轉識所現之境，是阿賴耶相分所攝。從初一念業相，分為心境之二。心既從細至麤，展轉妄計，乃至造業。境亦從微至著，展轉變起，乃至天地。業既成熟，即從父母稟受二氣與業識和合，成就人身。據此，則心、識所變之境，乃成二分。一分即與心識和合成人，一分不與心識和合，即成天地山河國邑。三才中惟人靈者，由與心神合也。佛說內四大與外四大不同，正是此也。

此處見宗密所論，實大有問題存在。宗密認佛教前四等皆可斥，而會歸於最後第五等之真源了義所在則皆可通。其說實相似於其所推尊於神會者，謂將前望此，此乃迥異於前。將此攝前，前即全同於此。可見宗密之論，實從神會悟入。惟其間有大可申論者。禪宗諸祖師，莫不於日常人生中真修實悟而來。日常人生，人各相異，則所修所悟，宜可有別。神會則從言說文字知解上用力，故見其若為攝諸異而成一同。然修悟是實，知解則虛。修悟是主，而知解附而從之。知解僅堪為修行作說明，非知解能獨立自有所成就。此層不可不辨。推此以論佛教全體，宗密所斥之前四部，其實亦皆因緣時會，方便立說，所說雖各不同，而同有一段真境界與真嚮往，即其真精神所在，此所以能成為一宗教而持續向前也。逮其最後，文字言說愈繁，思辨愈細愈密，在哲學意義上看，亦是一進步，然不免逐漸脫離其重修行之宗教原始真境界，而轉用其精神於經典書本上，則其嚮往亦自不能無歧。今論釋迦之真精神，端在其月夜之離家出走，亦在其雪山六年之修行，又在其迦耶山菩提樹下之晏坐。當其時，又何嘗有所謂佛法中後起之真源與了義。厥後小乘大乘，相宗空宗，紛然迭起，議論日繁，知解日歧，甚至啟近代佛家究是宗教抑是哲學之爭辨。竊恐哲學最多亦僅可闡述佛家之了義，而未必能實得佛家之真源。達摩精神，在其遠來中國，在其嵩山少林寺之面壁。惠能精神，在其辭母去黃梅的一段路上，在其在東山寺後院碓坊八月之破柴踏碓，在其在四會獵人隊中之一段時間。凡佛家見精神處，都必在其行為上，而不在其理論上。方釋迦之月夜離家，惠能之辭母遠行，何嘗有佛法中所謂了義者存其心中。若論真源，則惟在其日常之自修自悟。悟所修，修所悟。此即所謂法無頓漸，定慧體一也。宗密《禪源諸詮集都序》亦曰：

所謂源者，是一切眾生本覺真性。悟之名慧，修之名定。定慧通明為禪，此性是禪之本源。

又曰：

佛說頓教漸教，禪開頓門漸門。二教二門，各相符契。

此等語，透切扼要。但宗密又曰：

今講者偏彰漸義，禪者偏播頓宗。禪講相逢，胡越之隔。宗密不知夙生何作，熏得此心，自未解脫，欲解他縛，為法忘於軀命，愍人切於神情。每歎人與法差，法為人病。故別撰經律論疏，大開戒定慧門。顯頓悟資於漸修，證師說符於佛意。意既本末而委示，文乃浩博而難尋。汎學雖多，秉志者少。況迹涉名相，誰辨金鍮。徒自疲勞，未見機感。

讀此可知宗密心意之誠，其不失為一宗教信徒者在此。其謂頓悟資於漸修，師說符於佛意，則其意實欲重挽禪門之新宗，返之佛法之舊教。再泯教與宗而為一。惟一切經典文字，三乘萬法，則必以禪宗之直提心性為其真源了義而已。其《禪源諸詮集都序》有曰：

有禪師問曰，淨名已呵宴坐，荷澤每斥凝心，曹溪見人結跏，曾自將杖打起。今聞汝（宗密）每因教誡，即勸坐禪。禪庵羅列，遍於巖壑。乘宗越祖，吾竊疑焉。

是宗密不僅推崇新禪，實亦遵奉舊禪。其論漸修，不僅偏向經典講解，實亦兼重佛門修持。在其思想義理之探尋方面，題已轉入哲學家道路，然其制心修行方面，則依然仍是一宗教家精神。在理論上極推神會，而在修行上，則神會亦不惜背棄。此誠宗密一特出處。其所欲包羅融會者太廣，則宜其所主張從事之未能即收宏效。此在宗密亦自知之，而仍不改其塗轍，此即宗密一番宗教精神之最好表現也。

故宗密雖極尊神會，而於神秀亦不深斥。《指月錄》引宗密《草堂禪師戕要》有曰：

秀公為黃梅上首，頓宗直指，縱曰機器不逮，然亦飫聞飽參矣。豈甘自為漸宗徒也。蓋祖道於時疑信半天下，不有漸，何以顯頓哉。至於紛爭者，皆兩宗之徒，非秀心也。

此一種持平之論，與神會所諍大有辨。然經典知解，究非一行三昧之謂。禪宗後起，如藥山不許人看經，百丈謂：解得三乘教，覓佛即不得。宗之與教，已成如此隔閡。但禪宗之再演進而至於參話頭，已與淨土口念南無阿彌陀佛無異。禪淨合一，皆在修行，不在知解。而即在弘忍神秀，亦有令人齊速念佛名，令淨心之說，見杜朏《傳法寶紀》。宗密資性所近，則自好為哲理之探討，於文字經典上多用工夫，此固不得為曹溪禪之正宗嫡傳，而亦復與神秀北宗有別。教之與宗，終自不同，可於此覘之。而宗密之特出處，亦於此見矣。

又按：方釋迦有感於此身之有生老病死，而月夜離家，此亦後世禪宗所謂心有未安也。逮其坐迦耶山菩提樹下得悟，此則心已得安，遂據以說法，問題即皆在當下一念上。非有如哲學家悟得一套宇宙論，或如後起進化論物種原始之類之一套生物學知識也。今宗密說一切有情，皆有本覺真心，即真性，而以此本覺真性認為一切生命之開始，其《原人論》所謂真源了義者在此。是宗密之原人，其主要精神只限在生命界，雖可說是一種絕對的唯心論，然只是一種生命哲學，究與達摩以至惠能歷代禪宗相傳注重在實際人生之唯心論不同。惠能曰：佛法在世間，不離世間覺，離世覓菩提，恰如求兔角。又曰：一切經書，皆因人說有。又曰：不悟，即佛是眾生。一念若悟，即眾生是佛。故知一切萬法，盡在自身心中。何不從自心頓現真如本性。用近代語說之，可謂禪宗所認佛法只是一種人生哲學，又是當下即是的日常人生。禪宗之絕對唯心，亦只限於人生界之當下現實。而宗密所主張，則已由生命界而侵入宇宙論範圍。縱謂一切有情皆有一本覺真心，然無情即無生界，又何以說之。此處遂見宗密《原人論》一大破罅，大漏洞。今再放開言之，佛法中本有佛法僧三寶，禪宗之達於極趨，則可謂只賸了僧，而沒有佛與法。尤其極趨，則僧亦可無，只賸有人。《壇經》所謂在家亦得，不由在寺是也。宗密則要在僧與人之上仍加有佛與法，其所重則更在法。重法則轉入哲學思維，而在哲學思維中，又不能僅限在人生界與生命界，必侵入宇宙論範圍，而宗密採中國道家說，謂混一元氣即真一靈心之所變，此若可完成其宇宙的絕對唯心論之系統，然實未能有所證成。則亦終未得謂之為了義。其謂心識變成二境，一為人生界，一為天地山河，即自然界，究屬粗疏，不成體統。蓋宗密立論，專據佛書為說，其病猶小，會通之於中國儒道兩家說，則其病更大也。

佛學入中國，至是已久歷年數。若從宗教修行言，則到禪宗而鞭辟入裏，更難有進。若從思想知解言，則會通中國儒道兩家以完成一系統，亦已如箭在弦上，有不得不發之勢。宗密之《原人論》，正其嚆矢也。其書之可值重視者在此。然其事則須待有宋理學家出而始告完成。有宋理學家原本古先儒家言，分別心性。心只限於一切有情，性字則兼包有生與無生，此可為宗密更進一解。佛家亦說性含萬法，一切法在自性，然佛家終是從人生界看性，必言佛性，究不如儒家言性之更為恢宏。又謂心屬氣，性屬理，整個宇宙，不專以唯氣一元說之。唯氣一元，則偏近唯物，與中國傳統乃至佛家說皆不合。但亦非理氣二元，實當謂之理氣混合之一元。氣必涵理，理必附氣。中國古人言天人合一，宋代理學家則易之以理氣合一。其所主張，實較宗密之心識變成二境，遠於情實為符。且理字又兼攝佛家之因緣義。理學家言理氣，已遠勝於佛家之言因緣。如因種子而生果，瓶緣泥而成。既言因緣，則必有物有氣，而理亦寓之。佛家言：佛為一大事因緣出世。其實宇宙人生之整體，悠久盛大而多變，即是一大事，而此一大事，則亦只是一因緣和合而已。既推闡至此，又何必拘拘焉專為原人一端立論乎？亦可謂專論生命哲學，終是未了，必推論及於宇宙全體，乃始有了義可覓。惟禪宗之專主實際人生，則又當別論。

理學家之可寶貴，在其喫緊人生，於宇宙萬物之推闡，莫不以人文界為基點而出發。其於人文界，則特重人之心性與修行。此一層，其精神乃特與禪宗為近。但禪宗不脫佛學傳統，以出世離塵為主，理學家則以淑人拯世為本。因此禪宗推論宇宙，必歸之於寂滅空虛，而理學家論宇宙，則不忽其悠久性與複多性。此乃雙方之大異處。宗密初受披薙於道圓，為禪門傳法。後又執弟子禮於華嚴第四祖澄觀，獲嗣法為華嚴第五祖。其書亦名《華嚴原人論》。而澄觀亦曾受法於神會法嗣五臺之無名禪師。今可謂神會主頓，華嚴澄觀則尚圓，雙方本可相通，宗密之稱大宏圓頓之教者在此，而神會一支之終不得預於曹溪惠能之正宗嫡傳者亦在此。理學家提出理氣混合之一元論者為朱子。朱子力闢禪學，而於華嚴亦有所稱道。今若必謂理學近禪，則程朱一派，在修行精神上實近曹溪，而在思辨知解上，則轉近華嚴圭峯，此又不可不知也。

理學中在修行精神上更近曹溪，而於知解上絕不走圭峯一路者，則為與朱子同時之陸象山。至明代王陽明而厥風大肆。陽明晚年，始唱良知為造化精靈之說，亦由人生界闖進宇宙界，而提出其三教合一之觀點。然陽明在此方面，僅粗抽端緒，王龍溪承之，亦未能有發揮。亦可謂陸王仍僅留駐在曹溪禪一邊，未能如神會以至宗密之蘄求由頓達圓之路。象山譏朱子為支離，不知伊川晦菴意欲求圓，由漸入頓，由頓歸漸，雙方兼顧，實亦不能以支離譏之也。若循此說之，則理學家中之程朱一派，正於惠能法無漸頓定慧合一之大宗旨，更能有所推衍深入，確非象山陽明所及也。

神會在滑臺大雲寺之定南北宗旨，大播神秀師承是傍法門是漸之說，實僅是當時佛門中一諍論。神會意氣激昂，而於佛門中一套修行精神，則顯見疏遠。故此下禪家，於此事皆不願多談。甚至神會名字，亦若湮若晦，而其文字著述，亦失落不傳。宗密承神會而益進，其努力，更偏在文字知解上，會通禪學於起信圓覺華嚴，而在修行精神上，亦能兼顧，惟不見有持著處，其在哲學思維上，則實能有組織，自尋一系統。故立論歸根雖在頓，而親所從事則屬漸。而屬文字知解之漸者為更大。因此在曹溪傳統下，亦不甚稱述。而較之神會，則隱顯不同矣。逮及宋代理學興起，於修行精神上既密近禪宗，而在思維知解上，則較宗密益進。所以在中國全部學術思想史上，禪學終讓位於理學，而宗密《原人論》，亦終淪於若陰若晦之列。今特為鉤稽出之，加以撮述，庶使關心於儒佛進退，及宗教與哲學異同之間，乃至於理學中程朱與陸王之分別所在，亦可由此而有所窺入也。

評胡適與鈴木大拙討論禪

胡適與日本鈴木大拙曾對中國禪學有過一番書札往復的討論。胡書大意謂：

禪是中國佛教運動的一部分，中國佛教是中國思想史的一部分。只有把禪宗放在歷史的確當地位中，才能確當了解。這像其他哲學思想宗派是一樣的。

鈴木書大意是說：

禪必須先從內在來領會。只有在做過這種領會之後，才可去研究禪的歷史外觀。

今從第三觀點，認為兩人說各有是，亦各有非。各有得，亦各有失。

胡適對中國禪學，並無內在了解，先不識惠能神會與其思想之內在相異，一意從外在事象來講禪學史，是其病痛所在。不僅講禪學犯此病，其講全部中國思想史，幾乎全犯此病。

胡適先未深求孔子思想內在的大體系，便把孔子思想納入中國史的範圍裏來看，遂若孔子思想與帝皇專制結了不解緣。其實胡氏亦未對所謂中國帝皇專制的內在政體深求。思想與制度，雙方落空，無內容、無實情，便配搭來講歷史，那只是形式的、虛無的，非真歷史。

即專就思想史言，孔子上承周公，下啟孟子，豈不是一確當地位。但孔子思想何處上承周公，何處下啟孟子，須從內在實情中去研求。若不先深明孔子思想之本身，則其上承周公下啟孟子處皆把握不到。只說中國儒學由周公孔子而孟子，只成一虛格套，空洞形式，一番無內容的廢話。

今說周公為相不為君，孔子承之，只想為現政權服務，不作領導政治之第一人想，此下儒家由孟子起，全如此。則中國儒家豈不從頭與專制帝皇配合，為從不為主，僅供專制帝皇之使用。從形式上論，未嘗不是。實則徹頭徹尾，只是一形式，無內容，無實情。而歷史本身則絕非如此。

又如言文學史，中國文學有中國文學之內容。自《詩經》而《楚辭》而漢賦，以及建安以下，各時代有各時代之因與變。其間有同有異。但胡氏寫《白話文學史》，只注意在文言與白話一節目上，此仍是形式的。無關文學內在之真實性。

近幾十年來，此一習俗成為風氣，只從外面形式上來講歷史，於是講政治史，則自秦以下為一大變，講文學史，則自元以下為一大變。究竟什麼是中國傳統政治與中國傳統文學，皆可不究。只覺民國以下，政治是民主了，文學是以白話為正宗了，較之以往數千年來，莫不沛然大變，煥然一新。當前主要任務，則惟慕效西方，力求所謂現代化，其實還是一形式主義。依樣葫蘆，不問葫蘆裏賣的是什麼藥。

胡氏又提出當時禪宗祖師們的一套困學教育法，認為這方法以不說破為原則，可分三階段。鴛鴦繡出憑君看，莫把金針度與人。禪師們在第一階段時，不把事情用和平語言解釋，鼓勵沙彌去自己思考，自己發現。第二階段則是禪師們的機鋒與棒喝。於是轉入第三階段，由沙彌們去行腳。用此來說禪宗發展史，乃只是外皮形相。並未觸及禪學思想之內在深處。而且胡氏以偽撰與捏造來說神會，與以不說破來說整體的禪師說教，似乎都是以一種不正常乃至不良的心理和行為來解釋轟動一世的思想，與其解釋儒家思想，正犯了同樣相似的大病。

鈴木的回答是說：歷史是一種公共財產，可說是客觀的東西。但歷史的角色或創造者，卻不是歷史家可做客觀掌握的。構成他的個體性或主觀性的，不能從歷史性的考察去獲得。因此它拒離客觀考察，只能被各人自己去領會，自己去直觀。深入它內在的奧秘，不是歷史家的事情。胡適未能了解這一點。

鈴木此層，亦可商榷。如孔子夢見周公，領會到周公之內在奧秘，而周公則是一歷史角色與創造者，但確為孔子的客觀所獲得了。歷史是公共客觀的。但同時必為個別主觀所考察而認取。孔子用自己主觀來領會周公，但孔子所領會，同時亦即是客觀的。孔子領會周公，是領會周公之個體性與主觀性，但同時即領會到周公之時代，與其在此時代的創造與所成的角色，亦即是同時領會了周公時代之歷史內涵的共同性。鈴木謂歷史每個人都可接近，是仍認歷史只是一形式，未能跳出胡氏的圈套。

鈴木又謂，胡氏沒有資格來就禪論禪，禪必須從內在去了解，不從外在。胡適知道禪的歷史環境，但卻不知道禪本身。此層仍可商榷。研究惠能的禪，不能不知惠能禪的歷史環境。至少從達摩到弘忍是如何，神秀與惠能是如何，南嶽青原與神會又如何。全撇開了惠能當時禪的歷史環境，又如何來直參惠能禪之本身是如何？

鈴木又說：僅從智性分析不能解釋禪，智性是關乎語言文字與觀念的，永遠不能接觸到禪。禪必須先從內在領會，只有在做過這種領會之後，才可去研究禪的歷史外觀。此層一樣可商榷。禪宗不立文字，但至少弘忍是以《金剛經》應無所住而生其心一語來啟悟惠能。惠能亦以一部《壇經》來教人依持。我們今天，也只從禪的歷史來領會禪。歷史不僅是外觀，而語言文字也可作內在領會之憑藉階梯。

鈴木又說：胡適似乎提出道生頓悟以為是禪宗思想的開端，但頓悟卻是佛教的根本本質。佛陀在尼連禪河畔菩提樹下的開悟，亦就是頓悟。在禪宗史中，惠能是獨步的，他的教訓，是禪那與般若為一，確實是革命性的。在惠能之前，兩者被認為是分開的。道信與弘忍都未能將禪那和般若的同一和分別說清楚。神會對頓悟教訓之強調，並未能完全反映出惠能的真精神。鈴木這一番話，已透入禪的歷史來講，可謂能從內在來領會。但還可有商榷。佛法遠從佛陀起，有其內在，同時亦有其外在。惠能亦然。隋唐以下，佛教中國化，惠能禪的革命，亦有其中國化的深厚的外在意義。外內不可分，專從禪那與般若之分合為言，似乎於惠能禪的個體性與主觀方面，終嫌未盡把握到。鈴木亦說智顗與法藏，尤其說法藏更為偉大，代表佛教思想在中國的頂峯，是中國心靈令人驚異的成就，也是世界思想中有最高重要性的東西。惠能成就，其在文化史上的價值，與智顗法藏相等。循此說下，應該說到佛教在中國思想史中的地位與價值。惜乎鈴木對此，未有更深一層的闡說。

鈴木此下，提到馬祖名言平常心是道。但鈴木的闡說，似乎偏重了內在之心，沒有更注意到外在的道。只鈴木說：胡適認為用最直接的方法要和尚自己去認識真理，是一種瘋狂的禪宗方法，這卻直入閫奧，把禪理的深處指點出。但鈴木究對中國思想史的大傳統，未有深入研尋，這也未足深怪。

鈴木又說：知識有兩類，第一種是可知的知識，第二種是不可知的知識。當知識是主體與客體的關係時，這個知識是可知的，因為它是公共財產，每個人都可接近的。當它不是公共財產，而是完全私有的，不能被他人分享的東西時，它就是不可知的。是一種內在的體驗的結果，它全然是個人性和主體性的。奇異的是，儘管這種體驗是私有性的，任何具有這種體驗的人，卻絕對相信它的普遍性。他知道每個人都有它，但並非每個人都意識到它。

鈴木這番分析，更大可商榷。凡屬知識，一面是個人性主體性的，但另一面又必是共同性客觀性的。但個人主體性有深淺，共同客觀性有廣狹，其分別只在此。宋代理學家常責禪家心性不分，其實禪家說性，即說佛性，這是共同而客觀存在的。以己心悟佛性，即是以個人主體的知識來體會共同客觀之存在，此即佛性。悟到佛性其實也只是己心。佛性與己心為一體，故說明心見性。中國儒家說心性，大義亦如此。惟先秦儒言道，宋明儒言理，佛家言法，其間儘有不同。但同樣是一共同客觀之存在。個人主體的知識對象即在此。故竺道生說頓悟，又說一闡提亦得成佛，惠能說頓悟，又說煩惱即菩提，眾生即佛。一切知識，其最終境界必然是公共財產，不能完全私有。

鈴木又用許多話來發揮他提出的般若直觀與內在知識。又說：某種東西是最終的實在。或主體性，或空。而最重要的，它是自我意識的。這個自我意識即是知，而宗密與神會都十分正確的把它認做是禪宗一切秘奧之門。這裏又是鈴木意見之很值商榷處。鈴木只研究中國禪學，卻未注意到中國禪學史。因此鈴木論禪，雖極主個人性與主體性，但實際只講了禪之共同性與客觀性。

他並未從達摩以下迄於惠能，乃至南嶽青原以至馬祖，及此後禪的每一宗派，對每一禪師作為分別的觀察，而指示出每一禪師之個性主體所在。如此始是同中見異，先後演變，於傳統中有創新，於多樣中見一色，便成了禪學史。但鈴木只用力描繪了禪的共同面貌，禪的普遍性。在胡氏發現敦煌神會遺集以前，鈴木只讀《傳燈錄》等書，根本未注意到神會。但因胡氏自震於其所發現，過分渲染了禪學史中神會之重要性，卻未能深入體會到曹溪禪與荷澤禪之各別相異處，乃遽認神會為中國禪學史中一革命人物。鈴木認為禪學革命在惠能，不在神會，此是其見到處。但亦未能就神會與惠能加以分別，亦震於胡氏之所發現，把神會所說認為是禪宗一切秘奧之門，則何以從南嶽青原馬祖以下，禪宗諸祖師皆只提曹溪，不提荷澤，遂使神會之名，未百年即暗晦消失，在《傳燈錄》諸書中，絕不見其地位之重要，此是一歷史明證。可見此下中國禪學只重曹溪，不重荷澤。惟宗密能尊荷澤，但又從神會轉手，於禪學外又旁通以華嚴，又於悟外兼修，於心外重緣，於荷澤一宗，並明加指摘。而鈴木把宗密神會混並說之，又把《傳燈錄》中曹溪禪的諸祖師們的言語來證釋神會意見，那不得不說是鈴木太粗疏亦是大錯誤所在。

鈴木又說：把禪適當的安置在某個角落，並不能窮盡它的意義。因禪絕不僅是歷史。歷史可以告訴我們許多禪與其他事物的關係，但那全都是關於禪，而不是我們每個人都生活著的禪本身。此處又可有商榷。鈴木不了解什麼是歷史，只認禪與其他事物關係處有歷史，不知禪本身之內在演變亦是歷史。淺譬說之，不僅人與人關係處有歷史，每一人之本身，自幼到老，其一切內在生長過程亦有歷史，而且是更重要的。鈴木只說歷史框架，此亦是形式的。不知歷史不只是一框架，是一形式。歷史本身有內容，有生命，有主體，有個性。如說儒學史與禪學史，便各有其內在之生命與個性為之作主體。如說中國思想史與西洋思想史亦然。任何一家之禪，雖是生長於禪學史中而各有其生命。絕不如鈴木所想像，把禪放在歷史角落的即非禪本身。

鈴木又說：禪確實是世界思想史中一個偉大的革命。它起源於中國，不可能起源於任何其他地方。中國有許多值得驕傲處。中國人的成就是了不起的。諸如智顗法藏這樣的佛教哲學家，無疑是中國人的果實。但也可說他們的思想方式，由印度先驅所激發，使得中國人心靈完全肯定其自身。而與印度心靈有所不同的則是禪。禪只有在中國人的土地上得以如此繁茂。鈴木此處所說，實際已說上了歷史。應從印度佛教史，中國佛教史，禪宗史，乃及中國思想史等各部門、各方面，來求取解釋與證明。鈴木又說：禪在中國人的德性智性與精神上發揮如此大的力量，是什麼原因呢？這答案應在中國歷史中去求，至少應在中國思想史中去求。這一大工作，非鈴木所能擔任。鈴木只說中國人是腳踏實地的，遂從禪門故事中提出了許多例。那是一種淺的闡釋，並未深入到中國禪的內在深處，並未通透到中國禪與中國儒道兩家思想之內在融通處，與其心靈生命之真來源。換言之，我們須將禪學史與以前的儒道思想史乃及以後的理學思想史一併研究。明得了儒道思想乃及理學思想，更可明白得禪學思想。亦從明得了禪學思想更可明白得儒道思想與理學思想。

胡氏說：禪是中國佛教運動的一部分，而中國佛教是中國思想史的一部分。只有把禪宗放在歷史的確當地位中，才能確當了解。這像其他哲學思想宗派是一樣的。這話並不錯，只惜胡氏不了解禪，鈴木不了解禪學史乃及中國思想史，所以他們的討論，都嫌不深入，還待繼起學者之努力。

鈴木最後又說：惠能帶給中國佛教的福音是般若與禪那的同一。神會在宣揚這個題旨方面是最有表現力的，他比馬祖石頭等人，在對禪的了解上更為智性。也就由於這個原因，他的宗派未能抓住中國的人心。中國人的心智，不傾向於智性或形上學，而禪是中國本土心智的產物。他厭惡這種智性的風格。臨濟禪更為適合禪的精神，與中國人的落實性格甚為相合，它是直指目標的。不論怎樣說：般若與禪那的同一，這是禪的本質，已經由神會用相當明白的方式說出來。

此處鈴木涉及禪的本質及禪學發展史之兩項。但鈴木自身意見，顯有內在衝突，仍值商榷。若果惠能禪學，從中國人心智發出，何以神會最能表現惠能禪的本質，而未能抓住中國人的心。而臨濟宗又最適合禪的精神呢？鈴木所謂禪的本質與禪的精神間又當作何分別？又謂臨濟宗直指目標，但禪那與般若之合一，究能說是取徑，不能說是目標。鈴木在此等處，皆未能更有分疏。蓋因鈴木本未在禪學史之進展上留心，復震於胡氏對神會史料之發現，竟亦謂神會最表現了惠能，而惠能之發展，應屬臨濟，不屬神會，鈴木亦非不知，而未能再有闡釋，遂有此含混而矛盾的說法。最多我們可以說，鈴木只把自己的主觀來說禪，故說神會最能表現禪的本質。但鈴木未能把客觀的中國禪學史來說惠能禪，故未能深入惠能禪之深處。

以上評胡氏與鈴木兩人之討論禪學竟，此下略抒己見。人生當分心的內在與事的外在之兩面，由兩面合成一體。心必以事為表達而完成。事必以心為發動與歸宿。印度心理重心，西方心理重事。中國人心理，則心事兼重。《中庸》言，人鮮不飲食，鮮能知味。飲食屬事，知味屬心。佛教徒不肯以飲食為事，不得已，乃沿門托缽。西方人從事飲食，成為功利人生中一手段，而知味非所重。故其烹飪遠不如中土之精美。飲食不可免，猶之一切人事不可免。佛教徒出家離世，人事方面能避則避，能免則免。而色與殺最所當戒。西方人以戀愛與鬬爭為人生兩大事。某一西方教授告余，君言歷史當以人為主，此固不誤，但其人苟無歷史事業，則其姓名亦不獲入歷史。余告以此非余兩人意見相異，乃東西方歷史本身相異。印度心理不重事，故無歷史。中國在事業上無所表現之人，亦多入歷史記載，並佔重要地位。故可謂印度重心，西方重事，中國則重人。重人乃心事並重。佛教中國化，即成佛教之世俗化，禪宗即其著例。馬祖言，平常心是道。謂只如今行住坐臥，應機接物盡是道。故南泉弟子景岑禪師言，在他們未進入鹿苑時，還知道得多些。此即主張心事合一。百丈為禪堂立規矩，正如惠能在東山碓米砍柴，也即是參禪悟道一正途。

心有悟，事在修。達摩言理入行入，惠能偈本來無一物，何處惹塵埃。而弘忍告以應所住而生其心。此是有了悟，仍有修。故惠能言，人有利鈍，法無頓漸。必為頓漸分旁正，乃是神會所主張。故神會言，修習即是有為諸法。又曰：未得修行，但得知解。知解屬心，修習修行則必寓之事。神會弟子靈坦，要蟬蛻萬緣，誓究心法。宗密以禪學會之華嚴，知理事無礙，事事無礙，故於神會之唯宗無念、不立諸緣之說，加以批斥。

然禪宗終自佛教中來，若依中國儒家義解之，神會只在致知階段，而又要不格物而致知，終嫌心事分別。惠能曹溪禪，可謂已到修身階段，而齊治平皆尚未及。若言本來無一物，何處惹塵埃，則家國天下亦無塵埃可著。若言無住而生其心，則居家生齊家心，出仕生治國心，在人群中生平天下心，何嘗不是應機接物。此處正應無是非，無取捨。何必定要把家國天下與身作分別觀。人在家國天下中，何嘗不是當下直接。砍柴洗碗，不必不屑為，何以齊治平硬要不屑為。古鏡可以天地通明，何以定要把家國天下放在灰黑面。佛法究竟是一空，但中國人心智，則只是一真如。此真如是心事合一，卻不必定要說心事皆滅。理事無礙，事事無礙，斯則齊治平亦無礙。依惠能曹溪禪說應是修無礙，只要平平實實當下現前做一人，不一定要作佛，則為何定要出家，亦可在家修。在家修，便連帶而生齊治平諸業。宋代理學家，只在禪學精神中更進一步，便回到腳踏實地的中國人心智。

至於禪有不可說處，中國儒學亦有不可說處。其實一切思想皆有不可說處。故孔子曰：予欲無言。又曰：予無行而不與二三子者是丘也。不可說，即不可知。故孔子曰：知我者其天乎？心屬內在，何可言，何可知。但心生活即人之內在人生，有一共同要求，曰心安心樂。印度人離事，專求內心安樂。西方人則專在事上求，此心卻會永不安樂。中國人能不離事，卻得此心安樂。此心安樂，即是中國人的人生目標。飯疏食、飲水、曲肱而枕之，孔子曰樂亦在其中。一簞食、一瓢飲，在陋巷，孔子曰：人不堪其憂，回也不改其樂。周濂溪教二程尋孔顏樂處所樂何事。可見樂在心，亦不離事。要心樂，先求心安。孔子曰：汝安則為之。又曰：察其所安。慧可向達摩求心安，達摩教其覓心不得，卻說我與汝安心竟，此是佛法。孔子曰：仁者安仁，知者利仁。仁即是教人在世界人群中做人。能在世界人群中做人，此心即安。知者知此事，卻未真到此境界。《大學》言，知止而後有定，定而後能靜，靜而後能安，安而後能慮，慮而後能得。知止靜定即天台之止，禪家之定，鈴木謂之禪那。慮是天台之觀，禪家之慧，鈴木謂之般若。惠能言無念法門云：無念法者，見一切法，不著一切法。遍一切處，不著一切處。於六塵中不離不染。又說：外迷著相，內迷著空。於相離相，於空離空。即是內外不迷。惠能不教人離相著立，即不教人離事著心。惠能只教人心正法華轉，何曾要人覓心不得。神會亦言定慧等，卻要離事言定，離修言慧。此是一大分別。竊謂依此來看中國禪，來治中國禪學史，庶可把禪放在中國佛學史、中國思想史中，得一確當地位也。

禪宗與理學

後世言理學，必謂其涉禪。顧理學家必闢禪，雖陸王亦然，而程朱尤甚。今平心稱量，姑拈其言性者論之。禪宗意見，反有較程朱轉近孔孟處。陸王較近禪，故亦較與孔孟近。試舉羅整菴《困知記》述之。整菴《困知記》，排擊陸王，亦反禪學，高景逸謂其於禪學，尤極探討，發其所以不同之故，自唐以來，排斥佛氏，未有若是之明且悉者。

《困知記》云：

有物先天地，無形本寂寥，能為萬象主，不逐四時凋，此高禪所作也。自吾儒觀之，昭然太極之義，夫復何言。然彼初未嘗知有陰陽，安知有所謂太極哉，此其所以大亂真也。以佛家言為據，則無始菩提，所謂有物先天地也。湛然虛寂，所謂無形本寂寥也。心生萬法，所謂能為萬象主也。常生不滅，所謂不逐四時凋也。求之吾儒之書，太極生兩儀，是固先天地而立矣。無聲無臭，則無形不足言矣。富有之謂大業，萬象皆一體也。日新之謂盛德，萬古猶一時也。詩凡二十字，其十六字彼此無甚異同，所當辨者三字耳。物也，萬象也。以物言之，菩提不可為太極明矣。以萬象言之，在彼經教中即萬法耳。以其皆生於心，故謂之能主，然所主者實不過陰界入。自此而外，仰而日月星辰，俯而山河大地，近而君臣父子兄弟夫婦朋友，遠而飛潛動植水火金石，一切視以為幻而空之矣。彼亦得復有所謂萬象乎哉。為此詩者，蓋嘗窺見儒書，遂竊取而用之耳。余嘗謂天地間非太極不神，然遂以太極為神則不可。誠以太極之本體，動亦定，靜亦定，神則動而靜，靜而能動者也。以此分明得見是二物。故〈繫辭傳〉曰：一陰一陽之謂道，又曰陰陽之謂神。由其實不同，故其名不得不異，然其體則同一陰陽，所以難於理會也。佛氏初不識陰陽為何物，故無由知所謂道，所謂神。但見得此心有一點之靈，求其體而不可得，則以為空寂。推其用而偏於陰界入，則以為神通。所謂有物者此耳，以此為性，萬無是處。

今按：《困知記》此條引儒書皆屬〈易繫〉。整菴譏佛氏初不識陰陽，不悟孔孟亦不道陰陽。即

《周易》上下經，亦不言陰陽。《易傳》中所謂道與神，復與孔孟所謂道與神者異。蓋〈易繫〉已羼入道家言，非孔孟本旨。孔孟言性，特據人心言之，未嘗就陰陽萬物以言性也。宋儒如濂溪晦翁，始本〈易繫〉言天地萬物而推至於人性。朱子言氣，即本〈易繫〉之陰陽。言理，即本〈易繫〉之道。朱子主橫渠氣質之性與義理之性之別，亦即理氣之辨。謂朱子承〈易繫〉則可，謂朱子承孔孟則有辨。《困知記》此條，正可看出禪宗與程朱異處。余固非謂禪宗即近孔孟，然就孔孟言心性，不廣涉外界天地萬物一點，則禪宗意態，實與孔孟相近。至《困知記》謂禪家此偈乃竊用儒書，此亦有辨。莊生有言：

> 夫道，有情有性，無為無形。可傳而不可受，可得而不可見。自本自根，未有天地，自古以固存。神鬼神帝，生天生地。在太極之先不為高，在六極之下不為深，先天地生不為久，長於上古不為老。

此豈亦窺見儒書，遂竊取而用之耶。惟整菴此條，有一極關重要之辨析。整菴謂佛家萬象即萬法，實不過陰界入，此頗近西方哲學上之唯心論。孔孟雖不言陰陽，然並不抹殺外界事物。蓋孔孟所重在人生界，《易》、《庸》周朱則越入自然界，而另創其一套形上學之意見。如再深細言之，《易》、《庸》所涉，大體仍在宇宙論範圍，而宋儒如橫渠朱子，則更富於形上學精神。此種轉變，實受佛學影響，此則為整菴之辨所不及也。

《困知記》又云：

僧問忠國師，古德云：青青翠竹，盡是法身，鬱鬱黃華，無非般若，有人不許，云是邪說，亦有信者，云不思議，不知若為？國師曰：此是普賢文殊境界，皆與大乘了義經合。故《華嚴經》云：佛自充滿於法界，普現一切群生前，隨緣赴感靡不周，而恆處此菩提座。翠竹既不出於法界，豈非法身乎。又《般若經》云：色無邊，固般若亦無邊。黃華既不越於色，豈非般若乎。又華嚴座主問大珠和尚云：禪師何故不許青青翠竹盡是法身，鬱鬱黃華無非般若。珠曰：法身無像，應翠竹以成形。般若無知，對黃華而顯相。非彼黃華翠竹而有般若法身。故經云：佛真法身猶如虛空，應物現形，如水中月。黃華若是般若，般若即同無情。翠竹若是法身，翠竹還能應用。若見性人，道是亦得，道不是亦得。若不見性人，說翠竹著翠竹，說黃華著黃華，說法身滯法身，說般若不識般若，所以皆成諍論，宗杲云：國師主張翠竹是法身，直主張到底，大珠破翠竹不是法身，直破到底。老漢將一個主張底一個破底收在一處，更無拈提，不敢動著他一絲毫，要你學者具眼。余嘗舉翠竹黃華二語以謂與鳶飛魚躍之言絕相似，只是不同。據慧忠分析語與大珠成形顯相二言，便是古德立言本旨。大珠所以不許之意，但以黃華翠竹非有般若法身爾。慧忠所引經語，與大珠所引經語皆合，直是明白，更無餘蘊。其與吾儒鳶飛魚躍之義所不同者，誠以鳶魚雖微，其性同一天命也。飛躍雖殊，其道同一率性也。彼所謂般若法身，在華竹之身之外。吾所謂天命率性，在鳶魚之身之內。在內則是一物，在外便成二物。二則二本，一則一本，詎可同年而語哉。且天命之性，不獨魚有，華竹亦有之。程子所謂一草一木亦皆有理，不可不察者，正惟有見乎此也。佛氏只緣認知覺為性，所以於華竹上便通不去，只得以為法界中所現之物爾。《楞伽》以四大種色為虛空所持，《楞嚴》以山河大地咸是妙明真心中物，其義亦猶是也。

今按：《困知記》此條所謂儒說，皆本《中庸》。《中庸》、〈易繫〉，皆秦漢間儒家羼雜老莊道家言所成，非孔孟本旨。鳶飛魚躍雖本《詩》句，然莊生有言，夢為鳥而厲乎天，夢為魚而沒於淵，道烏乎往而不存。《中庸》之旨，實自莊生來。整菴謂佛氏只認知覺為性，孟子以惻隱辭讓是非羞惡言性，獨非知覺乎。若曰鳶魚華竹皆屬天命之性，皆有率性之道，是謂人之性猶犬之性，犬之性猶牛之性也。又豈人能弘道，非道弘人之旨乎。孟子只言人之性善，絕不言鳶魚之性皆善。孟子只言人皆可以為堯舜，絕不言率鳶魚之性而皆是道。今欲於鳶魚華竹上皆通得去，故必凡天下之物而格。孟子曰：子歸而求之有餘師，又曰：求其放心而已矣，此又何說哉。

整菴謂禪家翠竹黃華，近似鳶飛魚躍，此固得之，然其間亦有辨，而整菴亦已辨之甚析。然所辨亦僅辨得禪家與《易》、《庸》之異耳。若論其究竟，則禪說與孔孟轉較近，而程朱與老莊轉較洽，此乃觀於《困知記》此條而可證者。又整菴譏禪說為二本，其實孔孟禪宗皆一本之於人，莊老則一本之於物，皆一本也。惟一本之於人，故重此心之覺知。惟一本之於物，故貴去知無覺，如莊生之論是也。程朱排釋氏以知覺言性，亦不全從莊老之絕學去知，自創新說。整菴似欠發揮。《困知記》又云：

程子嘗言，仁者渾然與物同體，佛家亦有心佛眾生渾然齊致之語，何其相似也。究而言之，其相遠奚啻燕越哉。唐相裴休，深於禪學者也，嘗序《圓覺經疏》，首兩句云：夫血氣之屬必有知，凡有知者必同體，此即心佛渾然齊致之謂也。蓋其所謂齊，固不出乎知覺而已矣。且天地之間，萬物之眾，有有知者，有無知者，謂有知者為同體，則無知者非異體乎。有同有異，是二本也。蓋以知覺為性，其窒礙必至於此。若吾儒所見，凡賦形於兩間者，同一陰陽之氣以成形，同一陰陽之理以為性，有知無知，無非出於一本。故此身雖小，萬物雖多，其血氣之流通，脈絡之聯屬，元無絲毫空闕之處，無須臾間斷之時，此其所以為渾然也。

今按：孔孟屢言仁，未嘗言與物同體也。與物同體，此亦莊生惠施言之。惠施本之名言分析，莊子則本之陰陽之一氣，所謂觀化而得其原也。程朱言與物同體，實本諸莊周，非本之孔孟。陽明亦時言與物同體，故時時陷於程朱圈套，不能自圓其說。惟象山對此最少言，故象山與孟子，亦若最近。禪宗雖亦言有情無情會為一體，然其意與莊老程朱自別。蓋禪宗不喜於身外物界尋求也。晦堂與夏倚公立談，至《肇論》會萬物為自己者，及情與無情共一體。時有狗臥香桌下，晦堂以壓尺擊狗，又擊香桌，曰：狗有情即去，香桌無情自住，情與無情如何得成一體。夏不能對。晦堂曰：纔涉思維，便成剩法。何曾會萬物為己哉。朱子主即凡天下之物而格，以求其一旦豁然而貫通，此又奚啻晦堂所謂纔涉思維而已耶。又文益辭地藏，藏送之，問曰：上座尋常說三界惟心，萬法惟識，乃指庭下片石，曰：且道此石在心內在心外。文益曰：在心內。藏曰：行腳人著什麼來由，安片石在心頭。文益窘無以對。藏語之曰：佛法不恁麼。若論佛法，一切現成也。若果陽明透得此意，則如《傳習錄》中巖中花樹之間，草木有無良知諸辨，諒亦不如是作答矣。孔孟自始便不言與物一體，故亦少卻禪師們此番繚繞。上述公案，若以近代哲學術語說之，孔孟只是人文本位論者，本未牽涉及宇宙本體論範圍。《易》、《庸》乃為宇宙德性一元論。禪宗則為唯心論。

周程朱子心是心，物是物，既非唯心，亦非唯物。若論本體，則萬物一體。若論工夫，則此萬物一體又實際歸落在心上。程朱乃主以此心工夫體會到萬物一體，從人生論上來建立宇宙論。故大程言，天理二字，由己體貼出來，朱子言天即理也。以心合理，即是以人合天。其立論之主要精神，仍不失孔孟人本位宗旨。惟從人本位上添進了宇宙論形上學一套，故其言似較孔孟複雜。而在言工夫上，朱子猶不免言孟子較粗，不如孔顏。今若專就心方面言，更不涉及宇宙萬物，則似禪宗轉較程朱為近於孔孟也。

《困知記》又云：

達摩告梁武帝：有云淨智妙圓，體自空寂，只此八字，已盡佛性之形容矣。其後有神會者，嘗著〈顯宗記〉，反覆數百語，說得他家道理亦自分明。其中有云：湛然常寂，應用無方。用而常空，空而常用。用而不有，即是真空。空而不無，便成妙有。妙有即摩訶般若，真空即清淨涅槃。又足以盡達摩妙圓空寂之旨。余嘗合而觀之，與〈繫辭傳〉所謂寂然不動感而遂通天下之故，殆無異也。然孰知其所甚異者，正在於此乎。夫《易》之神即人之心，程子嘗言心一也，有指體而言者，寂然不動是也。有指用而言者，感而遂通是也。蓋吾儒以寂感言心，而佛氏以寂感為性，此其所為甚異也。良由彼不知性為至精之理，而以所謂神者當之，故其應用無方，雖亦識圓通之妙，而高下無所準，輕重無所權，卒歸於冥行妄作而已矣。

今按：《困知記》此條辨儒釋異同極精要，顧亦復有辨者。整菴謂釋氏不知性為至精之理，此不徒達摩以來宗門不之知，即孔孟當時言性，亦未嘗謂性是至精之理也。孔孟言性，皆就人性言之。孟子曰，理義之悅吾心，猶芻豢之悅吾口，特謂理義出於人心之同然，由人心之充擴盡致而有理義，非謂性為理義以異於心也，性即理之說，出自程門，而朱子守之為極訓。蓋當時程朱唱學，實別具一番苦心。正患禪宗言性，高下無準，輕重無權，圓通之極，流於冥行，故務反宗門以為說。遂以其所見天地間有所謂至精不易之理者謂之性，但孔孟言性不如是，即〈易繫〉、《中庸》言性，莊老言性亦皆不如是。此乃程朱之特創。以今日語述之，禪宗乃一種唯心的宇宙論，程朱則為一種人本位之宇宙論。乃於孔孟人本位之傳統精神下，而羼進了莊老《易》、《庸》之一套宇宙論，故其言乃益見為會通。不細加剖辨，有時若其近於禪，有時又若其異於孔孟，有時若其轉用禪說以附會於孔孟。整菴雖一尊程朱以斥禪，而亦嫌其闡發之未盡明晰也。

《困知記》又云：

宗杲有頌云：斷除煩惱專增病，趨向真如亦是邪，隨順世緣無罣礙，涅槃生死是空華。嘗見杲示人有水上葫蘆一言，此頌第三句，即水上葫蘆之謂也。佛家道理真是如此。《論語》無適無莫，若非義之與比，何以異於水上葫蘆哉。

今按：《困知記》此條辨儒釋異同，語簡而盡。伊川謂敬只是涵養一事，必有事焉，須當集義。只知用敬，不知集義，卻是都無事也。竊謂都無事正是禪門宗旨。明道曰：敬只是中心沒事。上蔡曰：敬只是事至應之，不與之俱往。又曰：敬是常惺惺法。朱子亦曰：心中若無一事時，便是敬。竊謂此等心法，實皆從宗門來。孔孟舊義不如是。惟宗門空寂，可以心中無事，理學家反釋歸儒，則不能心中無事，故必以孟子之必有事焉者為敬。伊川於涵養外增致知，於居敬外兼窮理，朱子承之。程朱之所以反釋歸儒者在是，故必以義理為性，而不以宗門之以心之知覺而言性。象山一本孟子，亦於明道無異辭，而獨不喜伊川晦翁，在理學中遂成兩歧。而晦翁遂斥象山為近禪，正當於此等處闌入。

《困知記》又曰：

昔官京師，逢一老僧，請問如何成佛，渠亦漫舉禪語為答云：佛在庭前柏樹子。愚意其必有所謂，為之精思達旦。攬衣將起，則恍然而悟。不覺流汗通體。既而得〈證道歌〉讀之，如合符節。自以為至奇至妙，天下之理莫或加焉。後官南雍，聖賢之書未嘗一日去手，潛玩久之，漸覺就實。始知前所見者乃此心虛靈之妙，而非性之理也。自此研磨體認，積數十年，用心甚苦。年垂六十，始了然有見乎性之真。朱陸之學，於是乎僅能辨之，良亦鈍矣。蓋嘗遍閱象山之書，大抵皆明心之說，其自謂所學因讀《孟子》而得之。時有議之者云，除了先立乎其大者一句全無伎倆。彼以為誠然。然愚觀孟子之言與象山之學自別。孟子云：耳目之官不思而蔽於物，物交物則引之而已矣。心之官則思，思則得之，不思則不得也。此天之所以與我者。先立乎其大者，則其小者不能奪也。所貴乎先立其大者，以其能思也。心所思而得者，性之理也。是則孟子吃緊為人處，不出乎思之一言。故他日又云：仁義禮智非由外鑠我也，我固有之也，弗思耳矣。而象山之教學者，顧以為此心但存，則此理自明，當惻隱處自惻隱，當羞惡處自羞惡，當辭遜處自辭遜，是非在前自能辨之。又云：當寬裕溫柔自寬裕溫柔，當發強剛毅自發強剛毅。若然，則無所用乎思矣，非孟子先立乎其大者之本旨也。夫不思而得，乃聖人分上事，而豈學者之所及哉。苟學而不思，則此理終無由得。凡其當如此自如此者，雖或有出于靈覺之妙，而輕重長短，類皆無所取中，非過焉斯不及矣。遂乃執靈覺以為至道，謂非禪學而何。蓋心性至為難明，象山之誤正在於此。故其發明心要，動輒數十百言，而言及於性者絕少。間因學者有問，不得已而言之，止是枝梧籠罩過，並無實落。良由所見不的，是誠不得於言也。嘗考其言有云：心即理也。

然則性果何物耶。又云：在天者為性，在人者為心，然則性果不在人耶。既不知性之為性，舍靈覺即無以為道矣。謂之禪學，夫復何疑。象山亦嘗言致思，亦嘗言格物，亦嘗言窮理，然云格物致知者，格此物致此知也。窮理者，窮此理也。思則得之，得此者也。先立乎其大者，立此者也。凡所謂此者，皆指心而言。故其廣引博證，無非以曲成其明心之說，求之聖賢本旨，竟乖戾而不合也。楊簡嘗發本心之問，遂於象山言下忽省此心之清明，忽省此心之無始末，忽省此心之無所不通。詹阜民從遊象山，安坐瞑目，用力操存，如此者半月。一日下樓，忽覺此心已復澄瑩。象山目逆而視之，曰：此理已顯也。蓋惟禪家有此機軸。試觀孔曾思孟之相授受，曾有一言似此否乎。蓋二子之所見，即愚往年所見之光景。愚是以能知其誤而究言之，不敢為含糊兩可之詞也。

今按：《困知記》此條，辨孟子象山異同，亦精刻有力。指摘象山近禪處，甚透切。然象山正因其近禪，故其論心性轉若較近於孟子。不如程朱務反禪，故其論心性轉若與孟子有較不相近處。其實象山言心即理，不啻即是一種唯心的宇宙論，故於性字不免忽略過。程朱言性即理，乃綰合人生論與宇宙論而一之。其言性偏於本體，而言心則偏於工夫。如明道言敬，亦是心體上工夫。程朱言學，兼顧本體與工夫，後人頗疑其為一種二元論，不知其論本體固非二元，而必加進工夫言之，此我所以稱之為是人本位之宇宙論。而象山之說，其後即衍成即本體即工夫，即工夫即本體，雖若簡徑，但究不能只有了人生更無宇宙，此則象山之失。整菴曰：孟子先立乎其大者，貴其能思，所思而得者，性之理也，此一語，驟視之，若不免以程朱釋孟子，未必是孟子原意。因孟子只從人生立論，而程朱又添進了宇宙論一面，故有此異。整菴又曰：既不知性之所以為性，舍靈覺即無以為道矣。禪宗即以吾心之靈覺為道，遂即以為性，此固失之。惟若論工夫，則又豈復有超越於此心之靈覺之外者。故孔孟重言心，禪宗亦側重言心，若甚相近。惟孔孟言心不離事，禪宗言性貴不著事，此則相異。陽明承象山主事上磨練，此其所以確然為儒而非禪。其言心即理，亦並未排斥外界事物，認為只是一虛空。然在宇宙論上終少建立。惟程朱言性即理，此性此理，皆先天本原存在。心之靈覺，貴能識此性，識此理。禪宗主要重此心而不著物，朱子主性即理，理則先氣而存在。在此理字氣字中，則包括了宇宙與人生兩界。而在人生工夫上則重心，亦可謂是工夫上之唯心論者。不論在認識論修養論方面皆如此。故程朱絕未失孔孟人文本位之大傳統。而陸王則轉近禪味，其分辨即在此。

《困知記》又云：

程子言性即理，象山言心即理。至當歸一，精義無二，此是則彼非，彼是則此非，安可不明辨之。夫子贊《易》，言性屢矣，曰乾道變化各正性命，曰成之者性，曰聖人作《易》以順性命之理，曰窮理盡性，以至於命。但詳味此數言，性即理也明矣。於心亦屢言之，曰聖人以此洗心，曰易其心而後語，曰能說諸心。夫心而曰洗曰易曰說，洗心而曰以此，試詳味此數語，謂心即理也可乎。且孟子嘗言，理義之悅我心，猶芻豢之悅我口，尤為明白易見。

今按：《困知記》此條，取證《易傳》，以明程子性即理之說，然於《論》、《孟》則無證。孟子理義之悅我心，猶芻豢之悅我口，正是言心，烏得以此評象山。其實以性為理，其義亦本之道家。蓋道家言性，通於物而言之，而物則由於陰陽氣化，在陰陽氣化中乃見有分理。莊子曰：留動而生物，物生成理謂之形（〈天地〉）是也。故莊子亦常言物理，曰萬物有成理（〈知北遊〉），聖人者，原天地之美而達萬物之理（同上）。又曰：判天地之美，析萬物之理（〈天下〉）。又曰：無知之物，動靜不離於理（同上），曰果蓏有理（〈知北遊〉），曰萬物殊理（〈則陽〉），曰與物同理（同上）。又曰：所以語大義之方，論萬物之理也（〈秋水〉）。凡此所謂物理，由莊子言之，即天理也。故又曰依乎天理（〈養生主〉），去知與故，循天之理（〈刻意〉），至樂者，應之以天事，順之以天理（〈天運〉）。又曰：從天之理（〈盜跖〉）。再進言之，則道家之所謂物理，即物性也。天理，即天性也。此數語者，在道家思想系統下，固可輾轉相通。故曰：知與恬交相養，而和理出其性（〈繕性〉）。故曰：性理。又曰道理。冷汰於物以為道理（〈天下〉）是也。又曰：德，和也，道，理也，德無不容，仁也。道無不理，義也（〈繕性〉）。今觀於《莊》書之言物理天理道理性理，則程門性即理之說，近於道家，夫復何疑。故本物而言性，本陰陽氣化而言物，則自當認性為理矣。此《莊子》、〈易繫〉與程氏之所同。而孔孟固不然。禪宗言性異乎程氏，正其轉近孔孟處。象山近禪，烏得不與程朱異。蓋程朱言心亦有近禪處，其言性言理，則近老莊《易》、《庸》。其言孔孟，則會通老莊《易》、《庸》與禪而合言之。惟其人本位精神，則確然不失孔孟大傳統。今若不論人本位大傳統精神，而只就心之一端，則禪宗轉若較程朱為更近於孔孟，此其所以為難辨也。

《困知記》又云：

孟子曰：孩提之童，無不知愛其親也。及其長也，無不知敬其兄也。以此實良知良能之說，其義甚明。蓋知能乃人心之妙用，愛敬乃人心之天理也。以其不待思慮而自知此，故謂之良。近時有以良知為天理者，然則愛敬果何物乎。程子嘗釋知覺二字之義云，知是知此事，覺是覺此理。又云：佛氏之云覺，甚底是覺斯道，甚底是覺斯民，正斥其知覺為性之謬耳。

今按：《困知記》此條，斥陸王與禪同以知覺為性，故象山謂心即理，陽明謂良知即天理。而孔孟則必以人心之愛敬乃天理，愛敬亦不外於人心之覺知。然覺知是心之用，愛敬乃心之體。故《中庸》言誠與明，《大學》言明明德，程朱並《學》、《庸》與《論》、《孟》稱四書，其旨深微。因《論》、《孟》所未及，必待《學》、《庸》作補充。程子曰：聖賢千言萬語。只是欲人將已放之心約之使反復入身來，自能尋向上去，象山因之謂此心但存，此理自明。此等處，亦見象山與禪學之異趨。然必謂心即理，不如程朱謂性即理之更為圓滿而允愜。故朱子既認象山為禪，又必謂八字著腳，惟彼與象山兩人也。

《困知記》又云：

> 上天之載，無聲無臭，又安有形體可覓耶。然自知道者觀之，即事即物之理，便昭昭然在心目之間，非自外來，非自內出，自然一定而不可易，所謂如有所立卓爾，非想像之辭也。佛氏以寂滅為極致，與聖門卓爾之見，絕不相同，彼曠而虛，此約而實也。以覺言仁固非，以覺言知亦非也。蓋知仁皆吾心之定理，而覺乃其妙用。如以妙用為定理，則《大傳》所謂一陰一陽之謂道，陰陽不測之謂神，固何別耶。朱子嘗言神亦形而下者，又云，神乃氣之精英，須曾實下工夫體究來，方信此言確乎其不可易。

今按：《困知記》此條辨儒釋異同，語約而精。陸王心學之流弊，往往陷於即妙用為定理，即用為體，亦可說其有體無用。其由儒入釋處正在此。惟整菴引《易傳》以一陰一陽之道為形而上，以陰陽不測之神為形而下，其意即以定理為形而上，妙用為形而下，以今語釋之，定理應歸宇宙論，妙用則屬人生論。惟孔孟並未作如此分別。蓋整菴直承程朱而來。惟整菴論心性，直承程朱，而言理氣有不同。黃梨洲論之，謂先生之論心性，頗與其論理氣相矛盾。夫在天為氣，在人為心，在天為理，在人為性。人受天之氣以生，只有一心而已，而一動一靜，喜怒哀樂，循環無已，當惻隱羞惡恭敬是非處，自惻隱羞惡恭敬是非，千頭萬緒，轇轕紛紜，歷然不昧者，是即性也。初非別有一物立於心之先，附於心之中也。先生以為天性正於受生之初，明覺發於既生之後，明覺是心而非性，信如斯言，則明明先立一性以為此心之主，與理能生氣之說無異。於先生理氣之論，無乃大悖乎。此乃梨洲本陸王評整菴。同乎陸王，自不免異於程朱。整菴之失，在辨理氣，不在辨心性，則梨洲所不知也。

要而論之，整菴分析儒釋異同，洵為有見。若純就人文本位之大綱節處著眼，則程朱儒，陸王亦儒。其一段淑世不離事之精神，自與宗門出世不著事者分別，不得謂程朱儒而陸王禪。而細辨之，則陸王終與程朱有別。更進一層言之，則唐代禪宗實已為佛教出世精神之反動。禪宗之在東土，亦一宗教革命。實為中國思想由釋反儒之一段過渡。故禪宗思想亦頗有與孔孟相接近者，故程朱斥之為彌近理而大亂真。後人斥禪學，多專斥其亂真，而不知其有彌近理處，此則程朱之所以為精卓也。蓋禪宗所由異夫孔孟者，主要在其為宗教形式所拘，既已出家離俗，修齊治平，非分內事，故其精神面貌，終不能不與孔孟異。程朱繼起，欲昌儒學，則不得不斥禪。然禪學在當時，風力甚勁，非一時一人之所得摧陷而廓清。程朱雖畢生孳孳，時亦有漸染於禪學而不自知者。後人必謂理學原起於禪，此固大誤。然矯枉過正，認禪學絕無近理處，則亦誤。陸王起矯程朱，則又轉近於禪。故宋明理學，亦可謂乃是先秦儒學與唐宋禪學之一種混合物。論其精神，則斷然儒也。而其路徑意趣，則終是染涉於禪學而不能洗脫淨盡，此非宋明理學之失，乃唐代禪學之確有所得。若必謂儒是禪非，以陸王為禪，以程朱為儒，則終自陷於門戶之見，不足以語夫學術思想源流派分之真相也。

再論禪宗與理學

余嘗謂唐代禪宗，實佛教出世思想之反動，乃東土之宗教革命，六祖乃佛門中之馬丁路德，《壇經》則其宗教革命之宣言書也。宗教必依他力，《壇經》則曰：「自性迷即是眾生，自性覺即是佛。慈悲即是觀音，喜捨名為勢至，能淨即釋迦，平直即彌陀。」一一返向自心，由外轉內，捨他歸己，即心即佛，教味淡，理味深，此一也。宗教既依他力，所嚮必在外。六祖告韋使君：「佛言隨其心淨則佛土淨，使君東方人，但心淨則無罪。雖西方人，心不淨，亦有愆。東方人造罪念佛，求生西方，西方人造罪念佛，求生何國？」如是則皈依嚮，一無所著，西方極樂世界之念可歇，此二也。宗教必有經典，有教條，期於共信共守。六祖謂：「一切修多羅及諸文字，皆因人置，因智慧性方能建立。若無世人，一切萬法本自不有。故知萬法本自人興，一切經書緣人說有。」又曰：「汝等諸人，自心是佛，莫更狐疑。外無一物而能建立，皆是本心生萬種法。」如是則經典法訓，自性不實，如病與藥，藥隨病除，此三也。宗教又必有戒律，使人由此出世離俗。六祖曰：「若欲修行，在家亦得，不由在寺。在家能行，如東方人心善。在寺不修，如西方人心惡。」如是則出家限制亦不存在，四也。成佛，往生，求法，出家，此四者，皆佛教成為宗教之大節目，今既一一為之解脫破除，是非一種極徹底之宗教革命而何？

禪宗初期歷史，亦有出後人添造，未盡可信。然即屬傳說，亦不掩一種革命精神之流露。二祖慧可，以一百七齡之高年，而猶遭殺害，其告三祖僧璨曰：「汝受吾教，宜處深山，未可行化。」璨本一白衣，里貫不詳（或云徐州人），而黃梅五祖，則並不詳其姓氏。種松老人之傳說，流為宗門神話。而六祖惠能，則嶺南一不識字之負薪孤兒。五祖既傳法，誡之曰：「且當遠隱，俟時行化。」所謂受衣之人，命如懸絲。凡此是否盡可信，可勿詳論，要見所謂教外別傳之精神。諸祖師既多起自微末，又歷盡艱辛，遯隱逼害，與當時高僧名德，身為國師，受社會群眾之尊崇供養者，顯見為異軍蒼頭之特起。然此皆所謂有開必先。若確然對佛法樹革命大旗，正式提出一種反抗精神者，則斷自六祖始。故在當時，禪宗雖分南北，神秀上座雖以兩京法主三帝國師之尊貴，而禪門正宗終歸曹溪。直至宋代，遼人尚猶焚棄《壇經》及《寶林傳》等書。而東海僧眾，亦謂中國所行禪宗章句多涉異端，以此致疑於華夏之無人。此見宗門新說，先行南土，嗣乃波及北方。而域外守舊者，仍不許其為佛法之正統。而中國自宋以下，則禪學推行日盛，乃若惟有禪宗始為佛法，可見其掩襲之厚，披靡之廣矣。

禪宗接對，有所謂機鋒者。慧可向達摩乞求安心，達摩曰：「將心來，與汝安。」此因對方來勢緊，躲閃不迭，直向對方當面遮攔，逼使對方折返照顧自身，此即一種機鋒也。僧問如何是佛法大意，青原曰：「廬陵米作麼價？」僧問趙州，承聞和尚親見南泉來，答曰：「鎮州大蘿服頭。」此因對方來勢較鬆，故向旁躲閃，使對方撲一空，立腳不穩，自不免仍折回照顧自身去，是又機鋒之一種也。丹霞過定林寺，遇天大寒，取木佛燒火向，院主訶曰：「何得燒我木佛？」師以杖撥灰，曰：「吾燒取舍利。」主曰：「木佛何有舍利？」師曰：「既無舍利，更取兩尊燒。」此因對方使勁未足，逗其出手，乃乘勢引拽，仍借對方自身力量，拖之使倒，此又機鋒之一種也。禪家為一大事因緣出世，此一大事因緣維何？曰：佛法之革命是。革命不得不帶殺機，然禪家主於教人自心自悟，故其運用機鋒，亦在使對方自心發露，自心悟澈。所謂禪門機鋒者，乃一種活潑機警之辨慧。鋒銳如利刃，直刺人心。禪門大德，運用此種辨慧，乃以摧破對方外在的宗教信仰，解脫其內心纏縛，使之廢然知返，砉然墮地。此實一種大權大用，一種慈悲渡人之方便法門也。惟其具此機鋒，而後此一大事因緣，乃得圓滑遂行。僅以揚眉瞬目，而順利完成此一番革命大業。更不煩劍拔弩張，箭上弦而刀出鞘，若西方之宗教革命然。此固佛法圓宏，悲智雙修，不似他教窄狹，束人心智，不容異嚮。亦由東土眾生根性利、智慧勝、不執著、不殘忍，發者受者，同能具此聰明機趣。故得以言笑往復，而完成此信仰上之大革命。

宗門又有所謂棒喝，此亦一種大權大用，一種慈悲方便法門，實即變相之機鋒也。機鋒乃有言談之棒喝，棒喝則為無言談之機鋒。亦可謂機鋒乃鬆弛之棒喝，棒喝乃緊張之機鋒。二者異貌同情。後人譏宗門一片殺機，機鋒棒喝，皆宗門之殺機流露而不能自掩者。禪宗諸祖師，欲完成此信仰革命一大事因緣，烏得不帶殺機。惟禪門殺機，僅止於機鋒棒喝，僅止於所謂揚眉瞬目。掀翻禪床，喝散大眾，攔腮贈掌，拂袖便行，則所謂殺機者僅矣。較之北歐宗教革命，殺人盈城，流血成渠，其殺機又如何？故禪門之機鋒棒喝，真諸祖師之慈悲方便也。

機鋒在宗門，蓋與禪學相俱始，亦與禪學相俱終。禪師有機鋒，正猶菩薩有慈悲，蓋非機鋒不足以為禪。棒喝較後起，宗門棒喝，似始於馬祖，已在六祖下第二世。《壇經》六祖棒神會事恐不可信，敦煌古本無此記載，知係晚出。宗門之有棒喝，必以一種宗教心理解釋之。此乃宗教心理中一種變態心理，一種宗教信仰之革命精神，與其反動心理之幽默而和平的流露。宗門常言，無佛可成，無法可得，對於佛教教理施以一種一掃而空之態度。當諸祖師披剃入山，參謁上堂，在彼心中，何嘗不視佛法為神聖，為莊嚴，為正覺，為勝果，而竭誠赴之以必得必成之宏願。及一旦大澈大悟，乃知畢竟無法可得，無佛可成。淨裸裸，赤灑灑，一切放下。此在諸祖師胸中，固可如光明玻璃，通體雪亮。存神過化，渣滓全融。然宗門不常曰：煩惱即菩提乎？安知諸祖師意根心底有不留絲毫煩惱未淨未化者？諸祖師對佛法徹底掃蕩，安知非即其意根心底，此絲毫未淨未化之煩惱所結所證之勝果與正覺？故棒喝者，縱謂諸祖師本身對佛法一種革命心理之表現，亦無不可。

臨濟有言：「大善知識，始敢毀佛毀祖，是非天下，排斥三藏教，罵辱諸小兒。」又曰：「逢佛殺佛，逢祖殺祖，逢羅漢殺羅漢，逢父母殺父母，逢親眷殺親眷，始得解脫，不與物拘，透脫自在。」此豈姑妄言之？以逢佛殺佛之祖師，對此迷惑眾生，僅止於一棒一喝，打趁出去，豈不已十分慈悲，十分隨俗乎？故曰禪門棒喝，乃諸祖師自身一種革命精神之流露也。且彼迷惑僧眾，不辭千辛萬苦，遍歷名山，到處參謁，在彼心中，豈不以為必有佛可成，必有法可得，必有勝果可結，有正覺可證？試問對此迷惑僧眾，三藏經律論五千四百十八卷，當從何說起？今既一字不說，而遽謂無佛可成，無法可得，佛是虛名，道亦妄立，二俱不實，總是假名。（本淨語）試問此輩迷惑僧眾，如何能會？如何肯信？在此無可奈何之境界下，只有付與三十棒，打趁出去。否則振威一喝，令作三日耳聾。（馬祖對百丈如是。）此正一種大權大用，一種慈悲方便，亦即一種革命手段。佛果云：「德山棒，臨濟喝，並是透頂透底，直捷剪斷葛藤，大權大用。千差萬別，會歸一源。可以與人解粘去縛。」宗杲亦曰：「德山見僧入門便棒。臨濟見僧入門便喝。諸方尊宿，喚作劈面提持，直截分付。」孟子曰：「不屑之教誨也者，是亦教誨之也已矣。」宗門棒喝，正是不屑教誨之教誨，亦即一種莫大聰明，莫大慈悲之教誨也。故宗門之棒喝，在施者實是一種革命精神之親切指點。在受者則回頭是岸，經此當面極大摧挫，好把一心向外求法證果之一番迷惑，痛切捐棄，如大夢之醒，乃可於當下立地得正覺也。

且宗門棒喝，不僅祖師對僧眾有之，即僧眾對祖師，亦復有之。而且僧眾對祖師，棒之喝之，而施者受者，亦若家常茶飯，夷然不以為意。此非宗門故意揑怪，蓋亦同此一種革命精神反動心理之自在流露。故祖師受僧眾之棒喝，非惟不怪，抑且轉以為快。夫果革命種子流布飛揚，此在宣傳革命教理之志士，固當引以為快矣。今試思之，一迷惑僧人，不辭千辛萬苦，歷名山，謁大德，方期成佛得道，證正覺而結勝果。乃到處受棒受喝，左不是，右不是，無可擬議，無可捉摸，其心下苦悶之難熬為何如。及其一旦豁然明白，大澈大悟，原來無佛可成，無法可得，當下現成，立地圓滿。一時通體輕快，此心得大自在，大解脫。從此逢佛殺佛，逢祖殺祖，此亦無足多怪。佛書言釋迦牟尼佛生時，放大智光明，照十方世界，地湧金蓮花，自然捧雙足，一手指天，一手指地，周行七步，目顧四方，曰天上天下，唯吾獨尊。雲門曰：「我當時若見，一棒打殺與狗子吃。」當知此非虛語妄談。方一參禪僧人，一時澈悟，心下明白，彼亦自將一手指天，一手指地，自謂天上天下，惟我獨尊，此即所謂即心是佛也。惟其如此我慢，若真遇釋迦我慢，自將真個一棒打去，殺與狗吃。如此心理，在宗門始得謂之澈悟，始得謂之入禪。試問此一迷誤僧人，一旦豁悟得此境界，心下何等痛快舒服？平日受盡祖師大棒大喝，今早法寶到手，如酲得解，如夢方醒。尚已無佛無法，更何論祖師與清規？不免動手便打，開口即喝。此正極自然，極平常事。真個祖師遇見此僧，自必相視而笑，莫逆於心。或竟不免要道你對了對了。故知棒喝者，正禪門一段革命精神之流露，絕非尋常故意作怪。迨至祖師僧眾，堂上堂下，彼此互打互喝，一片殺機瀰漫僧院，而東土數百年佛教纏縛，乃於此種喜劇下，自在解脫。試一繙西方宗教革命史，自馬丁路德以下，北歐諸國，其俶擾激亂凶殘暴殺又何如？則宗門妙理，庶可躍然目前也。

欲論宗門之棒喝，莫如舉臨濟參黃檗為例。臨濟在黃檗會中，三年不曾參問。一日，卻去問如何是佛法的大意。聲未絕，檗便打。他日又問，檗又打。如是三度問，三度被打。臨濟辭去，往參大愚。愚問黃檗又何言句？曰：「某甲三度問佛法的大意，三度被打，不知某甲有過無過？」愚曰：「黃檗與麼老婆心切，為汝得徹困，更來這裏問有過無過？」師於言下大悟，乃曰：「元來黃檗佛法無多子。」愚搊住曰：「這尿牀鬼子，適來道有過無過，如今卻道黃檗佛法無多子，你見個什麼道理，速道速道！」臨濟於大愚肋下築三拳。愚拓開，曰：「汝師黃檗……非干我事。」師辭大愚，卻回黃檗。檗問大愚有何言句，師舉前語。檗曰：「大愚老漢饒舌，待來痛與一頓。」師曰：「說甚待來，即今便打。」隨後便掌。檗曰：「這瘋顛漢來這裏捋虎鬚。」師便喝，檗喚侍者曰：「引這瘋顛漢參堂去。」當知此處黃檗三頓棒，實使臨濟得力匪淺。一切經過，當從臨濟心上求，不當從黃檗事上求。凡參禪學，首當瞭此。香巖參溈山未澈，屢乞溈山說破。溈山曰：「我若說似汝，汝已後罵我去。我說底是我底，終不干汝事。」一日，香巖偶抛瓦礫擊竹作聲，忽然省悟，遙禮溈山，讚曰：「和尚大慈，恩踰父母。當時若為我說破，何有今日之事？」宗門佛法本無多子，只貴自心自悟。臨濟當時飽受黃檗三頓打，乃得於大愚言下悟入。然大愚要臨濟說，卻又說不出，只是心下自在解說，痛快洞達。於是不免向大愚肋下築三拳。及見黃檗，依然是那一番自在解脫洞達痛快心境，故忍不住又送黃檗一掌一喝。那時此瘋顛漢，早已守不得上堂問如何是佛法的大意底規矩矣。從此逢佛殺佛，逢祖殺祖，無怪黃檗大愚都奈他不得。大風暴必在極沉鬱的空氣中醞釀。大革命亦必在極困頓的心情中茁長。諸祖師教人，只讓他左也不是，右也不是，心裏醞藏著萬種迷惑，纔始有一旦豁朗，盡情解脫之真澈悟，故說此為禪門諸祖師之無上慈悲與無上方便也。

且佛法深微，其來東土，纏縛已久。魏晉以下，積數百年。一時宗門諸祖師，乃得於佛門中大澈大悟，解放擺脫，此非具異常心力者不辦。然而僧院寂靜，法堂清虛。諸祖師以勇猛精進，無際無限絕大心力遯此空門，終不免有精力過剩之苦。一棒一喝，亦即是遊戲三昧。精力發洩，神光四射，有不可以常情測者。黃檗往參百丈，百丈問「師什麼去處來？」曰：「大雄山下採菌子來。」丈曰：「還見大蟲麼？」師便作虎聲。丈拈斧作斫勢，師即打丈一摑。丈哈哈而笑，便歸上堂，曰：「大雄山下有一大蟲，汝等諸人也須好看，百丈老漢今日親遭一口。」此等處，苟揣以常情，幾難理解。當知唐代以來，六百年佛法革命，正在此種喜劇中輕鬆演出。狂濤噴薄，浪花四濺，世外聰明，爛漫橫軼。凡所以打破山門之岑寂，發洩諸祖師之精力情趣者，正不得專以嚴肅的理智眼光繩之。

禪門機鋒，實亦一如其棒喝。僧問趙州，如何是佛國西來意？師曰：「庭前柏樹子。」或問洞山，如何是佛？答曰：「麻三斤。」或問馬祖，如何是西來意？師便打，曰：「我若不打，諸方笑我。」試問庭前柏樹子與麻三斤，較之馬祖一棒，其間豈有差別？嬉笑怒罵，要之一也。總在為人解粘去縛。黃檗曰：「才思作佛，便被佛障。」趙州曰：「佛之一字，我不喜聞。」又曰：「我唸佛一聲，便要漱口三日。」曹山曰：「佛味祖味，盡為滯著。」於是乃有所謂超佛越祖。然有意超越，即非超越。或問雲門，如何是超佛越祖之談？曰：「胡餅。」此即猶庭前柏樹子，亦猶是麻三斤也。此即無聲一棒。若遇耳聰人，准可喝得你三日聾。超佛越祖之不已，則復有呵佛罵祖。或問雲門，如何是佛？曰：「乾矢橛。」此亦猶庭前柏樹子，麻三斤與胡餅也。然而每下愈況矣。德山曰：「這裏佛也無，法也無，達摩是老臊胡，十地菩薩是擔糞漢，等妙二覺是破戒凡夫，菩提涅槃是繫驢橛，十二分教是鬼神得拭瘡膿紙，四果三賢，初心十地，是守古墓鬼，自救得也無。佛是老胡矢橛。」又曰：「祖師鬼，佛鬼，菩提涅槃鬼。」此可謂罵倒一切矣。然此猶止於呵佛。呵佛之不已，則必罵祖。呵佛猶可，罵祖則犯到自身。德山曰：「第一莫拱手作禪師，巧言語，魔魅後生，日夜揑怪不休，稱楊稱鄭，我是江西馬大師宗徒，德山老漢，且不是你群隊人。」又曰：「彼既丈夫，我亦不怯弱於誰，竟日就他諸方老禿奴口嘴，接他涕唾喫，無慚無愧，苦哉苦哉。」禪門至此，可謂已到山窮水盡，此路不通之境界矣。曹山曰：「狸奴白牯，修行卻快，不是有禪有道。如汝種種馳求，覓佛覓祖，乃至菩提涅槃，幾時休歇成辦乎？皆是生滅心，所以不如狸奴白牯，兀兀無知，不知佛，不知祖，乃至無菩提涅槃，及以善惡因果，但知饑來喫草，渴來飲水。若能恁麼，不愁不成辦，不見道。」故超佛越祖之不已，必至於呵佛罵祖，呵佛罵祖之不已，必至於不知佛不知祖，只見胡餅，麻三斤，與庭前柏樹子，平平常常，當前即見，此則只有飢來喫，渴來飲，教人反向自身本分上去。而循至於如狸奴白牯之兀兀無知。

僧問趙州：「學人乍入叢林，乞師指示。」師云：「喫粥了也未？」云：「吃粥了。」師曰：「洗缽盂去。」其僧因此大悟。喫粥了，洗缽盂去，此之謂本分，此之謂不知佛，不知祖。趙州又云：「老僧此間，即以本分事接人。」或問馬祖：「如何是西來意？」馬祖曰：「只今是什麼意？」百丈問如何是佛法旨趣？馬祖曰：「正是汝放身命處。」僧慧超問法眼：「如何是佛？」師曰：「汝是慧超。」此等處，或平白言之，或機鋒出之，要皆教人反向自身本分。而言之尤激厲奮興者，則莫如德山。其言曰：「老漢自己亦不會禪，亦不是善知識，百無所解，只是屙矢放尿，乞食乞衣，更有什麼事？勸你不如本分去，早休歇去，莫學顛狂。每人擔個死屍，浩浩地去到處向老禿奴口裏受他涕唾喫，便道我是入三界，修蘊積行，長養聖明，願成佛果。如斯等輩，老漢見之，如毒箭入心。」又曰：「達摩小碧眼胡僧，到此來也只教你無事去，教你莫造作，著衣吃飯，屙矢送尿，更無生死可怖，亦無涅槃可得，無菩提可證，只是尋常一個無事人。」試問山門寂靜，法堂清閑，既無生死可怖，無涅槃可得，菩提可證，則僧人本分，除卻吃飯穿衣屙矢送尿以外，更有何等？故僧人本分即是無事。佛法本為一大事因緣出世，今謂此一大事只是教人本分，教人早休歇去，做一尋常無事人。此乃六百年禪學在佛門裏繞了一大圈子後所得之結論。然諸大禪師雖儘如此嬉笑怒罵，棒打口喝，叩山門，登法堂，來參謁求法者還是不絕。直到大慧杲還說：「禪有傳授，豈佛祖自證自悟之法？大丈夫參禪，豈肯就宗師口邊，喫野狐涎唾。盡是閻老子面前喫鐵棒底。」又說：「我這裏無法與人，只是據款結案。恰如得個玻璃瓶子來，護惜如什麼，我一見便為你打破。你又將得摩尼珠來，我又奪了。見你恁地來，我又和你兩手截了。」所以臨濟和尚道：「逢佛殺佛，逢祖殺祖」，當知此乃禪門六百年來傳統精神，亦即禪門六百年來傳統法寶。此乃宗門無上秘密。只把你手裏護惜的截了，奪了，打破了，卻沒事。宋儒說：「獨立聖門無一事，卻輸顏回得心齋。」這便是禪學精神。

然禪宗諸祖師，獨立山門無一事，只知屙矢送尿。亦非落入頑空。達摩為慧可說法，可忽曰：「我已息諸緣。」祖曰：「莫成斷滅去否。」可曰：「不成斷滅。」祖曰：「此是諸佛所傳心體，更勿疑也。」六祖偈，本來無一物，五祖深夜傳法，教以《金剛經》應無所住而生其心。故《壇經》云：「前念不生即心，後念不滅即佛。成一切相即心，離一切相即佛。」禪宗只要成一切相而離一切相，因此尋常無事，還要屙矢送尿。而屙矢送尿，還要尋常無事。希遷對南嶽讓和尚謂：「寧可永劫受沉淪，不從諸聖求解脫。」求解脫即非無事，即非息緣。宗杲則曰：「山野平昔大誓願，寧以此身代一切眾生受地獄苦，終不以此口將佛法以為人情，瞎一切人眼。」當知宣揚佛法，即非無事，亦非息緣。以一學佛人，乃至誓不從諸聖求解脫，又誓不口宣佛法，則豈非獨立山門無一事，只有吃飯屙矢作本分人乎？

陸希聲問仰山：「和尚，還持戒否？」曰：「不持戒。」曰：「還坐禪否？」曰：「不坐禪。」李翺問藥山：「如何是戒定慧？」山答：「這裏無此閑家具。」藥山看經次，僧問：「尋常不許人看經，為甚麼卻自看？」曰：「只圖遮眼。」曰：「某甲學和尚還得也無？」曰：「你若看，牛皮也須穿。」藥山看經次，柏巖云：「和尚休猱人得也。」師久不昇座，一日僧主白云：「大眾久思和尚示誨。」曰：「打鐘著。」大眾才集定，便下座歸方丈。院主問：「和尚許為大眾說話，為什麼一言不措？」曰：「經有經師，律有律師，爭怪得老僧？」禪門諸祖師並至於不昇座，不上堂，不持戒，不坐禪，不看經，看經只圖遮眼，如此則除卻吃飯屙矢外，尚有何事？而當時諸祖師，莫非精力彌滿，聰明絕頂。佛門清靜，到底如何耐得？故乃機趣橫生，好嗔愛罵，亦聊資發洩。睦州曰：「老僧愛嗔不愛喜。」宗杲曰：「我生平好罵人。」此恐是六百年宗門諸祖師一共同面相。一棒一喝，亦為禪堂添聲色，增熱鬧。久而久之，格套相沿，乃亦漸為諸祖師所厭。臨濟最喜喝，會下參徒亦學師喝，師曰：「汝等總學我喝，今問汝，一人從東堂出，一人從西堂出，兩人齊喝一聲，這裏分得賓主麼？若分不得，以後不得學老僧喝。」首山念亦戒諸上座不得妄喝，亂喝。宗杲云：「德山棒，臨濟喝，諸方宿尊，喚作劈面提持，直截分付。妙喜喚作第一等拖泥帶水，直饒向一棒一喝下全身擔荷得，已不是丈夫漢，被他驀頭澆一杓惡水了也。況於一棒一喝下求奇特妙會，乃是不唧嚠中又不唧嚠者。」從此宗門棒喝之風亦始衰。棒喝衰即機鋒歇，實在是功成身退，殺機漸消，禪門革命大業，早已功德圓滿也。於是在吃飯屙矢尋常無事中，又生出參話頭一番工夫。待到參話頭盛行，與口念南無阿彌陀佛何異？至是則禪淨合流，而東土佛學又轉一途。然而此一番革命大業，已費卻諸祖六百年精神氣力矣。

今試問諸祖師，既無一法與人，既謂離世法外別無一佛法（佛果語），既教人本分休歇，則何不教人各自歸俗回家，做一本分人，卻定要到山門內吃飯屙矢，做一出家俗僧乎？當知禪宗諸祖師本不教人出家，惟不入虎穴，不得虎子。當諸尊宿誠心出家求法時，本不知畢竟無法可得。迨其一旦大澈大悟，則早已披著袈裟，久做僧人了。大道無揀擇，又何必定要回俗成家，始算本分？若在家俗人，諸祖師本未教他定要出家。六祖明云：「若欲修行，在家亦得，不由在寺。」五臺山秘巖和尚，常持一木叉，每見僧來禮拜，即叉卻頸，曰：「那個魔魅教汝出家，那個魔魅教汝行腳，道得也叉下死，道不得也叉下死，速道速道！」湖南祇林和尚，每叱文殊普賢皆為精魅，手持木劍，自謂降魔。才見僧來參，便曰：「魔來也，魔來也。」以劍亂揮。如是十二年。試問此等豈偶然事？德山曾云：「我此間終無一法與你，諸人問取學取，以為知解，老漢不能入拔舌地獄。」又曰：「若有一塵一法示諸人，說言有佛有法，有三界可出，皆是野狐精魅。」又曰：「仁者莫求佛，佛是大殺人賊，賺多少人入淫魔坑。可惜堂堂一個丈夫，吃他毒藥便了，擬作禪師面孔，見神見鬼。」又說：「你諸人大似有福，遇著德山出世，與你解去繩索，脫卻龍鬚，卸卻背駝，作箇好人去。三界六道，收攝你不得。」首山念和尚亦云：「佛法無多子，只是汝輩自信不及。若能自信，千聖出頭來，無奈汝何，向汝面前無開口處。只為你自信不及，向外馳求，所以到這裏來。假如便是釋迦佛，也與汝三十棒。」元璉云：「佛法本來無事，從上諸聖，盡是捏怪，強生節目，壓良為賤，埋沒兒孫。更有雲門趙州德山臨濟，死不惺惺，一生受屈。老僧這裏即不然，便是釋迦老子出來，也貶向他方世界，教伊絕跡去，免虛喪我兒孫。」如此言詞憤激，何嘗有絲毫勸人出家意。只當時社會一輩善男信女，成千成萬，偏要出家，求法成佛，故而累得此諸代祖師，婆子心切，棒趁威喝，打散不迭。必得如此看，此六百年禪學精神，始有著落。

至宗杲大慧禪師，則明白提倡居家在俗。彼云：「入得世間，出世無餘。世間法即佛法，佛法即世間法也。父子天性一而已，若子喪而父不煩惱，不思量，如父喪而子不煩惱，不思量，還得也無？若硬止遏，哭時又不敢哭，思量時又不敢思量，是特欲逆天理，滅天性，揚聲止響，潑油止火耳。正煩惱時總不是外事，且不得作外邊想。永嘉云：無明實性即佛性，幻化空身即法身。是真實話，不誑不妄語。」此所謂「煩惱即是佛」之真實註腳也。於此有一禪門故事當附記：相傳昔有婆子，供養一庵主，經二十年，常命一二八女子送飯給侍。一日，命女子抱定，曰：「正恁麼時如何？」主曰：「枯木依寒岩，三冬無煖氣。」女子舉似。婆曰：「我二十年只供養得個俗漢。」遂遣出，燒卻庵。嵩嶽元珪授南嶽神戒，亦謂不淫非娶妻之謂。而小室六門則謂：「只言見性，不言淫欲。但得見性，淫欲本來空寂，不假斷除。故白衣有妻子，不害成佛。」則父子男女俗者皆不俗，出家獨身，不俗者轉成俗。即欲脫卻塵俗，豈在出家？

宗杲又云：「士大夫學道，與我出家兒大不同。出家兒父母不供甘旨，六親固已棄離，一瓶一鉢，日用應緣處，無許多障道的冤家。一心一意，體究此事而已。士大夫開眼合眼處，無非障道的冤魂。若是個有智慧者，只就裏許做工夫。淨名所謂塵勞之儔為如來種。怕人壞世間相而求實相。」又設喻云：「譬如高原陸地，不生蓮花，卑濕污泥，乃生此花。若就裏許打得透，其力勝我出家兒二十倍。何以故?我出家兒在外打入，士大夫在內打出。在外打入者其力弱，在內打出者其力強。強者謂所乖處重，而轉處有力。弱者謂所乖處輕，而轉處少力。雖力有強弱，而所乖則一也。」當宗杲之世，禪宗將衰，理學已盛，正已是禪宗理學交替之時矣。自今言之，理學家闢佛，正所謂在外打入，而禪宗諸祖師則實在內打出也。宗杲又云:「予雖學佛者，然愛君憂國之心，與忠義士大夫等。但力求所不能，而年運往矣。」又曰:「學不至不是學，學至而用不得，不是學。學不能化物，不是學。學到徹頭處，文亦在其中，武亦在其中，事亦在其中，理亦在其中，忠義孝道乃至治身治人安國安邦之術，無有不在其中者。」如是言之，豈不禪門祖師，乃儼然一理學先生乎?(觀大慧所集《禪林寶訓》，則禪儒渾化，其來已久。)蓋至是而禪門正統血脈，乃流傳到士大夫身上，而參話頭念佛，轉成旁枝附葉焉。

今試再問禪門諸祖師，若不勸人出家，只教人本分休歇，又說煩惱即是佛，世法即佛法，則豈必專為喫飯屙矢無事人，閒過日子?父子夫婦，忠義君國，齊家治國平天下，正心誠意致知格物，豈不皆是世間本分事?豈不亦如吃飯屙矢，萬法平等?如此則豈不由禪學一轉便成理學乎?明道有云:「百官萬務，金革百萬之眾，飲水曲肱，樂在其中，萬變皆在人，其實無一事。」又曰:「泰山為高矣，然泰山頂上已不屬泰山。蓋堯舜事業，亦只是如太虛中一點浮雲過目。」此等意境，實即六百年來禪門諸祖師之意境。惟諸祖師出家了，而理學先生不出家，故各就本分說之，不得不異。其實理學亦可說即是宗門法嗣也。韓愈闢佛，自比孟子，謂古者楊墨之言盈天下，孟子辭而闢之廓如也。就實言，闢佛豈始於昌黎？大鑒以來，宗門諸尊宿，何嘗非闢佛？迄於宋代，宗門諸宿，固已辭而闢之廓如矣。理學諸先生特承其緒，由釋返儒，而其端實自宗門啟之。理學家斥禪宗，謂其彌近理而大亂真，正當於此參之。

余戲以唐代禪學比之西方宗教革命，尚有一事頗相似者。西方耶教本盛於南歐拉丁諸邦，新教革命則起於文化較晚起之北方日耳曼民族。禪宗於唐代，大德宗師，十九皆南人也。四祖道信，蘄之廣濟人。五祖弘忍，蘄之黃梅人。皆在長江流域。六祖惠能則嶺南新州人。此下如百丈、黃檗、溈山、曹山、玄沙，皆閩人。希遷、仰山，皆粵人。道一、圭峯、德山、法演、佛果，皆蜀人。慧忠、永嘉、洞山、雲門、法眼，皆浙人。懷讓，湘人。神會，鄂人。青原，贛人。不在嶺南，則在江南。即鄂蜀，亦江域也。惟二祖慧可在武牢，南泉在新鄭，趙州臨濟皆曹州，屬河域。然趙州臨濟出已稍晚。南北朝高僧名德，北盛於南。當時佛法多自北來南。唐代文教，漸被江域者亦尚淺。嶺外人有名業可指數者，惟曲江張九齡。閩人尤落漠，蓋無赫赫聞者。舉進士自韓愈時歐陽詹始。而宗門大德，後先接踵，皆在嶺南江南。大抵文化較晚起，其心神較活潑，智慧較新鮮，其受舊傳統之束縛亦較鬆弛。其趨於新思想新宗教之改革，常較易於文化先進之域。故西歐宗教革命起於北族，而東土則成於南人，此亦適可相擬之一節也。

抑當時所謂宗教革命之空氣，亦不僅在山門之內，法堂之上也。其時佛學方盛，流播社會群眾間，固已漸漬之深，無微不至。六祖乃一不識字人，負薪過市，聞客誦經，遂有感悟。則其時窮鄉僻壤，山陬海澨，無往而不得聞佛法者，亦無婦孺窮苦而不知有佛法者。新思想之萌茁，對佛法之反動懷疑，亦復遍於全社會。月暈礎潤，知風雨之將至。固不必叩山門，上法堂，參謁諸祖師，受其棒喝，乃始得聞此革命大旨，甚深妙理。即在市廛塵俗，婦孺大眾中，固已新義絡繹，機趣透迸矣。試舉禪門故事數則，以證我說。或問僧：「承問大德講得《肇論》，是否？」曰：「不敢。」曰：「《肇論》有物不遷義，是否？」曰：「是。」或人遂以茶盞就地撲破，曰：「這個是遷不遷？」無對。有道流在佛殿前背坐，僧曰：「道士莫背佛！」道流曰：「大德本教中道，佛身充滿於法界，向甚麼處坐得？」僧無對。又有一行者，隨法師入佛殿，行者向佛而唾，法師曰：「行者何以唾佛？」行者曰：「將無佛處來，與某甲唾。」法師無對。鷂子趁鴿子，飛向佛殿欄干上顫，有人問僧：「一切眾生在佛影中，常安常樂。鴿子見佛，為甚卻顫？」無對。有人問僧：「點什麼燈？」曰：「長明燈。」問：「什麼時點？」曰：「去年點。」曰：「長明何在？」無對。有官人入鎮州天王院，覩神像，因問院主：「此是何功德？」曰：「護國天王。」曰：「只護此國，徧護餘國？」曰：「在秦為秦，在楚為楚。」曰：「臘月廿九日，打破鎮州，天王向什麼處去？」無對。有僧與童子上經了，令持經著函內，童子曰：「某甲念的著向那裏？」

凡此諸例，均不詳其年世，亦不詳其主名，亦禪門所謂機鋒也。要之以世俗常識，反宗教信仰，以幽默機智，破嚴肅理論，可見當時社會大眾有此智慧，有此風趣，而後禪宗思想乃得廣徧，亦必禪宗思想廣遍社會，此等智慧風趣，乃始益益成長。要之世出世間，本無障隔，本相通透，互為主客，互成因果。而後魏晉以來四五百年宗教尊嚴，所以約制人心者，終於解體墜地，不可復拾。此則論唐代禪宗思想之演進者，不可不知。

昔有跨驢人，問眾僧何往？僧曰：「道場去。」其人曰：「何處不是道場？」僧毆之，曰：「這漢沒道理，向道場裏跨驢不下。」此則由機鋒轉入棒喝之一例。德山廿歲出家，精究律藏，聞南方禪席頗盛，氣不平，曰：「出家兒千劫學佛威儀，萬劫學佛細行，不得成佛。南方魔子敢言直指人心，見性成佛，我當搗其窟穴，滅其種類，以報佛恩。」遂擔《青龍疏鈔》出蜀，至澧陽，路上見一婆子賣餅，因息肩買餅點心。婆指擔曰：「這個是什麼文字？」師曰：「《青龍疏鈔》。」婆曰：「講何經？」曰：「《金剛經》。」婆曰：「我有一問，你若答得，施與點心。若答不得，且別處去。《金剛經》道：『過去心不可得，現在心不可得，未來心不可得。』未審上座點那個心？」師無語。昔慧可見達摩，曰：「心未寧，乞師與安。」祖曰：「將心來，與汝安。」可良久曰：「覓心了不可得。」祖曰：「我與汝安心竟。」六祖則以聞《金剛經》應無所住而生其心入悟。不謂此澧陽路上老婆子，亦已學得此機趣。德山老漢，不待此後參龍潭，謁溈山，抵臨濟，始向孤峯頂上盤結草庵，呵佛罵祖去。只經此老婆子一頓盤問，早已將他一片報佛恩之誠心消融許多矣。此又考論唐代禪宗思想之演進者所不可不知。眾生即佛，佛即眾生，如是如是。

三一論禪宗與理學

頃來治學術思想史者，每以先秦為一限斷，此實未為諦當。論政治，秦以前為封建，秦以後為郡縣。以先秦為限斷，猶未失也。若論社會經濟，則不如以五代為劃時代之界線。五代以前，中國為門第社會，五代以後，為科舉社會。五代以前，以北方黃河流域大農經濟為主。五代以後，則以南方長江流域之小農經濟為主。儻論學術思想，竊謂當以三國為界劃。兩漢以前為中國學術之第一期，三國以下為第二期。此兩期間確然不同之點，有可扼要略說者。漢前中國學術，乃為經學子學之爭衡時代。依《漢書・藝文志》言，經學即六藝，屬於王官學。子學即諸子，屬於百家言。官學家言所由分，則在上下公私之間。秦博士鮑白令之有言：「五帝官天下，三王家天下。」官者以天下為公，家則以天下為私。官學家言，亦即以公私分。以今語釋之，王官學乃古代傳統之貴族學，百家言則後世新興之平民學。古代學術爭衡，大體在貴族平民兩階級消長之間。春秋以前，官師不分，政教合一，學在王官，今世謂之貴族學。戰國以下，處士橫議，百家爭鳴，學在民間，其時謂之家人，家人即民間也。今世謂之平民學。官學必尚傳統而歸於一，私學即家言，乃民間自由興起，故必趨分裂。《莊子．天下篇》謂道術將為天下裂是也。自秦廷一統，民間分裂之家言，乃有重務於融會調協之需。鄒衍、呂不韋、劉安，皆嘗有意於此。然僅主融會諸子，事纔得半。秦皇漢武間新儒蔚起，如《易傳》，如《戴記》，自伏生以至董仲舒，蓋莫非經學六藝其表，而家言子學其裏，始求融會古者王官學與後世新興家言而為一，功乃得全。秦皇之焚書，漢武之立五經博士，亦莫非欲挽此官學家言分離之局面而重綰之於一途。自漢宣以下，石渠閣白虎觀今古文之爭，實則亦是官學家言相爭之變相與其餘波。若割棄秦漢以下，視為別一階段，別一系統，則先秦學術流趨，不明不備。而古者王官學與百家言之分合消長，亦將無可指說。至三國魏晉以下，其事乃迥然不同。蓋此下乃南北朝隋唐佛教，與宋明理學迭起爭長之時期也。簡言之，此乃宗教與義理之爭，以昔人語述之，即所謂教理之爭也。

首舉此教理二字為學術分野者為南朝宋代之謝靈運。《廣弘明集．卷十八》，其〈與諸道人辨宗論〉答法勗有云：「華民易於見理，難於受教。故閉其累學而開其一極。夷人易於受教，難於見理，故閉其頓了，而開其漸悟。」此已為教理兩途開設疆域。佛法首貴受教，貴漸修。儒學則貴悟理，貴頓了。此乃佛教與孔學之不同，亦即將來理學與佛學之不同也。同時竺道生亦云：「由教而信，非不知也。但資彼之知，理在我表。資彼可以至我，庸得無功於日進。未是我知，何由有分於入照。豈不以見理於外，非復全昧，知不自中，未為能照耶。」此亦明分教理兩途。據謝竺二家義，教理之辨，不僅異頓漸，亦復判內外。教者資外為知，故必漸修而尚信。理者由中起照，故必頓悟而貴知。此即宗教與理學之大辨。竺道生又云：「見解名悟，聞解名信。」此舉悟信兩義，蓋宗教聞而信之，事資於外。理學見而悟之，事本於內。釋氏偏於教，儒家偏於理。頓漸內外，遂為魏晉以下迄於宋明，學術爭衡兩大軌轍，綿歷逾乎千歲，其事固非往者春秋戰國秦漢諸儒所得預聞也。

佛家頓悟義，始創於竺道生。《高僧傳》云：「生既潛思日久，徹悟言外。乃喟然嘆曰：夫象以盡意，得意則忘象。言以銓理，入理則言息。自經典東流，譯人重阻，多守滯文，鮮見圓義。若忘荃取魚，始可與言道矣。於是校閱真俗，研思因果，乃言善不受報，頓悟成佛。守文之徒，多生嫌嫉，與奪之聲，紛然競起。」此言善不受報，則三世輪迴，小乘佛法所資以為信修之大體已不立。又言不守滯文，頓悟成佛，則不隨言教，不立文字，後起即心即佛之宗門大義已顯露。所謂頓悟者，指其入理。不指其信教。何以眾生皆能頓悟入理，則以眾生皆具佛性故，生公當《涅槃．後品》未至，已言一闡提皆當成佛。一時經典文字之師，誣為邪說，擯而遣之。而公又時舉理字，如《維摩經注》云：「理不從我為空。」又《法華經注》云：「窮理乃覩。」又曰：（《涅槃集解》引生公云）「真理自然。」後及宋儒，高抬理字，實已由生公蘊孕其大意。故後起之禪宗與理學，實皆此第二期學術思想史上題中應有之義。而生公已先著其朕兆，先露其端倪矣。換言之，不僅宋明理學對魏晉以下之佛教為一種教理之爭，即唐五代之禪宗，南北朝竺道生之大乘頓悟義，其在佛教中，亦已早為一種教理之爭矣。故自魏晉以迄宋明，年逾千禩，而學術史上惟一中心問題，厥為此信於外與悟於內之教理之爭。此其所以異於兩漢以前之爭官學與家言也。

何以此年逾千禩之學術思想，其主要精神，乃為一教理之爭乎？曰，此二者，貌異而情協，乃一事之兩面。皆所以開其為此，而禁其為彼，皆將以為吾人之持身涉世建標的而一宗趣，而皆以個人之觀點為中心。其異於兩漢以前者，兩漢以前，無論為官學，為家言，亦適自成為一事之兩面。時則莫不以人類大群體之觀點為重。其精神意趣之所注，亦偏於政治社會之大群體，與其大群功業為主。此不僅儒家為然，即墨法道名陰陽諸家亦莫不然。惟道家偏富於個人觀點，然亦曰內聖外王，又曰王天下，曰應帝王，則亦未嘗不以大群體與大群功業為之歸極。故兩漢前之學術思想，以貴族與平民為爭衡之分野，而其中心意識則同在大群體。斯時也，人生之所理想與寄託，即在政治社會之現實中，即以現世大群為其歸往趨嚮之目標。此為第一期學術之特徵。及夫魏晉之際，現世大群體已大壞，人生無所寄託，以往側重集體意識之理想不足資吾心之慰悅，於是轉而期求個人各自之出路。故老莊思想最先得勢，佛義乘機而入。佛義既為一宗教，則偏於外信，其轉途則為內悟。事貌雖異，然其偏重於以個人小我觀點為中心則一。謝靈運謂其事乃由於中印雙方民族性之不同。而竺道生之大乘頓悟義，雖已為一種教理之爭，然生公仍據佛教經典而立說。必自禪宗起，乃稱不立文字，而成為教外之別傳。然禪宗諸祖師，亦仍不脫宗教面目。逮及宋明理學，始明白以反宗教為理趣。謝靈運所提出之教理相爭之一大題目，亦必至是乃始明白顯出。然宋明理學，雖已注重到此大群體之治平大道，而終不免以個人小我觀點為根柢，為一切理論之出發點，則仍未脫自魏晉以來此一段時期之主要共同精神也。故宋明之與兩漢，雖同為儒家，同言心性義理，同講修齊治平，然一重集體，一重小我，蔚然異轍。漢儒必曰通經致用，而宋明儒則更重在心性修養。下及清儒，已能對此加以剖辨，然言之未甚透徹。故使中國學術思想，亦復不能有甚大之轉變。

嘗試論之，凡宗教必求出世。求出世，必本個人小我觀點為出發。即如西方耶教，亦靡不然。說者每以文藝復興為西方個人主義之覺醒。實則西方近代國家之興起，資本社會之形成，民權革命之演進，何一而非屬於集體大群事？蓋西方自有文藝復興，而始重現世。重現世，則必重集體大群。此以異於中世紀之只以個人靈魂出世觀念為人生之歸宿。至於西方人之個人主義，則應以植根於宗教信仰中者為更深。在中國文化體系中，宗教非其所自發。自魏晉以下，迄於宋明，正為宗教時代。其在思想界所占分量，雖不如西方中世紀之甚，然其較偏重於個人出世則一。佛教至禪宗崛起，已不主出世，然在形跡上仍沿舊轍，遯跡山林，是不出世而逃俗也。雖不主來世成佛，不主往生西土，而仍自披剃入山，逃俗即為出世。禪宗蓋欲擺脫宗教之出世精神而未盡者。宋明理學，轉講修齊治平，不再逃俗，然必以個人之存心養性為之主。明道有言曰：「不得以天下萬物撓己。己立後自能了當得天下萬物。」故宋明儒最要精神，到底偏向在如何立己，不如兩漢前之偏向在如何了當天下萬物。若專據此一點論，則宋明儒依然未脫淨禪宗形跡，仍是此一時期中之反教而未盡也。

在此期中，有一事當細辨者。在中國文化體系中，雖未自創有宗教，儒家如孔孟，不得被認為教主。雖經兩漢在上者之盡力推尊，然終不成為宗教。在先秦諸子中，惟墨家最具宗教形跡，而道家次之。秦以後墨家即衰，而漢以後則道家與儒為代興。當其時而言教，則於佛教外有道教，言理，則儒家外復有道家之理，此則不可不深論而明辨也。玆姑捨教言理。理有超於欲外者，有隨於欲後者。隨於欲後，俗謂之物理事理。超於欲外，俗謂之道理情理。若專據物理事理言，則宇宙間事事物物盡有理，宇宙間不能有不合理之事物。凡一事一物之呈現存在於天地間者，必各有其所以呈現與存在之理。故曰無一事一物而非理。然此但指事理物理言則然。今問子弒其父理歟？曰以事理言，亦理也。其子必自幼失教，或驟得狂疾，或以其他種種因緣，否則不至生心殺父。以物理言，亦理也。或以刀繩，或以毒藥，必有成殺之具，否則殺業不遂。今謂子弑其父為非理者，乃指人文之理言。所謂人文之理，即俗所謂之情理與道理，非指物理事理。人文之理與物理事理之分別何在？曰人文之理起於欲之外，事理物理隨於欲之後。即如此子忽然起念欲殺其父，則必研尋如何得下手成殺之理，如以夜不以晝，以靜不以鬧，以刀繩毒藥，不以言笑涕吐，當知此皆理也。惟其理隨欲後，理為欲使。欲殺則尋成殺之理，欲淫則尋逞淫之理。至於淫之與殺，其事不合於人文之理，則非欲淫與殺者之所問。此所以謂之理隨欲後也。何以謂理超欲外，儻此欲淫欲殺者，先自設問，找此欲淫與殺之念，固理也歟。彼乃憹然懮然，自懲自艾，自謂非理。因此痛自裁抑，更不使欲淫欲殺之念再萌於心。如此則更不須外求如何逞淫成殺之事理與物理。蓋就人情人道言，根本不許有此淫殺，此以謂之理超欲外，理為欲主也。儒家以人文為本位，道家以自然為本位。故儒家言理，常主前者，即超欲之理。道家言理，則常在後者，乃隨欲之理也。道家主清淨無欲，何以謂其言理乃主隨欲之理乎？曰：道家言理，本於在外，理在自然造化，非人心內在所有，順理所以全性，按實言之，斯以謂之隨欲之理也。

孟子曰：「理義之悅我心，猶芻豢之悅我口」，此即超欲之理也。故曰：「魚我所欲也，熊掌亦我所欲也，二者不可得兼，捨魚而取熊掌者也。生，我所欲也，義，亦我所欲也，二者不可得兼，捨生而取義者也。」又曰：「可欲之謂善。」蓋人欲有可有不可，如欲得妻則可，欲逾牆而摟東家之處子則不可。欲生固可，違義偷生則不可。若專就物理事理言，則欲摟東家之處子，惟當問如何逾牆，如何而摟，不使詬誶呼號，斯可矣。欲違義而偷生，惟當問在事物間如何得偷生之理斯可矣。惟問欲之如何遂如何不遂，不問欲之可不可，此則專尋物理事理而不復知有人文之理者之所為也。物理事理之在道家，則美其名曰天理。即自然之理也。庖丁之告文惠君有曰：「官知止而神欲行，依乎天理，批大郤，導大窾，因其固然。技經肯綮之未嘗，恢恢乎其於游刃有餘地矣。」人苟惟養生之是欲，則惟求所以全生之理，得此則猖狂逍遙，游刃自在，事物無足害之，斯已矣。故道家尚道德而譏仁義，彼以道德為天理，仁義則人文之理也。惟其僅主有天理，即事物之理，而不欲重有人文之理，故道家流而為權謀術數，此皆妙審事物之理以求遂所欲者。又變則流而為方伎符籙，亦在妙審事物之理以求遂我欲而已。道家主清淨無欲，而曰全性葆真，蓋得之天曰性，與於人曰欲，苟其得之天，則欲即性也。所謂神欲，即天德也。所謂天理，即自然大道。彼之所謂循乎天理以全性而葆真，此即〈易繫〉之所謂窮理盡性以至於命。要之大體則理隨欲變，理在外，不在內。在外者，以其為事物自然之條理。不在內者，以理不干性，真人率性，不為理縛。若建理縛性，此即道家所譏之仁義，無當於性真。是為儒道兩家言理之大別。

荀子譏之曰：「莊子知有天而不知有人。」然荀子言理，大體實承道家來，與莊旨相近。亦主理隨欲後，而為欲使，不主有超欲之理。故〈解蔽〉之言曰：「凡以知，人之性也。可以知，物之理也。」此明言理在外物。又〈正名〉曰：「心之所可中理，則欲雖多，奚傷於治。心之所可失理，欲雖寡，奚止於亂。」此明言中理即以遂欲，理隨欲後，而為欲使。故〈解蔽〉曰：「聖人縱其欲兼其情而制焉者，理矣，夫何彊何忍何危。」聖人苟通知物理，則可以縱欲盡情而不過制。蓋物理即人欲之限際。故理愈明，則欲愈得縱，情愈得盡。故荀子主性惡，其言曰：「性者，本始材朴也。偽者，文理隆盛也。無性則偽之無所加，無偽則性不能自美。性偽合，然後成聖人。」因荀子承自儒家，亦必言人文之理而又羼以莊老自然之理，其譏莊子知天而不知人，蓋譏其知性而不知偽。性得偽而美成，猶欲得理而暢遂。荀以人文之理為偽，偽即人為，以異於自然，故亦主理隨欲後。〈禮論篇〉曰：「禮義文理所以養情。」〈天論篇〉曰：「思物而物之，孰與理物而勿失之。」又曰：「天行有常，不為堯存，不為桀亡。應之以理則吉，應之以亂則兇。」此所謂理，即莊生所謂天理，所謂萬物之大理。人能得此以應物，則性遂欲足而吉。不能得此以應萬物，則性梏欲萎而凶。此荀卿之旨也。故治荀學者必尚知，必重積漸與修習，此其大較也。

荀卿之徒有韓非，其書有〈解老〉、〈喻老〉，二篇中所言理，亦隨欲之理也。故〈解老〉之言曰：「理者，成物之文。物有理，不可以相薄，故理之為物之制。萬物各異理，而道盡稽萬物之理，故不得不化。不得不化，故無常操。凡道之情，不制不形，柔弱隨時，與理相應。萬物得之以死，得之以生，得之以敗，得之以成。」又曰：「理定而後可得道。故定理有存亡，有生死，有盛衰。凡物之有形者易裁也，易割也。何以論之，有形則有長短，有大小，有方圓，堅脆，輕重白黑。短長大小方圓，堅脆輕重白黑之謂理。理定而物易割也。故欲成方圓而隨其規矩，則萬物之功形矣。」又曰：「盡隨於萬物之理者，必具有天生。天生也者，生心也。故天下之道，盡之生也。故緣道理以從事者，無不能成。凡失其所欲之路而妄行者之謂迷，迷則不能至於所欲至矣。今眾人之所以欲成功而反為失敗者，生於不知道理。眾人之用神也躁。躁則多費，多費謂之侈。聖人之用神也靜。靜則少費，少費謂之嗇。嗇之謂術也，生於道理。夫能嗇也，是從於道而服於理者也。眾人離於患，陷於禍，猶未知退而不服從道理。聖人雖未見禍患之形，虛無服從於道理，以稱蚤服。達於理者，其持祿也久，故曰深其根。體其道者，其生日長，故曰固其柢。」〈喻老〉又曰：「物有常容，因乘以導之，因隨物之容，故靜則達乎德，動則順乎道。不乘天地之資，而載一人之身，不隨道理之數，而學一人之智。此猶宋人三年而成一葉之行也。故曰恃萬物之自然而不敢為。」由此觀之，韓非所謂理，所謂天地萬物自然之理，皆指物理。隨順物理而因應得宜，則所欲遂而成。不隨順物理而因應失其宜，則所欲窒而敗。豈非理者所以遂欲，此以謂之理隨欲後也。故道家之莊老，儒家之荀卿，法家之韓非，其立說宗旨各不同，而其主理隨欲後則一。莊子曰：「人相忘於道術，魚相忘於江湖。」老子曰：「使民老死不相往來。」莊老，主於壞植散群，各因順乎自然以全其性而葆其真。故莊老之道，先則曰清淨無為，繼則遁於山林江海而從事於神仙方術。荀卿韓非皆主有君臣國家，不欲使民散。然人各懷其欲，則無以善其群，故必待聖王賢君出，為之制禮作法焉。荀主禮，韓主法，要之使人不敢竭其欲以壞吾之群也。

嘗試論之，古今人類凡奉以為制行之標的者，不外四宗。一曰天，二曰世，三曰物，四曰心。荀韓皆世宗也。在上者制禮作法，以臨制其下，使在下者不敢各展其欲以亂群，斯乃籍於群以各遂其欲者。莊老則欲解散群體，謂使人不得恣其性而遂其欲者，皆群體之為害。故必離群而造於獨，以使人遂其性焉。然亦必因順乎天地萬物自然之大理，而自節適其欲。而後我之性得以全，欲得以遂，此以謂之物宗也。斯二者，其主有群與無群異，其或主節欲，或主遂欲，亦各不同。然其所以為節為遂者，則皆因應乎其外，不主內心有理以為欲之主。此則二宗之所同。天宗者，推本上帝，信神道。凡上帝之所欲，我始欲之。上帝所不欲，則人斯捨其欲而不敢存。故曰天宗。心宗者，可欲可不欲，一判諸其心，而不論乎其外。凡信教者皆宗天，崇法者皆宗世，考尋物理者皆宗自然（物）。惟主張人倫道德者則宗心。宗心者所率循亦曰理。此所謂理，乃超欲外。欲之無當於理者不存。故理以調欲克欲，而與欲抗，不以隨欲而為欲使。信教者以天與欲抗。謝靈運所謂教理之爭，則爭其所以克欲調欲者，為外本之天乎，抑內本之心乎，亦如世宗物宗之爭所以遂欲，亦爭其就群以求遂，抑離群而求遂之二途而已耳。

孔孟儒家，宗於心以替天，以此較之上古素樸的天帝觀，已為一種教理之爭。惟至西漢，儒者尊經，以訓詁章句為務。及至東漢，察舉專尚孝廉，社會爭崇孝廉之名，其精神皆不免外向，而孔孟宗心之旨漸晦，於是乃有所謂名教。魏晉以下，反動隨起，此又是一種教理之爭矣。惟莊老道家之所謂理，實不足以勝其任，於是佛教東來，大行其道，而後乃有謝靈運教理之爭之新說之提出。

謝靈運之所謂理，亦主與欲相抗之理，不如莊老荀韓之所謂理。故法勗之問難則曰：「夫明達者以體禮絕欲，悠悠者以迷惑嬰累。」絕欲本乎見理，嬰累由於乖宗。此可見謝氏之所謂理，明指絕欲盡累之理。即所謂理超欲外，而為欲主之理也。繼此而觀以下宋儒之所謂理。明道自言：「吾學雖有所受，天理二字，卻是自家體貼出來。」天理取與人欲對。上本〈樂記〉滅天理而窮人欲之語來。宋儒常引此言，則宋儒所謂之天理乃超欲而為之主，絕非隨欲而為之使者顯然矣。故明道〈識仁篇〉有曰：「學者識得此理，以誠敬存之而已。理有未得，故須窮索。存久自明，安待窮索。」蓋宋儒宗旨，既不如荀卿之主性惡，又不如韓非之尚刑法，復不如老莊之主壞植散群，一任自然，又不願如釋氏之宗仰教義，信於外力，則其標宗立極，必主有一超於欲外而為欲主之理，而此理又為我心之所得而自悟。而後人道始得其綱紀，乃可以善群而淑世也。然程朱言理，亦常涉及事理物理，則近莊老荀韓，惟乃以事理物理會納之於天理，絕非隨欲而資欲使之理，而乃人之內心所能體貼之理，終是超於欲者。故宋儒言理，實是孔孟心宗也。

明道又曰：「天地萬物之理，無獨必有對，皆自然而然，非有安排也。每中夜以思，不知手之舞之，足之蹈之。」又曰：「萬物莫不有對。一陰一陽，一善一惡，陽長則陰消，善增則惡減。斯理也，推之其遠乎。人只要知此耳。」又曰：「質必有文，自然之理必有對待。一不獨立，二則為文。天文，天之理也，人文，人之理也。」又曰：「事有善有惡，皆天理也。」此等所謂理，皆屬事理物理，近莊老荀韓〈易繫〉中之所謂理，與孟子所謂理義悅心，猶芻豢悅口之理有不同。否則理有善有惡，豈善之與惡同悅我心，如芻豢之悅口乎？又此所謂萬物之理，皆當觀化究變，從事事物物探索研尋而得，亦豈能由自家體貼乎。

程門言理，多偏於事物之理，至伊川而益顯。伊川之言曰：「一物須有一理。」又曰：「物皆有理。」又曰：「事皆有理。」又曰：「理外之事則無。」又曰：「物則事也，凡事上窮極其理，則無不通。」此皆明言理在事物。既謂物皆有理，理外無事，合萬事萬物而總言之則曰天。故曰：「天者理也。」又曰：「天者，自然之理也。」又曰：「皆是理，安得謂之虛。」天實非虛，即自然也。天只一天，故理亦只一理，故曰：「天下只有一個理。」又曰：「萬理歸於一理。」又曰：「一物之理即萬物之理。」然何以不謂之自然而必呼之曰理乎？此宋儒所以有取於莊老而終異於莊老之所在。蓋理者，乃天地事物一切自然中之所以然也。惟其為所以然，故必有事於窮格。故曰：「物理須是要窮。若言天地之所以高深，鬼神之所以幽顯，若言天只是高，地只是深，只是已辭，更有甚。」已辭者，乃謂敘述已然之辭。如莊老言自然是已。伊川主窮理，乃求於已然中推尋其所以然。由此乃進而論及性與理之辨。曰：「天下言性，則故而已矣。言性當推其元本，無傷其性也。」故而已矣者，即所謂已辭，皆止於敘述已然。若推其元本，則窮及其所以然矣。故曰：「生之謂性，止訓所稟受也。天命之謂性，此言性之理。今人言天性柔緩，天性剛急，俗言天成，皆生來如此，此訓所稟受。若性之理也，則無不善。」又曰：「仁之於父子，至知之於賢者，謂之命者，以其稟受有厚薄清濁。然其性善，可學而盡，故謂之性焉。」由此言之，孟子之所謂性，正伊川之所謂理。伊川言性，指其稟受，稟受有善有惡，若言理則皆可學而至於善。此心宗與天宗之不同，而二程之說，直從孔孟來，亦於此可知。故曰：「木可以為柱，理也，其曲直者性也，其所以曲直者命也。理性命一而已。」此處伊川論性，亦若兼涵荀卿義。謂性有曲直，即是謂性中可有惡也。謂木可以為柱，則荀卿亦謂塗之人皆可以為禹矣。然荀卿分天人性偽而言，伊川則合言之，故終為近於孟子。其曰理性命一而已。命屬天，性落到人，理則以人合天，而天人合一，此乃宋儒所以異於莊老與荀之所在。論宋儒者，所當於此參究也。

惟伊川此等處所謂理，乃屬可能之理，與其所主所以然之理亦有不同。若論所以然，則可謂萬事萬物皆本一理。若論可然，則不能謂萬事萬物皆可達至一同然之境。如謂木可以為柱，水火即不可以為柱。故伊川所謂天地萬物一理者，到底當主所以然言，不主可然言。若主可然，則惟專限於人性，若謂塗之人皆可以為禹始可。荀卿終是儒家，所由與莊老不同也。故伊川又曰：「動物有知，植物無知，其性自異。但賦形於天地，其理則一。」此所謂其理則一，即非木可為杜之理，實相當於所以曲直者命也之命。可見伊川言理，乃包所以然之天命，與人事之可然，而合一以謂之理也。孟子所謂理義之悅我心，猶芻豢之悅我口，則是人文當然之理，與事物之所以然與可然者又不同，伊川於此似轉少言。其意蓋謂凡天命之所以然與人事之可然者，即當然也。

孟子言理，惟主我心之當然，故曰義內，又曰反而求之有餘師。伊川言理，同時言及事物之所以然與可然，故必推之於外。故曰「理則須窮，性則須盡」。窮理格物，遂為程門教法一大頭腦。伊川曰：「所務於窮理者，非道須盡窮了天下萬物之理，又不道是窮得一理便到，只是要積累多後，自然見去。」又曰：「人患不得其要，要在明善，明善在乎格物窮理，窮至於物理則漸久後天下之物皆能窮，只是一。」明善在格物窮理，意在通理與善而為一。然善屬當然之理，其要在人。至於窮物理，則屬所以然與可然之理，其要在天。伊川乃主匯通天人而合一之，固若直承孟子來，然孟子所言，終似偏於人性一邊，伊川則主廣之以人事與物理，已包容進了莊老與荀卿之說。究其極，則仍是一種教與理之辨也。

或問觀物察己，還因見物反求諸身否。伊川曰：

不如此說。物我一理，纔明彼，即曉此，合外內之道也。語其大，至天地之高厚，語其小，至一物之所以然，學者皆當理會之。

又問致知先求之四端如何。曰：

求之性情固是切於身，然一草一木皆有理，須是察。

或問格物是外物，是性分中物。曰：

不拘。凡眼前無非是物，物皆有理，如火之所以熱，水之所以寒，至於君臣父子間皆是理。

此皆伊川格物窮理要旨。然父子君臣間之理，乃人文理，與水寒火熱之理屬自然者有不同。水寒火熱乃物理，父子君臣間則為性情之理。一屬自然範圍，乃主所以然與可然。一屬人倫道德範圍，乃主當然。二者不能無別。而伊川謂纔明彼即曉此。此因人文與自然不可分。若不明得自然之理，又何從有人文之理。故伊川曰：此乃合外內之道。象山不明於此，故讀伊川言便不喜。然象山不斥明道，在明道〈定性書〉亦已言之，曰：「性無內外，聖人之喜，以物之當喜，聖人之怒，以物之當怒。聖人之喜怒，不繫於心而繫於物。」此語即伊川所本。但謂物當喜，物當怒，已將當喜當怒之理轉在外物。而離卻吾心，物是塊然之物，又何從見其有當喜當怒之理。則明道此說，顯不如伊川之更為明切。伊川主纔明彼即曉此，內外合一，吾心之喜怒，與外物之自然，理屬相通，捨卻外物，又何從而有吾心之喜怒。明道所謂聖人之喜怒不繫於心而繫於物者，此非謂喜怒不在心，只謂不盡在心，亦在物，惟言之不如伊川之明切。大黃烏頭可以殺，此屬物理。人不求死，或不當殺，則絕不服大黃烏頭。見人之死，而覺有可怒可悲之理，人則屬人之性情，與草木自然無關。草木自然，只是物理，著不得吾心之喜怒哀樂。莊老主於刳心去欲，又曰「虛心應物」，乃主一本自然，此荀卿所以譏之為知天而不知人。明道〈定性書〉當非此意。只謂物來順應，不失我性情之自然流露耳。然順應亦非易事，故伊川繼之，主在事物上窮索。窮索之極，明得物理，乃可物來而順應，乃可明善而獲理。故明道言居敬，伊川必足之以窮理也。明道乃云：以誠敬存之不須窮索。一若伊川所論，乃為流泛而愈遠，實則不然。《中庸》言，盡人之性而後可以盡物之性。伊川若言盡物之性，乃始可以盡人之性。要之人不能外於物，而盡物之性，則必本於人之性以盡之，故窮理仍不能外於居敬，此則須學者之善自體會也。

伊川又曰：

> 性即理也，所謂理性是也。天下之理，原其所自來，未有不善。喜怒哀樂之未發，何嘗不

善。發而中節，則無往而不善。發而不中節，然後為不善。故凡言善惡，皆先善而後惡。言是非，皆先是而後非。言吉凶，皆先吉而後凶。

今按：伊川曾言動植性異而理一，此處又云性即理也，此專指人性言，乃亦可兼動植言。若兼動植言，則蠢蠢者生，有生之物，莫不好其生，則凡生無不善。若據無生物言，則僅見理，不見善惡，故明道又言理無善惡也。凡物各有性，即各有理，但不必各有生。故可謂性即理，不得言理即性。而言性即理，則已把人文性情與自然之理綰合為一，此則伊川在儒家思想上一大貢獻也。

惟可以為柱，此乃木之性，亦即木之理，而木之生，固不以為柱而生。故伊川言性，又有天地之性與氣質之性之別。天地之性，則便是天地之理，又曰未有不善，此乃未落形氣一邊事。故曰原其所自，未有不善也。若既落形氣一邊，即不能不各有善惡。木之可以為柱，自人文之理視之，亦即木之善。大抵程門言性，已遠為恢宏，故其所言，有時若近莊周荀卿，與孟子之所謂性善與其言義理悅心者轉若有異。此蓋宋儒自以《易》、《庸》加入而又更自推闡。思想之進程宜有此也。

伊川又云：

致知在格物，格物之理，不若察之於身，其得尤切。

格物理乃其次，察於身乃其本，則孔孟原來宗旨也。又曰：

人要明理。若止一物上明之，亦未濟事。須是集眾理，然後脫然自有悟處。然於物上理會也得，不理會也得。

蓋宋儒既揭出了天地萬物之理：則豈能不於物上理會。而仍必歸本於人文之理，故曰察之於身其得尤切，而又謂自然物理不理會也得，此其於本末終始，言之亦甚親切矣。伊川又言：

自其外者學之而得於內者謂之明，自其內者得之而兼於外者謂之誠，誠與明一也。

此本《中庸》言，不本孟子言。誠明合一，即天人合一。惟體在誠而功夫則在明。此天人之辨。故伊川又曰：

聞見之知非德性之知。物交物，則知之非內也，德性之知不假聞見。

此謂德性之知不假聞見，則又本孟子言。故其謂外窮事物之理，所謂集眾理，絕不可不假聞見。所謂自其外者學之而得於內，皆聞見之知也。德性之知，必有待於聞見，而聞見之知，卻不即是德性之知。此等處，皆待學者善自體會。若陸象山徒尊德性，而不許有道問學，則非矣。

朱子之理氣論，又沿襲伊川而推極之。朱子曰：

太極只是天地萬物之理。先有個天地了卻有氣，氣積為質而性具焉。

又曰：

陰陽五行之理，須常常看得在目前。

此所謂天地萬物之理，陰陽五行之理，顯皆非孟子所謂義理悅心之理矣。於此求知，斯必待聞見之知，非德性之知之所能自然而知。

朱子又曰：

合天地萬物而言，只是一個理。及在人，則又各有一個理。

此處，始著落到人身上。天地萬物屬自然理，在人屬人文理。人文理亦在自然理之中，兩者須兼顧，此則程朱立論精要所在。孔孟多言人文理，少言自然理，此其異。朱子又曰：

論萬物之一源，則理同而氣異。觀萬物之異體，則氣猶相近而理絕不同。（〈答黃商伯書〉）

朱子又從二程之萬理為一轉而言理絕不同，近於一種非常奇義可怪之論，其實極平實，極顯見，一經指出，人盡知之，無足怪也。又曰：

> 氣相近，如知寒煖，識饑飽，好生惡死，趨利避害，人與物都一般。理不同，如蜂蟻之君臣，只是他義上有一點子明。虎狼之父子，只是他仁上有一點子明。其他更推不去。恰似鏡子，其他處卻暗了，中間只有一兩點子光。大凡物事稟得一邊重，便佔了其他底。如慈愛的人少斷制，斷制之人多殘忍。蓋仁多便遮了義，義多便遮了仁。

其實換言之，即是理一而性不同，性不同斯理不同矣。又曰：

> 人物之生，天賦之以此理，未嘗不同。但人物之稟受自有異耳。如一江水，你將杓去取，只得一杓。將碗去取，只得一碗。至於一桶一缸，各自隨身器量不同，故理亦隨以異。

又曰：

> 二氣五行，交感萬變，故人物之生，有精粗之不同。自氣而言之，則人物皆受是氣而生。自精粗而言，則人得其氣之正且通者，物得其氣之偏且塞者。惟人得其正，故理通而無所

塞。物得其偏，故理塞而無所知。

此等處，朱子正闡說伊川命性理一也之說，而更為細密。伊川所言，多屬理同而氣異一邊，朱子補出氣猶相近而理絕不同之一邊，陳義始圓到。既認人物之理有絕不同，故主即凡天下之物而格，以求其一旦之豁然貫通。人文之理，自該貫通於自然之理，惟所謂纔明彼，即曉此，卻不可拘泥了纔字即字，把此工夫看得輕易了。

朱子又云：

是他元不曾稟得此道理，惟人則得其全，如動物則又近人之性。

又曰：

如虎狼之父子，蜂蟻之君臣，豺獺之報本，雎鳩之有別，物只有這一處通，便卻專。人卻事事理會得些，便覺泛泛。人與物以氣稟之偏全不同。草木之氣又別，他都無知了。

此等處，皆本之伊川理一分殊之說，然所說更圓密更細到。其他萬物，既不曾稟得此道理，故自然絕不即就是人文。但虎狼有父子之理，蜂蟻有君臣之理。則知人文即在自然中，不能自外於自然。此知伊川晦翁即物窮理之說，自然人文雙方兼顧，而並不失孔孟傳統人文本位之大精神所在也。

朱子又屢稱伊川性即理也之說，或問枯槁瓦礫如何有理，曰：

且如大黃附子亦是枯槁，然大黃不可為附子，附子不可為大黃。

此言物之各別，即是物之各具一理也。或問物之無情者亦有理否，曰：

固是有理。如舟只可行水，車只可行陸。

此又言無情亦有理，此即所謂自然之理也。

又曰：

才有物便有理。天不曾生個筆，人把兔毫來做筆，才有筆，便有理。

此處言人造物亦有理，義更透闢。正見自然有理，人文亦有理。不當專依自然而抹殺了人文一邊。

又問筆上如何分仁義，曰：

小小底不消恁地分仁義。

此論尤宏通。朱子謂瓦礫有理，其義實本莊周。莊周尚道德，毀仁義，仁義從人情上起。但雖無情，亦各有理，則格物窮理，不必盡歸到仁義上來。故說兔毫做筆，小小底不消恁地分仁義。仁義亦只是一理，而理不盡在仁義上，故格物窮理不避此等小小處，乃欲一草一木，即凡天下之物而格。

朱子又屢辨儒釋異同，其言曰：

上蔡云：佛氏所謂性，正聖人所謂心。佛氏所謂心，正聖人所謂意。心只是該得理。佛氏原不識得這理一節，便認知覺運動做性。如視聽言貌，聖人則視有視之理，聽有聽之理，佛氏則只認那能視能聽能言能思能動底便是性。視明也得，不明也得，他都不管。橫來直來，他都認做性，此正告子生之謂性之說也。

今按：耳能聽，目能視，此屬事物之自然理。若視思明，聽思聰，此乃從自然理進入人文理，乃人群相處當然之理，非即天地萬物自然而有之理。故禽獸亦能視聽，然禽獸之視聽，無當於人群道德之所謂聰明。庶民亦均能視聽，然庶民之視聽，亦多無當於人群道德理想中之所謂聰明。朱子此處所謂視有視理，聽有聽理，此皆超欲之理，非隨欲之理。乃人文大理，非天地萬物自然之理。理言性也，此理則是人文理，非自然理。荀子分人文自然為二，孟子合而一之，程朱則本於孟子而益加以發揮。故孟子必分別犬牛之性與人性之不同。又其道性善，言必稱堯舜。堯舜亦復與庶民不同。是孟子言性，亦當然，亦可然。佛氏認知覺運動做性，是告子生之謂性，只是自然之性。而儒家則要在自然之性上再演進出人文之性來。

朱子又云：

釋氏只知坐底是，交脛坐也得，疊足坐也得。吾儒必欲理會坐之理當為尸。

今按：坐之理當為尸，則交脛疊足皆失坐理。伊川言理外之事則無，此指自然言。老莊言自然，交脛疊足而坐，皆無不是。朱子言坐之理，則指人文理。理字含義不同，惟程朱又必會通人文理與自然理為一，既分言之，又合言之，此則孟子所未發也。或問伊川：「某嘗讀《華嚴經》第一真空絕相觀，第二事理無礙觀，第三事事無礙觀，譬如燈鏡之類，包含萬象，無有窮盡，此理如何。」曰：「只為釋氏要周遮，一言以蔽之，不過曰萬里歸於一理也。」又問：「未知所以破他處。」曰：「亦未得道他不是。」據此，知伊川於華嚴事理無礙之說，本未認其不是。故謂理外之事則無。今朱子云，交脛疊足，成為理外之事。此又是朱子細過伊川處。或問朱子，「萬物各具一理，而萬理同出一源。」曰：

釋氏云，一月普現一切水，一切水月一月攝。這是那釋氏也窺得這些道理。濂溪《通書》只是說這一事。

是朱子亦未以華嚴事理無礙之說為未是。釋氏既窺得這些道理，今欲排釋歸儒，則釋氏這些道理，也不得不理會，不採納。宋儒立說，自不得不異於孟子，此乃其善於發揚孟子，非故為此枝梧生歧也。象山欲排程朱以尊孟，轉不免其說之近釋氏。此又學者所不得不微辨。

朱子又曰：

知覺之理，是性所以當如此者，釋氏不知，他但知知覺，沒這理。

今按：此所謂知覺之理，亦可謂乃知覺當然之理，此即人文理，與知覺所以然之自然理不同。知覺所以然之理原本天性，當然之理則本於人事。所以然之理與當然之理自有辨。釋氏不言人文理，故僅言自然理。故朱子斥其僅知性，不知理，朱子所謂知覺之理，則是知覺之性之所以當如此者，此乃於自然理中又添進人文理，於所以然中又添進當然，合而為一，則釋氏所未言也。

朱子又曰：「性即理也，當然之理無有不善者。」今按：理可以當然言，性不可以當然言。

性乃自然，亦指可然，而當然之義亦兼包於內。伊川言理頗少指當然，朱子屢稱理為當然，此又朱子細過伊川處。然朱子亦不以性為當然。乃在天地萬物自然之中，就人文界立場指出一當然，當然即在自然中，違反自然，則亦非當然。必兼自然與可然，乃有當然。伊川晦翁所謂性即理者，本指天地萬物自然之理言。物各有性，即物各有理，亦即萬物各有其自然也。如此立說，顯與莊老相通。亦不違背於釋氏。惟程朱不肯如此說，必推極於天地萬物之所以然，而謂此所以然者則是命。此承《中庸》天命之謂性言。故以命與理合一說之，則天命即天理，又把命字換為理字，如此乃云理即天。如此則自然之外，更別無天之存在。《中庸》天命之謂性，到程朱便換成天理之謂性。蓋程朱既不認有天之諄諄然之命，遂以天命為天理，又以天理為太極，此程朱理字一新解，所以匯通老釋，而遂若與孔孟先秦儒有異，而就人文大傳統言，則依然是孔孟精神也。

天地萬物自然之理，有其已然，亦有其可然。可然者，乃將然之推說。如木可以為柱，此可然也。伊川則謂是木之理。而又有其不得不然。不得不然則謂之必然，如大黃不得為附子，附子不得為大黃，舟必行水，車必行陸皆是，此在朱子亦謂之理。凡此已然可然必然之理，皆在物理一邊，皆天地間自然之理。而後始有所謂當然之理，與自然之理相別。如木可以為柱，固不得謂木當為柱，此可然與當然之不同也。大黃不得為附子，亦不得云大黃不當為附子，此又必然與當然之不同也。當然固不能越出於自然，然而與自然不同。自然之中有必然，有可然，而無當然。

必有人之意見參乎其間，即從自然界演進到人文界，而後始有所謂當然。人之意見，則有超乎欲而以為意見者，有隨乎欲而以為意見者。子欲弒其父，則必以刀繩，否則以毒藥，否則以槍彈，惟此數者始可以成殺，此乃物理自然，亦可然也。若隨乎欲以言理，則以刀繩毒藥殺人亦理也。但自人文理言，則不許有此欲，此乃超乎欲以言理，則弒父之欲既為非理，亦為不當然，而刀繩毒藥之可以殺，與必得殺，其理在所不論。弒父之事何以為非理，其中意義，不當求之刀繩毒藥，而當求之人群之意見。待人文之演進而始有。老莊主解散人群，故不喜人群於自然外橫生意見。荀韓主團結人群，顧荀韓不信人心可以有超欲之理，故必待聖王焉，為人制禮定法以繩人群於必從。孔孟則謂人心自可有超欲之理，此孟子所謂禮義悅心猶芻豢之悅口也。故惟發明此理，斯人乃自知其可欲與不可欲，而當然亦成為自然。苟以為不可欲，則刀繩毒藥之可以得殺與否，其事固可不論。若果以為可欲，其父有病，其子進藥，則不知大黃之與附子，孰有當於其疾，孰為不當於其病，此則物理自然仍有不可不論者。故即物而窮其自然之理，深明其必然與可然之性，乃深有益於人事之當然。人文之終不能跳出自然者在此。否則孝子雖憂其父之疾，寧知大黃與附子之孰當乎。故陸王之言心言良知，仍必加進程朱之格物窮理，然亦非謂窮格大黃附子之理，遂可以成孝子，則天下醫師皆孝子也。誤解程朱立說本意者，遂誤謂程朱教人幾乎即以醫師為孝子，此又大謬不然。程朱僅謂孝子事親，有時不得不求醫，亦非象山之所謂支離也。

苟不主解散人群，則必有人文之理以和會調協乎其群。此人文之理，不僅以遂欲，亦將以克欲。其達乎究極，必知理乃超乎欲之外，而非盡皆隨乎欲之後。孔孟主人心自有此理，故待人心之自悟。荀韓主人心不能有此理，故必待聖王之制禮作法以強人之從而服。釋氏不如孔孟之期人悟，亦不如荀韓之強人服，惟求起人之信而教之脩。故以釋氏比荀韓，毋寧釋氏於孔孟為近。何者，荀韓束其外，釋氏固已誘其內也。惟釋氏主於起信，信心固屬內，而所信猶屬外。孔孟主於覺，即後人所謂悟，覺悟心屬內，而所覺所悟亦在內。此超欲之理，本吾心所自有，則屬內不屬外也。何以吾心自有此超欲之理，此亦天地之自然。人心有此理，亦屬人之性。性即自然也。生公主一闡提皆有佛性，此即猶孟子道性善，言人皆可以為堯舜也。既人人皆有佛性，則頓悟成佛，外信轉為內悟，於是有教理之辨。教理之辨，亦惟內外之辨而已。然釋氏畢竟與孔孟有大不同，因釋氏主出世，而孔孟主淑世。唐代禪宗興，出世之熱忱已漸衰退，則所謂明心見性，頓悟成佛者，乃有其弓繳，無其鵠的。既不想望於往生，又不轉途為淑世。禪宗尊宿，乃疑若脫空玩世然。因此，常若其與老莊近。朱子排釋，常以為其不知有理，亦在此也。然其鞭辟近裏，重視內悟，則宋儒理學，亦可謂自生公以來釋氏教理之爭之正統血脈，不可誣也。

程朱毅然以復明孔孟之道自任，排斥禪釋，不遺餘力。而其視理，則曰萬事萬物皆有理，必使人即物而格，即事而窮，又若轉內向外，反與莊老荀韓近，而視禪宗反更遠。然此乃不得程朱之真意而入歧途。不足為程朱病。象山陸子，自謂得孔孟真傳。或問陸先生教人何先。曰「辨志」。問何辨，曰：「義利之辨」。孟子曰：理義之悅我心，猶芻豢之悅我口，明吾心，斯即知理義矣。若如程朱言窮理，則不知為自然物理歟，抑人文之理歟。若如象山言辨義，則顯屬人事，無所謂物義。象山亦非謂自然物理可以不必窮，蓋謂先立乎其大者，則小者不能奪。站定在人文立場，則自然亦莫能外。故象山必主心即理，而少言性。因言性，則引而遠之。大黃附子皆有性。瓦礫尿溺亦有性。則為支離。若言心，則惟人為靈，理屬人倫，不屬萬類。此皆超欲之理，非俟人之自悟於心不可。然不悟人不能自外於物，心不能自離於性。故朱子稱象山有見於《中庸》之尊德性，而已則有意於從道問學方面補其偏。象山終不免於專一，朱子乃始為宏通也。

陽明承象山之緒，其所辨則較象山為稍寬。故曰：「物理不外於吾心，外吾心而求物理，無物理矣。遺物理而求吾心，吾心又何物耶。故有孝親之心，即有孝之理。無孝親之心，即無孝之理矣。有忠君之心，即有忠之理。無忠君之心，即無忠之理矣。理豈外於吾心耶。」此等處，發明人文之理，而亦不忽於自然之理。忠孝乃人文之理，而陽明又必兼及於物理，此陽明較象山寬處。然謂天下無心外之物，又謂：「告子見一箇性在內，見一個物在外，便見他於性有未透切處。」是陽明乃謂性與物無內外之分矣。此則已近晦翁以格物窮理為盡性之功，而猶必謂天下無心外之物，此則猶站在象山一邊，可謂其無定見。羅整菴《困知記》辨此頗明晰，謂：「盈天地之間者惟萬物，人固萬物中一物耳。乾道變化，各正性命，人猶物也，我猶人也，其理容有二哉。格物之格，是通徹無間之意。蓋工夫至到，則通徹無間，物即我，我即物，渾然一致。」又曰：「吾之有此身，與萬物之為物，孰非出於乾坤，其理固皆乾坤之理也。自我而觀，物固物也。以理觀之，我亦物也。渾然一致而已，夫何分於內外乎？以良知為天理，乃欲致吾心之良知於事事物物，則是道理全在人安排出，事物無復本然之則矣。則如川上之嘆，鳶飛魚躍之旨，試以吾意著於川之流，鳶之飛，魚之躍，若之何正其不正以歸於正耶！」又曰：「人之有心，固然亦是一物，然專以格物為格此心則不可。於天地萬物上，良知二字，自是安著不得也。」又曰：「天命之謂性，自其受氣之初言也。蓋形質既成，人則率其人之性而為人之道，物則率其物之性而為物之道。其分既殊，其為道也自不容於無別。若謂天地人物之變化，皆吾心之變化，而以發育萬物歸之吾心，是不知有分之殊也。夫發育萬物，自是造化之功用，人何與焉。故曰天人一理，而其分不同。人生而靜，此理固在於人，分則屬乎天也。感物而動，此理固出乎天，分則屬於人矣。所貴乎格物者，正欲其分之殊，而有以見乎理之一也。此理之在天下，由一以之萬，初非安排之力。會萬而歸一，豈容牽合之私。是故察之於身，宜莫先於性情。」凡此所辨天人心理之間，可謂明晰矣。陽明所謂孝親忠君之心，此皆人之性情，豈即物理乎？又豈即造化乎？天地萬物，豈皆由於我心之忠孝而始有其存在乎？陽明之病，在推擴良知功能過其實，即以之當物理，當造化。

混自然理於人文理，近似西方之唯心哲學。晦翁之主格物窮理，乃欲在造化物理中求人性情之暢遂，即所謂理一分殊之旨，即自然理與人文理之分別存在也。人之性情，雖與物理造化相通，雖亦為造化物理中之一事，而究自有別。象山陽明，皆不免太重視了人之性情，而忽略了造化物理。而陽明乃以人之良知即包括盡了造化物理，此尤立言之失。整菴又言曰：「人之知識，不容有二。孟子但以不慮而知之者名之曰良，非謂別有一知也。今以知惻隱、羞惡、恭敬、是非為良知，知視聽言動為知覺，是果有二知乎？夫人知視聽言動，不待思慮而知者亦多矣。感通之妙，捷於桴鼓，何以異於惻隱羞惡恭敬是非之發乎？四端之發，未有不關於視聽言動者，果何從而見其異乎。知惟一耳，而強生分別，吾聖賢之書未嘗有也。」整菴之言如此，其認人之知唯一非二，此固是矣。然孟子已有性也有命，君子不謂之性，命也有性，君子不謂之命之辨，人之知視聽言動，此孟子之所謂命。知惻隱羞惡恭敬是非，此乃孟子之所謂性。由前之知，可以格物理。由後之知，乃以通人文。是孟子亦尚分言之，整菴則合而同之，蓋整菴仍主晦翁性即理之說，而不知後人之思理，容可與前人有不同。程朱之言性即理，若較孟子之分別性命為合言之，其實則是分之而益細。蓋德性之知本於天命，而聞見之知則起於人事。固不得一尊天命而抹殺人事。陸王之主心即理，則若有合於孟子，實則只認人文理，而忽略了自然理，亦可謂只許有自然之良知，而不許有人文之窮格，尚不如孟子之分別性命為有當也。

今再約而言之。有義理，有物理。義理者，超乎物外，所以調欲。物理者，隨乎欲後，而以給欲。一為人文理，一為自然理，此二理字含義實別。中國古籍言理，如孟子言義理，莊周言物理。蓋道家務期人性之自由而伸舒，而未得其方，故一面主於破棄群體，而一面又必因應萬物得其宜，以謂如此，始可內不為群所礙，外不為物所迫，而我之天性始得張皇而滋榮，此老莊之旨也。其流而為神仙方術，亦主擺脫人群，而又能驅駕萬物得其宜，而後始能然。近代西方言自然科學，亦主個人自由，其態度積極，與中國道家異，其理想之所趨赴，則與中國道家實有其大體之相似。故自然科學之發展，僅人類所求之一方面，其另一方面，則當以無政府主義為歸宿。否則得其一，失其一，人性仍無絕對伸舒之境。然無政府終不能無社會。而且科學昌明，正賴群力。若覬覦於無政府之境界，即當犧牲科學之隆盛。即謂科學昌明而人盡自由，可以無政府，甚至無群礙，然人欲則終於不能盡。此如與影競走，終無可及之理。故以理給欲，理終不逮。至如荀韓主由聖王制禮作法以制人之欲，拘人之性，而使人群得以相安，以共勝夫外物，此則猶西方之言法治，亦如馬克思之唯物史觀而主階級鬪爭，要之非人性所欲之極詣。果使科學日隆，法治日密，或階級意識日鮮明，人性得遂於外物，而復見絀於群制，如陷泥窟，拔一足而他足之陷轉深，終難脫出。此皆不認人性中自有理以調制其欲也。耶教主有超欲之理，惟歸其理於天，不謂人心所自有。獨釋氏與他教異，他教皆尊天，釋氏則曰諸天奉行，不尊天而尊己。釋氏所尊者佛，佛者己心之內覺。凡有心皆可有覺。抑且佛教最不許有欲。此心之覺，貴在於無欲。亦可謂耶教乃天宗，而佛教則為心宗。惟耶教尚許人有群，而佛教則必歸於滅群。故西方反耶教者厥在科學，而東方佛教，乃獨可有教理之爭。自佛教來中國，而有生公大乘頓悟義，又有禪宗即心即佛義，此皆佛教教義自身內部之演進。佛主出世，孔孟主淑世，惟其謂人心自有超欲之理則一。故自禪宗又一轉而為宋明之理學，此亦一種教理相爭之歷史階段中所自有之演進也。若其自程朱展演出陸王，則程朱本不成為教，而陸王所持之理，亦不如程朱之宏通而圓密。故陸王思想之在本時期中產生，固亦是教理相爭之一波。而陸王之對程朱，則不得目以為教理之相爭也。若以擬之釋氏，則程朱猶如生公，生公以下尚可有佛學。陸王猶如禪宗，禪宗以後可以不復有佛學，陸王以下將更不能有儒學。何者，滿街皆是聖人，人人盡可以為聖，而聖學終必墮地以盡。堯舜以前曾讀何書，故禪宗可以不讀佛教經典，陸學所主，亦可以不復讀書也。

若論中國之道教，則實為道家思想之墮落。自莊老清淨折入神仙方術，又折而成為符籙，此皆倒退，非前進。要之皆屬個人主義，亦皆為因應物理以求遂我欲耳。道教中陳義稍勝者，亦不過曰清淨修鍊，此與所謂教理之爭無涉。特其重個人，重自然，注意研尋造化物理，故得於中國第二期學術思想史上猶有其位置。

今論本期思想之轉變，則明清之際已露端倪。斯時也，以個人觀點為中心之趨勢又漸衰，以大群集體觀點為中心之要求又漸盛，於是明清之際之學者，較不喜言個人心性，而轉重群體政教。經史實學，轉盛於講堂錮習。陸王主心即理，其精神意趣，專一內嚮，偏於以個人觀點為中心之流弊更顯。程朱博觀物理，旁及自然，精神意境稍闊越，而其弊亦在太重言心性，不重言治平。明清之際，由於時代刺激，乃有由心性轉向治平之一趨嚮。於是乃有由程朱轉歸孔孟之一大期求。惟滿清以部族政權，盜憎主人，學術思想受其桎梏，其科舉取士，一依程朱，又大興文字之獄。學者不敢明目反清政權，乃轉而反朝廷之功令。其反程朱理學，實即反當時朝廷之功令也。於是一時之心力智慧，乃大湊於古經籍之訓詁考訂，而有漢宋之爭。其實固非明清之際學術思想轉變始兆之所指。而於是此第三期新學術之曙光，乃不得不遲遲有待於清政權之解紐。乃繼此而西風東漸，已非中土學術閉關自守之時，中外交會，發端實大，密雲不雨，亦其宜矣。

今請附論及於戴東原之所以評宋儒之言理者以畢吾文。東原著書，先有《緒言》，後有《孟子字義疏證》，而二書所詮理字含義亦微不同。《緒言》之說曰：「自然之極則是為理」，「期於無憾，所謂理也」，「理非他，蓋其必然也」，「就天地人物事為求其不易之則是為理」，「理要其後，非原其先」，「知條理之說者，其知理之謂矣」，「心之精爽所照者不謬，是謂得理」，「可否之而當，是謂理義」。凡此所謂，皆自然物理也。故曰「古人多言命，後人多言理，異名而同實」，蓋命與理，皆造化物理，皆即自然也。又曰：「宋儒推崇理，於聖人之教不害。」蓋東原既專以造化自然之物理為理，自與程朱格物窮理之說差近，故謂其於聖人之教不害也。及其為《孟子字義疏證》，而所詮理字含義乃稍稍變。故曰：「理者情之不爽失也。未有情不得而理得者也。」又曰：「理者存乎欲者也。凡事皆有欲，無欲則無為矣。有欲而後有為，有為而歸於至當不可易之謂理。」又曰：「通天下之情，遂天下之欲，權之而分釐不爽謂之理。」至是而東原乃歸重於一本人之情欲以言理。然人之情欲，亦出自然。理則隨其後而給之，以使之暢遂無夭折，則東原之所謂理，仍不能自脫於自然物理也。惟曰：「天理云者，言乎自然之分理也。自然之分理，以我之情，絜人之情，而無不得其平也。」此可謂有當於孔門之所謂恕道，乃始駸駸乎超越物理而達於人文之理之一境。然東原終不能於自然理外認有人文理，故言恕而不言忠，則其所以為恕者，其本亦在外不在內。豈孝親忠君皆由以我之情絜人之情而始得乎？孟子之所謂良知良能者，豈亦恕道乎？惟其不認人心內在自有理，故必向外求之，向外求之則皆物理，非性情之理也。東原之言曰：「苟捨情求理，其所謂理，無非意見也。宋儒言理，如有物焉得於天而具於心，於是未有不以意見為理之君子。」今不知東原之所謂情果何指。若以惻隱羞惡恭敬是非為情，則東原之言洵是矣。若專指饑寒號呼男女哀怨以為情，是東原仍不認人心內在自有理，仍以理為在外，必隨欲以給欲者而始謂之理也。饑寒男女之欲，人禽所同，惻隱羞惡恭敬是非之情，則人類所獨。故自自然物理以觀人文之理，則一切人文之理，真皆所謂人之意見耳。若孝親忠君，此豈自然物理之所有，豈亦非人之意見乎？特此乃非一人之私意見，而實出人類之公意見，所以不謂之意見而謂之理也。然此種意見，顧得謂其非得於天而具於心乎？故東原之折宋儒，其實皆不足以折宋儒也。惟程朱言理，一面既就此人之意見即人文之理而求之，一面又外求之於天地萬物，是東原之所言理，程朱固可包之。東原之折宋儒，實未足以折宋儒也。然東原立說，實亦本之於反功令，故東原言恕不言忠。蓋言恕道，顯見人我之平等，而言忠道，則易使人誤會於以下之事上。故章太炎謂：其謂「以意見殺人」，實激於雍正《大義覺迷錄》之文字獄，是則東原之說，雖未足以定前人之是非，而其精神所在，實仍沿晉宋以來教理之爭之舊，此則所當為之指出也。

中國歷史研究法

錢穆

本書根據賓四先生於民國五十年在香港講演之內容，記載修整而成。內容分通史、政治史、社會史、經濟史、學術史、歷史人物、歷史地理、文化史等八部分。此下三十年，賓四先生個人有關史學諸著作，大體意見悉本於此，故本書實可謂賓四先生史學見解之本源所在，亦可視為其對中國史學大綱要義之簡要敘述。

中國史學名著

錢穆

本書為賓四先生之講堂實錄，乃其將中國歷代史學名著，擇精語詳，加以獨到之灼見鎔鑄而成。內容包羅甚廣，有：剖析《尚書》之真偽、《春秋》之褒貶、「三傳」之異同，申論《史記》之創新體例、《漢書》之編錄原則、《後漢書》及《三國志》之剪裁考量，比較《高僧傳》、《水經注》以及《世說新語》之時代表現特性、「三通」之內容，闡發《資治通鑑》之得失、《明儒學案》及《宋元學案》之價值、《文史通義》之見解；附論古人為學之真，著史、考史、評史之不易，嘆清末民初學絕道喪等等。惟不單講述史學名著，舉凡為學之方、治史之道無不散見書中，更見其殷殷期勉之意。曾謂：「我們今天的史學，已經到了一個極衰微的狀態之下了。……我希望慢慢能有少數人起來，再改變風氣，能把史學再重新開發出一條新路。」言猶在耳，吾人可不自惕哉！

中國史學發微

錢穆

本書大部為著者最近發表有關史學之精要綱領。史籍浩繁，尤其中國二十五史乃及三通九通，數說無窮。但本書屬提綱挈領，探本窮源，所為極簡要極玄通。讀者即係初學，可以由此得其門戶。中人可以得其道路。老成可以得其歸極。要之，可以隨所超詣，各有會通。人人有得，可各試讀。

論語新解

錢穆

自西漢獨尊儒術以來，《論語》便是中國歷代學者必讀之作，諸儒為之注釋不絕，習《論語》者亦必兼讀其注。然而，學者往往囿於門戶之見而刻意立異，眾說多歧，未歸一是，致使讀者如入大海，汗漫而不知所歸。

賓四先生因此為之新解。「新解」之新，乃方法、觀念、語言之新，非欲破棄舊注以為新。一則備采眾說，折衷於是，以廣開讀者之思路，見《論語》義理之無窮；二則兼顧文言頗析之平易，與白話語譯之通暢，以求擺脫俗套，收今古相濟之效。讀者藉由本書之助，庶幾能得《論語》之真義。

孔子傳

錢穆

儒學影響中華文化至深，討論孔子生平言論行事之著作，實繁有徒，說法龐雜，本書為錢穆先生以《論語》為中心底本，綜合司馬遷後以下各家考訂所得，也是深入剖析孔子生平、言論、行事後，重為孔子所作的傳記。

作者從孔子的先祖談起，及至孔子的早年、中年、晚年。詳列一生行跡，並針對古今雜說，從文化脈絡推論考辨，以務實的治學態度辨明真偽，力求貼近真實的孔子。

朱子學提綱

錢穆

本書為《朱子新學案》一書之首部。中國宋元明三代之理學，朱子為其重要一中心。儻論全部中國學術思想史，則孔子為上古一中心，朱子乃為近古一中心。《朱子新學案》乃就朱子學全部內容來發揮理學之意義與價值，但過屬專門，學者宜先讀《宋元學案》等書，乃可入門。此編則從全部中國學術思想之演變來闡述朱子學，範圍較廣，但易領略，故宜先讀此編，再讀《朱子新學案》全部，乃易有得。

先秦諸子繫年

錢穆

先秦諸子年世問題實多，前人多據《史記・六國年表》加以考訂。然〈六國年表〉僅據秦史，本身即多闕漏。賓四先生乃通過考證汲冢《竹書紀年》，改正《史記》之牴牾；兼之遍考諸子著述，博採秦漢古籍，對先秦諸子之生平思想，各家學派之傳承流變，一一論證。其廣度與深度，為當時的學術圈開創了一番新境界。先生更為此故，獲聘任教於燕京大學，從此由中學教師走上大學講臺。本書之重要性不言而喻。

本書取材之廣博，考證之綿密，俱值得當代治中國學術思想者，反覆細品。而作為賓四先生早期最重要的著作，本書體現了先生對史料爬梳抉剔、條分縷析之治學精神，亦為研究其思想者所必讀。

三民網路書店 會員
獨享好康大放送
通關密碼：A9184

憑通關密碼
登入就送100元e-coupon。
(使用方式請參閱三民網路書店之公告)

生日快樂
生日當月送購書禮金200元。
(使用方式請參閱三民網路書店之公告)

好康多多
購書享3%~6%紅利積點。
消費滿350元超商取書免運費。
電子報通知優惠及新書訊息。

國家圖書館出版品預行編目資料

中國學術思想史論叢(四)／錢穆著.－－初版一刷.－－臺北市：三民，2022
面；　公分.－－（錢穆作品精萃）

ISBN 978-957-14-7304-8（精裝）
1. 思想史 2. 文集 3. 中國

112.07　　110010296

錢穆作品精萃

中國學術思想史論叢（四）

作　　者｜錢　穆
發 行 人｜劉振強
出 版 者｜三民書局股份有限公司
地　　址｜臺北市復興北路 386 號（復北門市）
　　　　　臺北市重慶南路一段 61 號（重南門市）
電　　話｜(02)25006600
網　　址｜三民網路書店 https://www.sanmin.com.tw

出版日期｜初版一刷 2022 年 1 月
書籍編號｜S030381
I S B N｜978-957-14-7304-8

著作權所有，侵害必究
※ 本書如有缺頁、破損或裝訂錯誤，請寄回敝局更換。

三民書局